概念改造的伦理

黄远帆 著

上海人民出版社

本书为国家社会科学基金一般项目“概念的规范性问题研究”（23BZX071）的阶段性成果

目录

导言

人类的语词和概念是神奇的东西，我们往往会将二者混用，语词和概念在我们生活中的作用太理所当然了，致使我们不太注意到它们。就像我们玩斯诺克，击球时，不太会去留意球杆一样。关于概念和语词，我们日用而不自知。概念和语词可以帮助我们阐明我们对世界丰富的感知。有的人即便感知系统异常细腻而丰富，但面对八珍玉食，他只能说出“好吃”。而另一些人则能借助细腻的味觉描述来表达那独一份的感受：口齿生津、入口即溶、外酥里嫩。甚至，有些人可以将食物的味道勾连上人生的滋味，比如汪曾祺：“黄油饼是甜的，混着的眼泪是咸的，就像人生，交织着各种复杂而美好的味道。”

我们日常实践离不开概念和语词，但哲学家会让我们警惕概念。彭塔力斯（J. B. Pontalis）在《有人偷了我的概念！》中讨论了概念的隐患。他指出“概念”对应的德语是Begriff——概念魔爪。我们有着建造雄伟概念的野心，建构概念时就像建造罗马圆柱一样要求它比例协调、坚如磐石、不可动摇。但他提醒我们要小心陷入概念的专制和独裁，我们要小心，免得被概念俘获。彭塔力斯提出逃脱概念魔爪的方式只能是回归语词的自然状态，因为：

> 语词是走向四面八方的行者（而概念则倾向于加强一个方向，它立下定义并界定它的实施领域）。语言有它自己的气，它游动；不论丰富或贫穷，它可以什么都说；它与意外相遇。它让概念不自在，让它失态，对它抱之以嘻笑。[1]

---

1 ［法］彭塔力斯：《窗》，孟湄译，江苏人民出版社2005年版，第4页。

彭塔力斯提醒我们本质主义概念观的危险，这种概念观试图将概念作为放之四海而皆准的标尺，以此来衡量世间对象。彭塔力斯区分了“概念”和“语词”，语词是以概念的解药的身份出现的。[1]但概念是否可以摆脱专制的身份？概念难道只有独裁的面相？本书主张概念进步可以视为一种重要的人类进步形式。不断有新的概念在我们的各类实践中诞生，有些昙花一现，有些落地生根。人类致力于改造我们自身的概念，这种改造不一定是语言独裁或净化，而是一种出于实践目标的改革。[2]毕竟，彭塔力斯在文章的最后也说道，要舍弃专制的“概念”观，我们“还得要有一个概念的制作人给我们打造一个关于无法构想的概念”。[3]这又何尝不是一种对“概念”的概念改造呢?

当代哲学议题“概念工程”试图在哲学层面讨论这个话题。本书关心的核心话题是我们人类，尤其是哲学家，在概念改造中涉及的各类规范性问题。概念工程认为，哲学的主要工作包括：设计、筹划、规定、改良、删汰概念。概念改造的环节是多重的，主要包括：概念伦理（conceptual ethics）、概念创发（conceptual innovation）、概念贯彻（conceptual implementation）。概念创发指我们给出一个关于概念的改良方案或给出一个全新概念；概念伦理关注的是我们应该去选择或使用哪个概念，以及应该根据什么理由去采纳某个概念的何种意义。在这个意义上，概念伦理是一个关于规范和评价的实践；概念贯彻则是具体去使用某个概念。上述这些活

1 本书第五章也区分了“概念”与“语词”，但并不主张一种对立意义的区分。

2 在和蒋君吉的一次交流中，他提起了“概念改造”和“语言专制”的关系，这是一个有意思的问题，本书尚未覆盖到这个问题。

3 ［法］彭塔力斯：《窗》，孟湄译，江苏人民出版社 2005 年版，第 4 页。

动分环勾连，渗透在概念改造活动中。[1] 概念改造不是随心所欲的艺术创造，也不是居高临下的语言独裁，它会受到规范的约束。本书关切的就是概念改造过程中的**伦理**。这里的伦理不是指狭义的伦理学，而是指广义的规范问题，其中的问题包括：概念改造中的“概念”究竟是什么（第一章）；掌控概念的变化何以可能（第二章）；如何避免在概念改造的过程中偏离话题（第三章）；经验数据是否可以贡献于我们的概念改造（第四章）；知觉系统与概念改造的关系（第五章）；我们如何改造“知识”概念（第六章）；概念与世界中的客观属性是否一一对应（第七章）；概念创造和概念分析是一回事吗（第八章）；我们如何判定不同概念框架之间的优劣（第九章）；一个拥有理论智慧的人是否需要具备概念改造能力（第十章）。本书将通过十个章节考察上述问题。

第一章《何为概念》试图讨论这样一个问题：当我们说哲学家在改造概念之时，“概念”究竟为何物？有学者认为概念改造的真正对象不是概念，而是其他的东西——观念、信念、内涵和外延、涵义、信息等，又或者他们认为对于概念改造而言，概念真正的作用是给出一种绝对规范。上述这些提法会产生语词用法混乱。“概念”已有一种深入人心的用法，它早已嵌入我们的生活。本书坚持概念改造的对象就是“概念”。当然我们可以在哲学层面进一步去拟定“概念”究竟是什么。本书提出一种“概念实践观”来理解概念工程或概念改造。我们可以通过三个维度来界定概念实践观：**默会**、**表达**、**动态**。首先，概念实践观的默会维度有狭义和广义之别。狭义

1 Cf. Alexis Burgess & David Plunkett, “On the Relation Between Conceptual Engineering and Conceptual Ethics,” *Ratio*, Vol.33, No.4, Dec.2020.

的默会维度指我们对概念的理解要基于使用概念推论的能力，广义的默会维度则强调我们对概念的把握是嵌在生活世界中的。其次，概念实践观的表达维度主张概念的内容是这个概念所卷入的推论规则，而这些规则构成了我们给予和索要理由这一实践中的“理由”。这些作为“理由”的推论规则都是可以被明述出来的。再次，概念实践观的动态维度强调了概念是可以被改良的。上述三个维度共同构成一种厚实的概念实践观。

第二章《掌控概念何以可能》讨论这样一个问题：哲学家试图去改造概念，那么改造概念的意义是否可能以及何以可能？这个问题背后的动机何在？概念的改造不是每日都在我们周遭发生吗？这个问题的背后实际是当下主流元语义理论**语义外在论**与概念工程之间的张力。语义外在论主张语义是由外部世界决定的，这些决定因素错综复杂。我们很难找到所有的外部决定因素，即便找到，也无法掌握**触发**语义变化的配方。不少概念工程学者都支持将语义外在论作为概念工程立足的**元语义理论**。那么，他们不得不回应，立足语义外在论改造概念何以可能。赫尔曼·开普兰认为即便我们无法掌控语义变化，也不意味着我们应该放弃改造概念。斯蒂芬·科赫则认为，立足语义外在论，我们仍旧可以“集体长程掌控”语义变化。由于语义外在论面临的诸多困境，不少学者转而采纳语义内在论。在语义内在论框架下，我们改变语义时只改变了说话者使用的意义（言者义），而非语词本身的意义。这个让步过大。我主张最适合概念工程的元语义学应当是“语义推论主义”。语义推论主义也是第一章所提出的概念实践观预设的概念内容理论。根据语义推论主义，语义并非纯粹由外部世界或说话者的意图决定，而是主要来自我们的社会实践。具体来说，一个概念的内容就是它所包藏的推论规则，而这些推论规则也是我们在社会语言实践中所运用的“理由”，因此这些规则也是社会共同体所承诺的信念。改变概念的语义就是改变我们的信念，这意味着掌控语义的变化是可能的。

第三章《探究中的概念连续性》讨论的问题是：当哲学家或概念工程师提出一个概念改良方案时，这个方案如何与该概念过去的用法保持连续性，这个问题在当代被称为“连续性挑战”。“连续性挑战”实际上有诸多版本。本书聚焦其中的一个版本：哲学家提出的关于概念的改良方案如何与普罗大众的**日常观念**保持连续。概念工程可分为**激进概念工程**和**保守概念工程**。保守概念工程主张要保持话题的连续性。激进概念工程师则认为保持连续性是不必要的负担，他们给出了各种论证：概念革新者在一开始就应该预设转换话题的可能性；语义革新造成的交流障碍对于概念革新而言积极价值大于消极价值；“话题”这个概念对于概念工程而言毫无理论价值，理应被取缔。我认为激进概念工程和保守概念工程的争论是一种**元哲学之争**，无真假可言。我试图代表保守概念工程给出一个尊重哲学改良与日常观念连续性的方案——借助“反思均衡”。具体而言，我们要尝试去达成哲学新概念和“哲学案例直觉”或“常识”或“日常语言用法”之间的反思均衡。

第四章《实验哲学与概念改造》背后的问题意识为——哲学和经验研究的关系。长久以来，哲学被视为一种扶手椅事业，因此，哲学和科学的关系一直是个核心的元哲学问题。有的哲学家主张哲学方法论具有独立于科学方法的特质（哲学特殊论），也有的哲学家认为哲学方法应该以科学方法为终极标准。本书持一种**温和的方法论自然主义**——哲学工作需要经验数据介入，但并不完全扮演科学的小工角色。对于概念工程而言，我们可以借助实验哲学的帮助来进行概念改造。问题是，实验哲学在概念改造的过程中扮演了何种角色？有一种观点认为实验哲学可以作为概念工程的**助产士**，承担概念改造的准备工作，我们可以借助实验哲学来澄清待改造概念的语义和功能，揭示出概念当下运作的缺陷。还有一种观点认为实验哲学可以作为概念工程的**质检员**，我们可以借助实验哲学来检验概念在改良前后是否具有连续性，也可以检验改良后概念的共同体接受度。本书试图提出实验哲学应该作为概念改造的**调校师**，这个角色可以同时容纳助产士和质检员品格。我们在改良前，可以借助实验哲学来考察待改良概念的语义和功能；提出改良方案后，我们可以借助实验哲学来检验新概念的实践收益，而实验哲学的数据可以成为我们修正改良方案的依据，这个过程是一个反复校准的过程。

第五章《面相观看与概念改造》聚焦我们的感知系统如何贡献于我们的概念改造。我试图把知觉和语言的张力纳入概念改造的视域，并把这个问题具体落实在考察维特根斯坦的“面相观看”与“概念工程”的关系上。诸多学者会在美学、宗教、知觉等论题上来讨论维特根斯坦的“面相观看”，但“面相观看”也有着重要的**方法论维度**，也就是将“看”作为一种方法。我们哪怕对同一事物的基本物理构成毫无争议，不同的人也会看到不同的面相。当无法看到一个特定面相之时，我们便处于“面相盲”的状态，而当我们获得新面相时，会经历“面相的闪现”。作为方法论的面相观看，即看到被遮蔽的面相的方法。这种方法可以被融入概念改造的过程中吗？我给出了肯定的答案：面相观看可以是一种概念工程或作为概念工程的一环。但将面相观看与概念工程贯通面临着几重困境。首先，我们要回应作为感知经验的面相观看如何能够转化为作为语言系统构成要素的概念。其次，维特根斯坦明确反对我们可以通过一个概念来捕捉错综复杂的经验生活，而概念改造预设了一个概念的内容是可以被规定的，这似乎与维特根斯坦的宗旨相悖。最后，诸多学者将维特根斯坦的"面相观看"解读为一种消极的**治愈方法**，而概念工程则是一种积极的**建构方法**，这其中有着消极和积极的张力。本章会集中回应这些问题。

第六章《重建"知识"概念》以当代知识论作为典范来考察概念工程在具体哲学论域的展开。**标准知识论模式**围绕"知识"的三元定义"得到辩护的真信念"展开。对此，葛梯尔提出了著名的反例。有的知识论学者试图通过增加第四个条件来排除葛梯尔反例，但这会导向一个无止境的反例和修正第四个条件的**理智游戏**；还有的知识论学者试图通过刻画产生真信念的可靠的辩护程序来解决葛梯尔反例，但这仍旧会面临各种反例。德性认识论的兴起将我们的关注点从"信念"转移到了"认知者"，我们不再局限于关注信念是如何产生知识，或信念是如何得到辩护的，转而讨论什么样的认知德性能够帮助认知者产生知识。但是，这些讨论仍旧是在标准知识论模式下进行的。本章考察了两种对标准知识论模式的挑战。第一种挑战来自当代日常语言学派学者阿夫纳·巴兹，他认为标准知识论模式中预设了"理论者问题"——即仅仅做哲学理论人才会关心的问题，这个问题无法在日常语境中浮现。鉴于此，他试图取消关于"知识"讨论的理论化尝试。第二种挑战来自知识论学者爱德华·克雷格，他指出标准知识论模式是一种"审视者视角"，而他提出一种关于知识论的"问询者视角"，立足问询者视角，我们应该关注"知识"的功能，他进而给出一个"知识功能"假说：标识出好的信息提供者。后来迈克尔·翰农进一步发展了克雷格的方案，因此，我将其称为"克雷格-翰农"方案。本书尝试立足日常语言学派和“克雷格-翰农”方案，提出一种“知识”改造方案，从而超克标准知识论模式。

第七章“概念与世界的匹配”试图讨论，一个形而上学框架如何能够解释人类改造概念的现象。堪培拉学派将他们的哲学方法论称为“堪培拉方案”，并主张堪培拉方案是一种“严肃形而上学”。针对概念x，堪培拉方案的第一步是概念分析，即通过搜集日常话语，给出一个关于x的**功能假说**。第二步是要在自然世界中**定位**这个假说，即能够找到对应的经验证据。如果一个概念无法在自然世界中被定位，那么我们应该取消这个概念。有学者提出，堪培拉方案的这个图景无法解释科学探究活动中概念变化的现象。我认为其中的关键在于我们怎么理解**概念身份**。如果采纳一种宽松的概念身份理论，堪培拉方案是可以解释概念变化现象的。对于概念改造而言，堪培拉方案作为一个形而上学框架的真正困境是：它只能覆盖那些试图趋近真实实在的概念改良工作，却无法覆盖针对社会类概念的概念改造。社会概念工程往往会形成概念与实在的短暂错位，这种错位需要时间来弥合。本章提出，在概念和世界匹配的解释模式上，“表达主义方案”比“堪培拉方案”更具优势。

第八章《概念创发能否还原为概念分析》试图论证“概念创发”和“概念分析”在逻辑上是可区分的。有学者提出，概念工程原则上都可以还原为概念分析。这种观点认为，概念工程中提出新概念是为了覆盖新现象，这和概念分析的追求是一致的，即揭示事物的本质。因此，与概念分析相比，概念工程实质上并没有为哲学提供更多东西。我将这个论证称为“太阳底下无新事”论证，并试图在本章反驳它。我考察了德勒兹对“概念创发”的刻画，这种刻画立足于三个要素：概念、内在性平原、概念性人物。我们当下对概念分析的刻画大致有两种，一种是苏格拉底式分析，另一种是堪培拉式分析。德勒兹式的概念创发无法彻底还原为上述两种概念分析。

第九章《罗蒂式概念改造》将目光转向新实用主义代表理查德·罗蒂的元哲学和方法论。我试图将他的工作解释为一种概念工程。罗蒂的方法论不是保守的概念工程，而是激进的概念工程。他既不要求哲学家顾及普罗大众的直觉，也反对哲学家固守旧的问题框架。更具体而言，罗蒂认为哲学的改造过程是一个在字面义和隐喻之间互换的往复过程。我们对字面义的使用是在逻辑或理由空间内进行的，而哲学家提出的新话语是一种对当前字面义的挑战，这种新话语无法在当下的逻辑或理由空间内得到理解，因此它是一种隐喻。除了主张哲学的任务是用新话语全面取代旧话语之外，他还站在“变革哲学”的立场拒斥“终极哲学”。“终极哲学”认为我们拥有对万事万物进行裁决的公度标准，而哲学就是去寻找和提供这个标准。一般而言，当代概念工程应该是和罗蒂式概念改造一气贯通的。但我们发现当代概念工程中的支持者之中，既有持“变革哲学”立场的，也有持“终极哲学”立场的。罗蒂指出，“终极哲学”面临着一个**判准难题**：标准应该是纯客观的标准，人类未必能够触及客观实在，但人类又需要用它作为一种规范。但在罗蒂拒斥了终极客观标准之后，我们似乎只能以社会实践作为标准来源。随之而来的问题是，如果我们只能诉诸自身实践的概念框架，那么我们如何在不同的概念框架中作出抉择呢？本章试图对此给出回答。

第十章《理论智慧是一种概念能力》试图回答这样一个问题：什么样的人能够有资格称得上是具有理论智慧的人。在很多语境中，有智慧的人特指有实践智慧的人。甚至有很多学者也认为智慧与良好生活的能力有着必然的联系。但我主张：理论智慧是可以逻辑上独立于实践智慧的。我们需要用“智慧”这个概念去标识出那些杰出的人，他们不仅是诸如孔子、马丁·路德·金、甘地这样具有实践成就的人，也应该包括诸如伽利略、牛顿、爱因斯坦、纳什、图灵、胡塞尔、罗尔斯这些在理论领域有着卓越成就的人。如果我们承认理论智慧具有独立的逻辑地位，就需要给出区分理论智慧和实践智慧的方式。一种可能的方式是：理论智慧根本上是命题性的知识，而实践智慧根本上是能力之知。这种基于命题性知识的理论智慧观会面临诸多困境。本章提出我们应该立足“能力之知”来界定理论智慧，更进一步地讲，理论智慧是一种**概念能力之知**。这种概念能力之知有三层内涵：运用概念推论的能力；将构成概念内容的推论规则表达出来的能力；改造概念内容的能力。本书讨论的核心即概念改造，一个概念改造者所具备的能力也是一个具有理论智慧的人应该具备的能力。

本书的第一到第三章处理的是概念改造所面临的几个具体理论问题。在前两章，我试图立足概念实践观和语义推论主义给出概念改造的整体理论框架。第一章中概念实践观的表达维度蕴含了语义推论主义的概念内容观。因此，概念实践观有着足够的理论资源来处理第二章所聚集的“掌控难题”。在第三章中，我试图借助“反思均衡”来达成哲学家的改良野心和普罗大众的日常观念之间的话题连续。以概念实践观来看，反思均衡所达成的连续实际就是概念推论规则（我们的信念）的连续性。

本书的第四到第六章表面上是在“概念改造”议题下聚焦如下三组张力：哲学与科学（第四章）、知觉与语言（第五章）、标准知识论和实践知识论（第六章）。但贯穿它们的一条暗线是：哲学改造如何与日常实践保持联系，或者说，日常实践在何种程度上构成哲学家概念改造工作的限度。这个线索是顺着第三章提出的问题的继续发展：第四章提出实验哲学的一个具体功能就是帮助我们搜集大众观念的数据，从而服务于概念改造。因此，实验哲学也可以纳入反思均衡的过程。第五章提出了面相观看的一个治愈功能是为了让我们看到概念的正常运作方式，我们要提防被形而上学欲望遮盖的日常实践面相，当然面相观看也可以为我们的日常实践注入新的内容。此外，第五章还试图化解概念预设统一模式和语词使用的多样模式间的张力。第六章则通过提出一个与我们日常实践接轨的"知识/知道"概念，来超克当代标准知识论模式。因此，贯穿这三章的核心问题是"哲学实践与日常实践"之间的张力。另外，本书的附录《卡尔纳普的"概念精确性准绳"》试图通过卡尔纳普和斯特劳森的一场论战来刻画这个张力。

从表面看，本书的第七到第九章分别在刻画澳大利亚堪培拉学派的概念改造、法国哲学传统德勒兹的概念创发、实用主义传统罗蒂式的概念改造。实际上，贯通这三章的一个核心问题意识是：概念改造的最终规范在哪里？第七章指出堪培拉学派试图用"能否在自然世界中定位"作为概念有效性的终极标准，但这却无法解释我们的社会概念工程。在第八章和第九章中，我分别借助德勒兹和罗蒂的视角，批判性考察了"概念分析"和"终极哲学"，二者都试图将真理作为唯一规范。鉴于此，第七到第九章的一个核心问题是：概念的终极规范是否真理？

我最后在第十章中提出，一个具有理论智慧的人不仅应当拥有出类拔萃的概念推论能力和概念表达能力，还应该具有高人一筹的概念改造能力。这也是一个哲学从业者应该努力的方向。

第一章

何为概念

第一节　概念改造中的“概念”

哲学家会处理各类概念：“真”“知识”“智慧”“权力”“亲知”“团结”“道德运气”“自由意志”“意识”“随附性”“摹状词”“女性”“此在”“向来我属”等。哲学的主要工作就是和概念打交道，或通过概念来达成一些目的，而哲学家是“概念的探险者”。然而，哲学也会思考“概念”本身为何以及何为。维特根斯坦说过：“‘概念’本身就是一个模糊的概念。”[1]

如何理解“概念”是一个“元”(meta) 问题。传统的概念观认为概念是普遍的、理论的，它的周边语义群包括：理念、理智、命题、定义、涵义、表征、形式等。我尝试刻画一种“概念实践观”。据此，概念是具体的、实践的，是融入我们具体的活动的，因此是充满蓬勃之生气的。人类的实践结晶于概念，概念同时又可引导实践。概念既可以事关理论发明，也可以事关民生乐康。概念实践观（conceptual pragmatism）的周边语义群包括：实践、能力、智力、使用、用法、理由、目的、功能、改造等。众所周知，马克思在《关于费尔巴哈的提纲》第十一条中曾言：“哲学家只是用不同的方式**解释**世界，问题在于**改变**世界。”[2] 如果采纳概念实践观，那么解释世界和改变世界的鸿沟便可弥合。

本书聚焦的是人类对概念的改造，并主要立足于当代哲学方法论“概念工程”(conceptual engineering) 的讨论展开。何为概念工程？“概念工程”在不同的语境中有不同的提法：“概念伦理”

1　Ludwig Wittgenstein, *Remarks on the Foundations of Mathematics*, G. H. von Wright, R. Rhees & G. E. M. Anscombe(eds.), Cambridge, MA: MIT press, 1978, p.433.

2　［德］马克思、恩格斯：《马克思恩格斯文集》第 1 卷，人民出版社 2012 年版，第 136 页。

(conceptual ethics)[1]、“元语言商议”(metalinguistic negotiation)[2]、“改良项目”(ameliorative project)[3]，等等。如要追溯理论源头，鲁道夫·卡尔纳普（Rudolf Carnap）的“精释”(explication）可以视为“概念工程”的一种形式。[4]哈斯兰格（Sally Haslanger）指出了“概念工程”关切的问题：“概念的旨趣为何？它们能够（或应该能够）促使我们完成什么认知或实践任务？它们是否是完成我们（合法）目的的有效工具？如不是，什么概念能够更好地服务这些目的?”[5]赫尔曼·开普兰（Herman Cappelen）将概念工程简洁地界定为“评价和改良我们的概念”。[6]开普兰表明这里的“概念”实际上是指我们的“表征装备”(representational devices)[7]。他区分了对于“概念”的两种态度：表征自满（representationally complacent）和表征怀疑(representational skeptics)。前者不加反思地使用从语言共同体继承而得的概念，而后者则对我们现有的表征工具保持警惕，时刻考虑它们是否足够完备。概念工程师属于后者。开普兰认为我们的概念

---

1 Cf. Alexis Burgess & David Plunkett, “Conceptual Ethics I,” *Philosophy Compass*, Vol.8, No.12, Dec.2013.

2 Cf. David Plunkett, “Which Concepts Should We Use?: Metalinguistic Negotiations and The Methodology of Philosophy,” *Inquiry*, Vol.58, No.7-8, Jan.2015.

3 Cf. Sally Haslanger, “Gender and Race:(What) Are They?(What) Do We Want Them to Be?,” *Nous*, Vol.34, No.1, 2000, pp.31-55.

4 Cf. Rudolf Carnap, *Logical Foundations of Probability*, Chicago: The University of Chicago Press, 1950.

5 Sally Haslanger, “Gender and Race:(What) Are They?(What) Do We Want Them to Be?,” *Nous*, Vol.34, No.1, Mar.2000, p.33.

6 Herman Cappelen, *Fixing language: An Essay on Conceptual Engineering*, Oxford: Oxford University Press, 2018, p.3.

7 “概念工程”虽然是对“概念”的设计，但很多学者都认为“概念”并不仅仅是语言层面，一方面它是和实在接榫的，另一方面概念工程师更关心的是结晶在概念里的道理。

是可能存有缺陷的，它的形式可以是语义的缺陷、认知的缺陷、实践的缺陷等。如同维修工人有责任修理损坏的物品，哲学家也应承担修正概念的责任，从而更好地服务我们的实践。[1]

曼纽尔·艾萨克（Manuel G. Isaac）指出，概念工程认为人类的概念能够服务于我们的认知生活，我们用“老虎”这一概念区分老虎与其他动物；用“圆形”帮助我们分辨圆这种特定形状。可以说，概念决定了我们理论或实践认知的质量。比如，天文学共同体认为不包括冥王星的“行星”概念能够更好地服务于天文学研究。好的概念就是那些能够恰当服务我们认知生活的概念，而我们当下拥有的概念未必是最佳选项。立足这个信条，哲学家或概念工程师的任务就是不断地改善我们的概念，使得它们能够最好地服务于我们的认知生活。[2]

概念工程师必须正视的一个问题是，概念工程或概念改造的对象是什么？就这个问题，艾萨克认为有三种进路：一种是无约束进路（unprincipled view），主张不用去费心刻画概念工程的对象是什么。另两种都是约束进路（principled view），即认为我们有必要规定概念工程的具体对象。约束进路又可分为概念论和非概念论。概念论认为概念工程的目标对象是“概念”；非概念论则主张概念工程的目标对象不是概念，而是如下选项之一：观念（conception）、语言意义、内涵、我们思考和谈论话题的方式等。[3]

一种行之有效的方法论势必要有明确的实施对象，因此无约

1　也有学者认为，概念工程的目标不应局限于有缺陷的概念。一个概念没有缺陷，如果我们能够提供一个比原先更好的概念，这也是哲学家应该去做的。

2　Cf. Manuel G. Isaac, “Broad-Spectrum Conceptual Engineering,” *Ratio*, Vol.34, No.4, Dec.2021.

3　Cf. ibid.

束进路不可取。有不少学者采纳了约束论中的非概念论，比如开普兰，他认为“概念——一种部分哲学家和心理学家所设定的理论实体——在理解概念工程中并不发挥任何作用”[1]。此外，萨拉·索耶（Sarah Sawyer）也提出了一种非概念论的想法。她认为“概念”对于概念改造而言实际提供了一种规范。她的出发点在于我们经常会遇到这样一个现象，不同的人在讨论某个对象，假设他们对这个对象的外延有着不同的界定方式，饶是如此，我们会觉得他们确实在谈论一样东西。比如，同样是研究原子（atom），有些科学家认为原子是不可分割的，而另一些认为原子是可分割的，如此，他们谈论的原子的外延是不同的，但我们不会认为他们在谈论不同的话题——他们并未鸡同鸭讲。我们需要一个可以区分语义和话题的理论框架来解释上述现象。索耶认为语义是一种社会实践中的约定，这种约定形成了一个语言规范用以评判个人语言使用的对错。而语言规范本身又需要一个更基础的规范作为评判标准，我们可以把这种更基本的规范称为“理智规范”(intellectul norm)，它来自“概念”。因此，概念可以作为我们意义修正的标准。“语言规范”和“理智规范”的区别对应“意义”和“概念”的区别。如索耶所言，“一个语词表达的概念既不是由个体言说者的倾向或信念决定，也不是由整个社会共同体的倾向、信念或社会实践决定。概念是由它与客观的、非语言属性的根本的、非概念的关系决定的。”[2] 索耶实际上并不是为了论证概念工程的对象是概念，而是为了强调“概念”是

1 Herman Cappelen, *Fixing language: An Essay on Conceptual Engineering*, Oxford: Oxford University Press, 2018, p.138.

2 Sarah Sawyer, "The Role of Concepts in Fixing Language," *Canadian Journal of Philosophy*, Vol.50, No.5, Jun.2020, p.562.

概念工程不可或缺的元素——作为终极规范。这个论证的隐含推论即：概念工程的对象不是概念，而是观念（或其他什么），当这个观念（或其他什么）越接近概念，这个观念（或其他什么）就越好。

对于我们为何要选择约束论中的概念论，艾萨克给出了一个论证：如果概念工程不是关于概念的话，那么“概念工程”这个提法就会导致语词的用法不当（misnormer）。用法不当的语词会产生误导性，进而产生认知损害，这恰恰又是与概念工程本身的主旨所不符的。因此宣称概念工程研究的对象不是概念是一种自我悖谬。[1]我认同艾萨克的观点，即“概念工程”这个表述本身已经蕴含这个方法论的对象是概念。另外，无论是英语还是汉语中，“概念”这个概念本身已经融入日常用法，而索耶的这种用法反而是一种特设的哲学用法。我们可以接受一种符合日常直觉的用法，即我们在概念工程或概念改造的时候就是在改造“概念”，然后再在哲学上去进一步规定概念究竟是什么。下文中，我试图捍卫一种具体的概念观，我称之为概念实践观。

第二节　概念实践观的“默会维度”

当代哲学正酝酿着一股实践转向的思潮。伯恩斯坦（Richard Bernstein）在《实践的世纪》一文中主张：“哲学层面上，20 世纪是一个实践的世纪。”[2]“实践”导向的哲学在当代极其隆盛，弥漫哲学

1　Sarah Sawyer, “The Role of Concepts in Fixing Language,” *Canadian Journal of Philosophy*, Vol.50, No.5, Jun.2020, p.291.

2　Richard J. Bernstein, “The Pragmatic Century,” in S. G. Davaney & W. G. Frisina(eds.) *The Pragmatic Century: Conversations with Richard J. Bernstein*, NY: State University of New York Press, 2006, pp.1-14.

的各个领域。“实践”成为沟通先天反思与经验探究、东方哲学与西方哲学、分析哲学与欧陆哲学的桥梁。郁振华提出，在实践认识论的框架内，有三个互相交织纠缠的系统：感知系统、行动系统、概念—语言系统。[1] 本书阐发的概念实践观隶属概念—语言系统。

一　狭义的默会实践

当前的主要文献并未细致区分不同层面的概念实践观。我尝试分梳概念实践观的三个维度，并主张一个丰赡的概念实践观应涵盖这三个维度。我们可以通过三组对立的概念来考察概念实践观的三维度：（1）“默会”与“命题”；（2）“表达”与“表征”；（3）“动态”与“静止”。概念实践观强调的是概念的“默会”“表达”“动态”维度。出于行文便捷，我将这三个维度分别标记为：“概念实践观$_1$”“概念实践观$_2$”“概念实践观$_3$”[2]。“概念实践观$_1$”针对概念把握的“默会维度”；“概念实践观$_2$”强调概念内容的“表达维度”；“概念实践观$_3$”揭示概念意义的“动态维度”。

“概念实践观$_1$”倡导的“默会维度”最典型的论述形式是：概念“能力之知”（knowing how）对于“命题知识”（knowing that）具有优先地位。这种对立也被刻画为“概念柏拉图主义”和“概念实践主义”的张力。柏拉图主义主张我们只能通过命题来把握概念；概念实践主义则认为谈论概念应从关于概念使用的实践开始：“它试图通过**能力**之知或能力来解释命题知识（或命题性信念、话语）。它从使用表达式、获得信念和支配信念等实践中所隐含的东西出发，

1　郁振华：《当代英美认识论的困境及出路——基于默会知识维度》，《中国社会科学》2018 年第 7 期，第 39 页。

2　这里指的是概念实践观的三个维度，而非三种概念实践观。

来处理概念明述化命题和原则的内容。”[1]

杰里·福多（Jerry Fodor）将这个对立表达为“概念笛卡尔主义”和“概念实践主义”的区分。据他总结，实践主义预设“能力之知”是认知状态的典范，并且能力之知在意向解释次序上优先于命题知识。[2]笛卡尔主义认为思想优先于知觉，实践主义反之；笛卡尔主义认为概念优先于感知，实践主义反之；笛卡尔主义认为思想优先于行动，实践主义反之；笛卡尔主义认为在解释次序上，概念单例化（individuation）优先于概念持有（possession），实践主义反之；笛卡尔主义认为行动是思想的外化，实践主义则认为思想内化于行动。[3]

针对福多的论述，让-米歇尔·怀尔（Jean-Michel Roy）将基于“能力之知”的概念实践观解读为一种狭义的概念实践观。他提出一种对概念实践观的广义解读：任何通过“知识”来理解概念持有的理论都是概念实践论，而这种知识既可以是**能力**的，也可以是**命题**的。[4]我认为这种广义解读抹杀了概念笛卡尔主义和概念实践主义应有的理论张力，并且导致“实践”概念在认知层面过于宽泛，甚至微末（trivial）——宽松到连概念表征计算也可以视为一种实践知识，而这种太过宽松的解读会消解概念实践观原有的理论用意。

---

1 Robert Brandom, *Articulating Reasons: An Introduction to Inferentialism*, Cambridge, MA: Harvard University Press, 2001, p.4.

2 Jerry Fodor, *LOT 2: The Language of Thought Revisited*, Oxford: Oxford University Press. 2008, p.10.

3 福多认为，广义上来讲概念实践主义的脉络包括：杜威、维特根斯坦、蒯因、赖尔、塞拉斯、普特南、罗蒂、达米特、布兰顿、麦克道尔、德雷福斯、海德格尔等。

4 ［法］让-米歇尔·怀尔：《认知实用主义问题》，黄远帆、胡扬译，《哲学分析》2016年第3期，第131—134页。

鉴于此，我尝试从另一个视角区分狭义和广义的“概念实践观$_1$”。狭义而言，概念实践观实际是一种语言实践观，这种实践观可用威尔弗里德·塞拉斯（Wilfrid Sellars）原则概括为“掌握一个概念即对语词使用的把握”。在这个意义上，概念的默会能力基本等同于概念使用能力——运用概念分类或推论的能力[1]。持有“正义”概念意味着可以在各种语境中恰当地使用“正义”。比如，我能够判断某个具体事件 x 是否正义，又或者我能够从某个分配方案顾及了最弱势群体，推论出这个分配方案是正义的。

二　广义的默会实践

一种广义的“概念实践观$_1$”主张升进拓展对于“实践”的理解。北欧斯堪的纳维亚维特根斯坦学派对此有独到界说。郁振华指出，北欧维根斯坦学派所持的实践的概念观和实践意义观、实践知识观都是一脉通连的。[2] 约翰尼森（K. S. Johannessen）的思想是其中典范。根据这种实践观，对概念的掌握不可全盘还原为命题性的知识。约翰尼森区分了三个阶段的维特根斯坦：(1)《逻辑哲学论》的维氏：“逻辑必须关照它自身。”[3] (2)《哲学语法》的维氏：“语言必须为自己言说。”[4] (3)《论确定性》的维氏：“实践务必为自己表达。”[5]

1　因此，这种能力主要围绕语言实践，或是与之直接相关的实践，比如，我对某红色物体 x 的亲知导致我的观察报告“x 是红色的”，或者我判断“交通灯变红了”导致我踩刹车的行为。

2　郁振华：《人类知识的默会维度》，北京大学出版社 2022 年版，第 38—40 页。

3　Ludwig Wittgenstein, *Tractatus Logico-Philosophicus*, D. F. Pears & B. F. McGuinness(trans.), New York: Humanities Press, 1961, p.57.

4　Ludwig Wittgenstein, *Philosophical Grammar*, R. Rhees(eds.), A. Kenny(trans.), Oxford: Blackwell, 1974, p.40.

5　Ludwig Wittgenstein, *On Certainty*, G. E. M. Anscombe & G. H. von Wright(eds.), G. E. M. Anscombe & D. Paul(trans.), Oxford: Blackwell, 1969, p.139.

他注意到诸多学者将维特根斯坦的“实践”与“语言游戏”等量齐观——类似于狭义的“概念实践观$_1$”。对此，约翰尼森强调，仅仅通过语言使用来界定“实践”过于贫瘠，不够丰沃。维特根斯坦的实践和“遵循规则”紧密相关，他讨论了维特根斯坦的如下段落：

> 但对一个还不具备这些概念的人，我会通过例子或通过练习来教他使用这些词。——这时我教给他的东西并不比我自己知道的少。[1]

他认为这个段落传达的一个信息是：人类生活实践无法用语词充分表达，而往往需要通过行动（deeds）来表达。维特根斯坦明确表达过：“实践赋予语词意义。”[2] 此外，约翰尼森试图从“不可表达性”（inexpressible）来理解“实践”：“从这个维度出发，对一个实践的掌握，实际是一种理解或**预知**（Vor-Wissen）的**默会**表达，这种表达通过正确地执行构成该实践的言说和行动来**显现**”。[3] 总之，概念是不能通盘借助命题语言来表达的。约翰尼森指出，后期维特根斯坦采纳的是一种广义的语言观，这种语言观不仅包括一般的言语行为，还包括手势，表情，面部特征，姿态，具体的气氛等，也包括具体情境中的行动：向熟人点头致意，因不满而抽身离去，与挚友深情挥别，对服务员使眼色，在拍卖行举手示意，等等。因此，对概念

1　维特根斯坦：《哲学研究》，陈嘉映译，上海人民出版社 2001 年版，第 208 页。

2　Ludwig Wittgenstein, *Remarks on Colour*, G. E. M. Anscombe(ed.), L. McAlister & M. Schaettle(trans.), Oxford: Blackwell, 1977, p.317.

3　K. S. Johannessen, “The Concept of Practice in Wittgenstein’s Later Philosophy,” *Inquiry*, Vol.31, No.3, Dec.1988, p.368.

的把握也包含对上述行为的掌握。[1]

换一个角度来说，人类的生活实践是超越语言的。我们在语言层面的概念使用嵌在生活实践之中，因此构成我们语言实践背景的**生活世界**是超越语言的。马耶夏克（Stefan Majetschak）主张通过“生活样态”来界定维特根斯坦的“生活形式”：

> 在维特根斯坦那里，“生活形式”的概念指的就是“生活样态”——做事及说话的各种面貌所蕴含着的不断出现且可辨识的秩序，语言的使用者将它当作其生活内部的构造性规律进而用一个词将它表达出来。[2]

马耶夏克指出，在维特根斯坦那里，我们对概念的使用是嵌入于人类生活这个背景中的。这个背景就是复杂的生活样态，而生活样态既包含了语言特征，也包含了非语言特征。至此，我们强调的是概念使用脱胎于我们的实践，而这种实践不限于语言实践。另外，这种作为背景的生活形式是直接给予（the given）我们的，我们因身陷其中而不得不接受它。

综上，“概念实践观$_1$”是关于概念把握（持有）和概念意义根基的实践观，根据这种观点，对概念内容的理解应该立足于我们运用概念的默会能力，而这一默会能力嵌在我们的生活世界中，生活世界中的实践既有语言的也有非语言的。

---

1 K. S. Johannessen, “Rule Following and Tacit Knowledge,” *AI & Society*, Vol.2, No.4, Oct.1988, p.293.

2 ［德］S. 马耶夏克：《生活形式与样态——重估后期维特根斯坦的一个基本概念》，季文娜译，《世界哲学》2016 年第 5 期，第 90 页。

第三节　概念实践观的“表达维度”

一　概念实践观的“表达维度”

“概念实践观$_1$”表明了我们理解概念的起点应该是我们的生活世界，而非客观世界（后文会讨论如何通过生活世界触及客观世界）。“概念实践观$_2$”则试图揭示，概念的使用是坐落在“给予和索要理由”(giving and asking for reasons）的实践中的。要进行理由空间（space of reasons）内的实践，我们需要以理由的方式将我们概念使用中所蕴藏的推论表达出来。而这些作为推论规则的理由构成了概念的内容。罗伯特·布兰顿（Robert Brandom）对此有详细的论述。

“概念实践观$_2$”与“概念实践观$_1$”紧密扣连。布兰顿认为他和大多实用主义者都秉持一种“基础实践主义”(fundamental pragmtism)：“通过技艺性的实践**能力**之知来理解推论的、统觉的命题之知。”[1] 他指出：“基础实践主义应处理如下两者的关系：我们介入或表现推论意向构成的**行为**，与我们介入或表现实践意向构成的**行为**。”[2] 布兰顿认为前者立足于后者。换言之，“概念实践观$_2$”立足于“概念实践观$_1$”。

虽然“概念实践观$_2$”主张理解概念应从把握概念的能力出发，但在布兰顿看来，若要以此为起点，我们还应在理由空间内继续推进语言实践。如果要在理由空间继续推进拓展概念实践观，我们不应采纳概念“表征主义”(representationalism)，而应该采用概念“表

1　Robert Brandom, “Some Strands of Wittgenstein’s Normative Pragmatism, and Some Strains of his Semantic Nihilism,” *Disputatio*, Vol.8, No.9, Jun.2019, p.5.

2　Ibid., p.7.

达主义”(expressivism)和“推论主义”(inferentialism)。概念表达主义的“表达”强调将蕴蓄之物明晰表达出来。换言之，将实行转化为断言：“将某种**能力**之知编码为**命题**之知。”[1]

根据概念实践观的表达维度，区分语言推论实践和非概念化生灵行为的正是“推论性表达”。换言之，概念的内容即它在推论中发挥的作用。这种表达推论观需要通过“给予和索要理由”的实践来理解——它不仅将意义等同于使用，还更要求概念内容在语言实践中发挥具体作用。因此，它是对“概念实践观$_1$”的推进扩展。[2]具体而言，这种实践观要求将概念默会使用中隐含的内容清晰表达为命题形式——将之明述出来。值得注意的是，“明述”不等于“还原”或“充分表达”。由此，“默会”和“表达”在实践观框架内的张力只是表层的。摆上台面的命题既能成为推论实践中的理由，它自身也可能需要其他理由的辩护——命题可以成为推论的前提和结论。

如布兰顿所述，在明述其义的层面把握概念实际是掌握它的推论使用：“知道（实践意义上的甄别能力，因此是一种**能力**之知）某人运用概念时作出了何种承诺，什么让他有资格（entitlement）这么做，什么能够取消这种资格。”[3]此外，我们需要掌握一套广义的逻辑语汇来帮助我们做明晰表达的工作。这套逻辑语汇包括：条件句表达式、否定表达式、从言（de dicto）与从物（de re）表达式、承诺与资格、理应（ought），等等。因此，布兰顿的概念观实际有三个层

---

1 Robert Brandom, *Articulating Reasons: An Introduction to Inferentialism*, Cambridge, MA: Harvard University Press, 2000, p.8.

2 布兰顿也认为自己在这个意义上不同于杜威、海德格尔、维特根斯坦、达米特和蒯因。

3 Robert Brandom, *Articulating Reasons: An Introduction to Inferentialism*, Cambridge, MA: Harvard University Press, 2000, p.11.

次——从社会实践的理由空间到语言实践的推论空间，再通过逻辑表达式将推论空间的内容明晰表达出来。

本书采纳的概念观立足于我们的实践生活世界，而非纯粹的客观世界。概念的内容立足于推论作用语义学。上文提到，概念的表达维度是在给予和索要理由实践的背景中展开的。给予和索要理由的实践就是一种在语言实践中为彼此进行道义计分（deontic scorekeeping）的游戏，而这些道义计分的内容是可以被表达出来的。概念的内容实际就是这些道义计分的内容。我们在语言实践中会使用概念，而概念的内容则是由概念的使用前提（circumstances）和使用后果（consequences）构成的。任何断言都可以作为其他断言的理由，或要求其他断言作为它的理由。“那片海域有鲨鱼”可以作为“那片海域很危险”的理由，同样它可以要求“有人看到那片海域有大白鲨活动”作为理由。这些推论是关于概念“鲨鱼”的。根据概念内容的推论主义，这些关于概念内容的推论是可以借助逻辑词汇表达出来的（这是一种逻辑表达主义进路）。比如以“记忆”概念为例，如果一个哲学家认为记得某事蕴含了知道某事，那么他会作出如下推论：“如果张三记得早上吃了一个馒头，那么张三知道自己早上吃了一个馒头。”这个表达中运用了“如果……那么”这个条件表达式。

虽然我们可以看到布兰顿的整个概念观是一种立足社会实践的概念观，这种概念观既不认为概念是用来表达个体的主观观念的，也不认为概念是纯粹用来表征客观世界的。但是，概念实践观仍旧需要回答：概念如何能够触及客观世界。

社会共同体的语言实践发生于生活世界中。更具体而言，语言实践的起点是我们在社会实践中的断言（assertion）。断言是一个言语行为，作出一个断言意味着承诺这个断言的内容。布兰顿的客观化策略就是要在他的规范语言实践框架内解释断言的“真”——我们的语言实践如何来支配“概念化的原始材料”（conceptual raw material）。布兰顿的“概念化的原始材料”非常值得推敲，他没有用“原始材料”，而是“概念化的原始材料”，这意味着我们直接对峙的世界是一个已经具有概念化结构的世界。

概念实践观立足于我们的生活世界，然而，置身生活世界中的我们如何能够用概念来表达客观世界呢？布兰顿对两者的勾连是通过将社会实践的规范维度和语义推论的表达维度相结合而促成的。哈贝马斯指出：“布兰顿把语言推论实践和语义理论勾连起来的方式就如同齿轮与齿轮间的啮合方式。”[1] 在社会实践层面，所有社会实践参与者都是彼此的“计分者”（scorekeeper）。具体来说，我们通过给予他人“规范地位”（normative statuses）来对他人的行为计分。而投射“规范地位”又是一种表达“规范态度”（normative attitudes）的行为。布兰顿认为“规范地位”有两种，分别是“承诺”（commitment）和“资格”（entitlement）；“规范态度”也有两种，分别是“赋予”（attributing）和“认同”（undertaking）。值得一提的是，在布兰顿的框架内，“赋予”与“赋义”（ascribing）是不同的。[2] 简单来说，“赋予”是实践态度层面的，即我将某个信念赋予张三（张三承诺该信念）。“赋义”则是表达层面的，即我借助逻辑语汇[3] 将张三的命题态度明晰阐述为命题形式。[4] 布兰顿刻画的社会语言

1 Jürgen Habermas, *Truth and Justification*, UK: MIT Press, 2003, p.136.

2 在当代英美认识论语境中，这两个概念是可以互换使用的。

3 布兰顿的逻辑语词指那些能够帮助我们清晰表达概念内容的语词。

4 Cf. Robert Brandom, *Articulating Reasons: An Introduction to Inferentialism*, Cambridge, MA: Harvard University Press, 2001, pp.174-75.

实践实际是一种给予和索取理由的实践。我们作出的断言（即我承诺的信念）既可以作为其他断言的理由，也可以进一步要求其他断言作为理由来支持它。

计分者要追踪社会实践者承诺了哪些信念，并判断他们是否有资格承诺这些信念。针对“承诺”和“资格”这两种规范地位，布兰顿区分了三种社会语言实践中的推论关系：承诺推论关系（committive inferences）、允许推论关系（permissive inferences）、不相容蕴含（incompatibility entailments）。如果我承诺张三是海德格尔专家，那么我也承诺张三是哲学研究者，这就是承诺推论关系。如果我认为张三有资格承诺今天太阳从东边升起，那么我也认为他有资格承诺明天太阳从东边升起，这就是允许推论。如果我承诺世界是物质的，那我就没有资格承诺心物二元论，这就是不相容蕴含。

我们可以借助这种主体间实践的推论关系来确保客观性。比如，当张三断言“这个果子在下落”，那么计分者会赋予这个信念给他。这意味着，他也有义务承诺与这个信念具有承诺推论关系的信念，诸如“这里有个果子”，“这个果子在运动”，等等。另外，计分者还要评价张三有没有资格来作这个断言。例如，如果张三断言“这个果子是李子”，那么他就没有资格断言“这个果子是桃子”，因为后一个信念和他所承诺的信念不相容。如果计分者对张三的信念提出挑战时，张三也有责任为自己辩护。至此，客观化似乎仍旧被束缚在主体间维度之中，这样能否充分保障客观性？如果可断言的正确性要寻求一个完全剥离主体态度的标准，那么这个标准似乎只能是真值条件。但这样的话，可断言内容和语言实践者之间的关系会被埋没掉，这自然不是布兰顿的选择。布兰顿认为他的主体间理由实践模型有足够的资源去解释超越实践者态度的客观性。

布兰顿的客观化方案从语言实践中的“规范地位”切入。这些“规范地位”可以被转化为陈述句，也就是命题内容。而命题内容是具有客观性的，因为它已经脱离实践参与者的主观态度，不再是言语行为中的断言，而是断言所表达的内容。具体而言，只要在表达时严格区分对命题的“承诺”与是否有“资格”作出这个承诺，就足够确保命题内容的客观性。比如，只要我承诺（a）“这块手表是上海牌的”，那么我也必然承诺（b）“我承诺这块手表是上海牌的”。（a）与（c）“我不存在”是相容的，而（b）则与（c）不相容。我意识到我刚刚断言这块手表是红色的，就足以让我有资格承诺（b），即便我没有再去核实这块手表的品牌。如果我要有资格去承诺（a），那么我务必去证实这块手表的品牌。此外，并非一旦我有资格承诺（a），我就必然有资格承诺（d）“我有资格承诺这块手表是上海牌的”。根据认识论可靠主义的想法，我拥有知识的同时却可以不用自己相信自己是可靠的。[1] 传统哲学习惯用真值条件来判定（a）和（b）各自的客观性。而上述的分析表明，只要借助规范的逻辑语汇“承诺”和“资格”，我们就可以区分出“去主体态度的客观性”和“认知者对某个断言态度的客观性”。

布兰顿进一步探讨了如何确保断言内容的表征维度。他认为借助逻辑语汇的表达功能足以呈现社会实践中断言的表征维度，并主要通过区分命题态度的从言（de dicto）赋义和从物（de re）赋义来揭示命题的表征维度。[2] 再者，布兰顿通过考察次级语句“单称词”

---

1 Cf. Alvin Goldman, “The Internalist Conception of Justification,” *Midwest Studies in Philosophy*, Vol 5, No.1, Sept.1980.

2 Cf. Robert Brandom, *Making it Explicit: Reasoning, Representing, and Discursive Commitment*, Cambridge: Harvard University Press, 1994, pp.495-613.

的推论作用揭示了如何在他的推论框架内表达对象（object）。[1] 总而言之，布兰顿认为他的语言实践模型拥有充分的概念工具（逻辑表达语汇）来保障交往实践中的客观性。

从上文看，布兰顿的方案可以说是一种语言内在性（language-immanent）进路，我们对客观性的诉求可以在主体间的语言实践中得到保障，也就是在生活世界的交往活动中得到落实。据此，我们不是直接关注真与指称，而是聚焦解释者如何对待其他参与者的断言和指称。这似乎与布兰顿自己要求的实在论直觉有所冲突。为此，布兰顿还强调了语言实践不是从断言到断言的纯言语活动，“知觉”与“行动”也参与其中，可以分别作为推论环节的入口和出口。比如，张三知觉到红色物体可以作为他断言“这是红色”的前提。而李四承诺信念“动物保护主义的观点是对的”，这会引发他爱护动物的行动。通过把知觉和行动纳入概念推论图景，布兰顿的方案可以说是与实在有直接碰撞的。[2] 此外，布兰顿还考虑到了如何在兼顾历时（diachronic）因素的情况下仍旧能覆盖客观性。[3]

综上，“概念实践观$_2$”要求我们利用特定逻辑表达概念，将藏伏于行动中的义理榨取、爬梳、明述出来，努力阐明埋伏在我们实践中的内容。而这些内容具体来说就是概念的推论规则。布兰顿进一步指出，清晰表达是为了更好地为“批判”服务——批判应立足清晰表达。查尔斯·泰勒（Charles Taylor）表达过类似观点：

1 Cf. Robert Brandom, *Making it Explicit: Reasoning, Representing, and Discursive Commitment*, Cambridge: Harvard University Press, Chap.6.

2 Cf. Ibid., Chap.4.

3 Cf. Robert Brandom, *Reason in Philosophy: Animating Ideas*, Cambridge: Harvard University Press, 2009, pp.89-119.

> 在一种意义上，我们可以说社会理论的提出是我们清晰地明述我们行为的尝试，这种尝试包括描述在实践中处于核心地位的活动，表达对于实践至关重要的规范……但事实上，理论的建构很少仅仅停留于将某些持续的实践明晰化。制造理论和采纳理论背后有着更强的动机：我们的隐含理解在某种层面是有严重缺憾的，甚至是存有纰漏的。理论不仅将我们建构性的自我理解明晰表达出来，并且对这种理解进行拓展、批评，甚至挑战。[1]

泰勒提到我们的解释起点是人类的实践活动，这大略可对应“概念实践观$_1$”。但是，我们还会有将隐含内容明晰表达出来的冲动，这便可对应“概念实践观$_2$”。然而，在这种表达冲动之外，我们还应有批判、改造态度。这可大致对应下文论述的“概念实践观$_3$”。

第四节　概念实践观的“动态维度”

“概念实践观$_3$”揭示的是概念的动态特质。我们的概念是活泼泼的，而非一潭死水；是流变不居的，而非安固如磐石。换言之，我们可以改造概念。根据这种概念实践观，概念应当服务于特定的目的，在这一目的无法达成的情况下，我们应该对原有概念进行改良（订正、分解、合并、抛弃、发明，等等）。

我们可以借用《论语》中的“玉喻”来作类比。子贡曰：“有美玉于斯，韫椟而藏诸？求善贾而沽诸？”子曰：“沽之哉，沽之哉！

1　Charles Taylor, *Interpretation and the Sciences of Man, Philosophy and the Human Sciences: Philosophical Papers 2*, Cambridge: Cambridge University Press, 1971, pp.93-94.

我待贾者也。”(9.13) 如果将美玉藏在柜子里就无法实现它的价值，类似地，概念的价值也体现于它的工具性和实用性。詹姆士说过："可以说，任何一个观念，只要我们能够驾驭它，任何一个观念，只要它可以使我们顺利地从一部分经验到另一部分经验互相发生联系，把各种事物满意地联系起来，可靠地起作用，又简便省力，那就是真的观念；所谓真，只是在于这一点，也仅仅限于这一点，所谓真，就是作为**有效的工具**。”[1] 弗里德里希·斯坦勒 (Friedrich Steinle) 指出："概念不具有真假值是一个真理……概念的一个根本特征在于它们指向具体的目的……它们是工具……”[2] 卡尔纳普曾经分别将他的“精释”方法与彼德·斯特劳森 (Peter Strawson) 的“日常语言考察”类比为“切片机”和“小折刀”。他认为斯特劳森执着于弄清楚小折刀 (日常概念) 的功能，而他更关切如何使用诸如“切片机”这样的新工具 (改良后的概念)，以便更好地执行新任务。[3]

当代元哲学议题“概念工程”可以视为对“概念实践观$_3$”的具体发挥。[4] 有学者指出，对于传统概念分析 (conceptual analysis) 而言，概念的价值应该落脚于“真”，而对于概念工程而言，概念的价值在于“效用”(efficacy)。[5] 概念工程师将概念视为一种工具，如果工具存有缺陷，那么哲学家 (或其他专家) 有职责来维护和修缮这

1 [美] 威廉·詹姆士:《实用主义》，李步楼译，商务印书馆 2012 年版，第 34—35 页。

2 Friedrich Steinle, “Goals and Fates of Concepts: The Case of Magnetic Poles,” in *Scientific Concepts and Investigative Practice*, U. Feest & F. Steinle(eds.), 2012, p.105.

3 Cf. Rudolf Carnap, “Replies and Systematic Expositions,” in *The Philosophy of Rudolf Carnap*, P. Schilpp(ed.), Lasalle: Open Court, 1963, pp.859-1013.

4 Cf. Herman Cappelen, *Fixing Language: An Essay on Conceptual Engineering*, Oxford: Oxford University Press, 2018.

5 Cf. Jennifer Nado, “Conceptual Engineering, Truth, and Efficacy,” *Synthese*, Vol.198, Suppl.7, Jan.2019.

些概念工具。我们可以将概念工具的缺陷区分为语义缺陷与非语义缺陷。“说谎者悖论”导致“真”的不融贯，这就是语义缺陷。非语义缺陷往往是实践层面的缺陷。实践缺陷又可分为：(1) 道德、政治或社会的不良影响。(2) 消极的认知影响。(3) 对理论研究的负面作用。概念工程主张哲学家有义务去修缮有缺陷的概念。当然，即便没有缺陷，哲学家也可以提供比当前更称手的概念工具。在缺乏能用的概念工具时，我们可以设计新的概念，有时，甚至可以淘汰一些毫无作用的概念工具。我们可以如此刻画概念工程的工作：

> **概念评估**：我们对现成在手的概念进行评估，目前的概念的内容或使用模式能否真正执行我们期待它完成的实践或理论目标。

> **概念重建**：立足于对当下概念的评估，我们提出比现成在手的概念更好的替代概念，并给出理由。此时可能有几种竞争性理论，我们应该根据当下的理论或实践需求，选择最适合的改良方案。此外，我们也可以给出全新的概念或彻底抛弃原有的概念，并在确定方案后积极实行计划。

诸多概念工程学者主张将概念视为一种可以得到改良的工具，因此，他们认为概念和其他工具一样是拥有功能的。但他们就如何理解概念的“功能”又持不同见解。一种显见的看法是，概念的功能是“认知功能”(epistemic function)，即帮助我们准确地描述和覆盖经验现象。换言之，概念的首要任务是表征世界——切中自然之肌理 (carving nature at its joints)。这种概念认知功能观可能会遭到质疑。许多概念的功能可能不仅仅是认知层面的，比如“利他”“德性”“女性”等概念的主要功能是非认知的。概念的功能未必就是局限于精准切割世界和划分对象。但我们仍旧可以说每个概念都拥有自身的“专属功能”(proper function)。某物的专属功能即该物被设计的独有功能。这里的“设计”既可指人为的、有意识的设计，也可以是非意识的设计（进化产物）。比如，心脏的专属功能是供血，指南针的专属功能是指明方向，等等。概念也有专属功能，但要觅得概念的专属功能却非易事。我们要追问概念 x 被设计的用途，它应当满足何种目的和关切。如果能找到概念 x 的专属功能，那么我们便可提供各种概念改良方案，其中能最好地服务于专属功能者即为最佳选项。

但仍有概念工程师认为，上述观点意味着概念和其功能之间有着内在的关系，而这种提法过于保守。有一批学者提出，不仅概念的语义是可以更改的，而且概念的功能也是可以改进的。他们的观点可以被称为“激进功能主义”(radical functionalism)。这类功能主义认为概念和功能的关系不是内在的，而是可转换的。唐·伊德（Don Ihde）提到过，印度教徒的祈祷轮原本是一种宗教器具，后来荷兰人改变了其功能，将之用作抽水机器。[1] 这种功能的转换也适用于概念，概念 *x* 既可以被用来实现功能 A，也可以被用来实现功能 B。英戈·布里甘特（Ingo Brigandt）将理论概念的功能称作“认知目标”(epistemic goal)。比如，经典式“基因”的认知目标是为了解释遗传模式，而分子式“基因”的认知目标则转变为理解基因的分

1 ［美］唐·伊德：《技术与生活世界》，韩连庆译，北京大学出版社 2012 年版，第 75 页。

子、细胞以及发展机制。

如果将概念视为拥有各种功能的工具，我们就可以积极地去改良我们的概念工具。这也就是我想要提倡的概念实践观的第三个维度，即概念的动态维度。立足于这一维度，我们可以通过积极改造概念来改造世界。总而言之，“概念实践观$_3$”强调概念的边缘在历史进程中是松弛的，我们可以根据特定需求来积极改造它们。

第五节　概念实践观三维度的关系

概念实践观的三个维度之间是何关系？我试图论证它们是彼此系连的，而非割裂隔绝的。

罗蒂指明维特根斯坦主义者与认知科学家有着不同的出发点。他将维特根斯坦、塞拉斯、戴维森（Donald Davidson）和布兰顿等人的观点称作对语言与心智的社会实践论说。他强调，维特根斯坦主义者不关切我们能够在实验室里对大脑解剖到何种程度，这是神经生理学的工作。换言之，心智不完全等同于大脑。对于维特根斯坦主义者而言，理解心智和语言，是对我们卷入其中的社会实践文化的理解，这种实践是在不断进化的。因此，我们对概念理解的起点不是字典里的定义或实验室里的大脑神经，而是人类的实践活动。只有充分理解了人类的实践活动，我们才能在理由空间去表达、说理、论辩、批判。我采纳的是广义的“概念实践观$_1$”。在这个意义上，“概念实践观$_2$”与“概念实践观$_3$”都发轫于“概念实践观$_1$”。

然而，“概念实践观$_1$”与“概念实践观$_2$”的连续性会面临两种挑战：一种来自理智主义，另一种来自实践观内部的反科学化态度。

我们首先来看理智主义的挑战。福多认为，关于概念内容的推论表达主义面临着循环定义的困境。假定我们以用法来定义概念，那么逻辑概念“and”（合取）的定义应该是它的“引入规则”与“取消规则”。一旦如此，“and”既是“待定义项”，又是“定义项”，便会产生循环定义的困境。概念作用推论主义是针对概念内容的理论。福多指出，为了克服循环定义，概念推论主义只能诉诸实践主义概念持有的理论。[1] 换言之，“概念实践观$_2$”必须寻求“概念实践观$_1$”的帮助——能力优先于命题，通过能力来解释对命题的把握。福多继而宣称这种结合是注定失败的，因为概念实践论对遵循规则的解释诉诸“倾向”（disposition）。假设概念 x 由规则 R 界定，如果张三有按照规则 R 行动的倾向，那么就可以认定张三掌握了规则 R，即掌握了概念 x。但是仅通过行动后果来理解规则不够严谨，理论上，通过遵循另一条规则 R* 也可能得出与遵循规则 R 相同的行动效果。如果概念实践论试图避免过于宽松的界定，他们只能提供进一步的说明——命题知识。但这又回到了“概念实践观”所反对的理智主义传统。并且，他认定概念推论主义（概念实践观$_2$）是一种概念“单例化”理论，本质上是一种理智主义观点，因此无法和“概念实践观$_1$”结合。

我对此有两点回应。首先，福多对概念实践观的“遵循规则”刻画是有失偏颇的。以吉尔伯特·赖尔（Gilbert Ryle）的理论为例，他在论述“倾向”时强调“倾向”实现的“多轨道”特征，例如，当判断一个射击运动员是否为神射手时，我们并不仅仅观察他的行动是否成功，而“应当考虑到他此后的射击、他过去的记录、

1 Cf. Jerry Fodor, *LOT 2: The Language of Thought Revisited*, Oxford: Oxford University Press, 2008.

他的解释或辩解、他给予同伴的劝告，以及大量其他的各种各样的线索”[1]。其次，在赖尔的论述中也出现了诉诸理由空间的线索，但这就意味着返回理智主义的阵地吗？显然不是。诉诸理由空间的辩护，并不等同于认为能力可以全盘还原为命题。因此，福多的驳斥并不成立。

另一种不连贯张力来自概念实践观的内部——维特根斯坦的“反理论态度”。布兰顿认为，维特根斯坦的实践主义与古典实用主义都反对他的语言实践论。[2] 换言之，维特根斯坦强调人与其他生灵共有的**实践意向性**，而布兰顿强调人类独有的**语言意向性**。二者的起点虽然都是人类实践，但维特根斯坦最终导向一种语义虚无主义，而布兰顿却提出了语义推论主义的理论。众所周知，维特根斯坦持有“理论寂静主义”(quietism)，反对将哲学科学化、理论化，因此，他断不会提出一种语义学理论。布兰顿自己化解了这种张力，认为维特根斯坦的反科学主义并不能证成语义虚无主义。因为布兰顿提供的语义学理论是从哲学角度出发来解释我们的规范话语实践。换言之，这套语义理论是规范的，而非科学解释。

如果上述论证成立，那么“概念实践观$_1$”与“概念实践观$_2$”的结合便是合法的。类似地，“概念实践观$_3$”亦托根于“概念实践观$_1$”。概念工程旨在改造概念，但这不等同于哲学家在玩玄虚的概念游戏。概念不是凌空蹈虚的，而是切切实实与生活之地面摩擦的。人类概念牢牢攫住人类实践，而非不染淄尘的，因此，改造概念应当立足于对实践的观察。此外，改造概念也应反作用于实践活动。

---

1 ［英］吉尔伯特·赖尔：《心的概念》，徐大健译，商务印书馆 1992 年版，第 48 页。
2 Cf. Robert Brandom, “Some Strands of Wittgenstein’s Normative Pragmatism, and Some Strains of his Semantic Nihilism,” *Disputatio*, Vol.8, No.9, Jun.2019.

概念工程虽然通过概念作为改良中介，但它的终极目的是影响我们的具体实践。换言之，改良概念只是手段，最终目标是改造实在。以“女性”概念为例，当代诸多女性主义学者试图改良“女性”的涵义，这也许会造成语义和实在的临时错位，但他们最终旨趣是推动语义和实在的接榫。因此，一个好的概念工程应该是能最终改变现实的——对实践的反作用。

“概念实践观$_3$”也依赖“概念实践观$_2$”。布兰顿自己就非常强调语言实践的动态和自我改造特质，他认为实践者对既定的实践作出升进拓展取决于实践者的具身、生活、环境以及偶然和特殊的历史。可以从两方面具体刻画“概念实践观$_2$”和“概念实践观$_3$”的关联。

首先，两者都源于“概念实践观$_1$”，即从概念的实践出发。“概念实践观$_2$”试图将具体的用法清晰表达为社会实践中的“理由”，这些“理由”在推论实践中发挥作用。而“概念实践观$_3$”也依赖于人类的概念实践，即概念改造立足于对实践的精微朗畅的理解。罗蒂认为，我们应该致力于讲述一个关于概念进化的故事。概念在历史语境中是如何的，是如何历经种种使用层面的变迁，导致了现在的各种不同的描述方式。[1]

其次，“概念实践观$_2$”强调的是理由空间的实践，即给予和索要理由的实践。而“概念实践观$_3$”也应放置在理由空间的背景下理解。当概念工程师提议改良概念时，他需要给出充分的理由，诸如原先的概念具有何种缺陷，或现有的概念无法解释新的现象，或改

1 Richard Rorty, *Philosophy as Poetry*, Charlottesville: University of Virginia Press, 2016, p.41.

良后的概念解释力更强，等等。另外，不同的概念工程师对概念 x 可能给出不同的改良方案，评价孰优孰劣的工作也是在理由空间中展开的。

第六节 概念实践观的优势

概念实践观是本书所持的概念观。本节将讨论另两种概念工程学者提出的概念观：艾萨克的概念心理观和斯蒂芬·科赫（Steffen Koch）的概念双重内容理论（dual content accounts of concepts）。

艾萨克辩护了一种最适合概念改造的概念观——概念心理观。[1] 他认为大体上有两种概念观，一种将概念视为语义实体（semantic entities），其主要功能是指称功能，并提供关于世界的先验真理或分析真理。另一种概念心理观则将概念视为一种认知实体（cognitive entities），它聚焦于认知效能，并提供关于心智的经验命题，这些命题具有解释和描述价值。关于这两个进路孰优孰劣，艾萨克提供了三个评价标准：影响力（impact）、适用度（scope）、灵活性（flexibility）。

第一个标准“影响力”考虑的是概念能否与我们认知生活、认知能力、认知行为有着直接关联。根据心理进路，概念是“**真实认知主体**”（cognitive agent）的认知过程和认知能力的构成性原则。那么概念改造实际就是直接改造我们的心智世界和我们的思考方式。而根据语义进路，概念为“**理想认知主体**”（epistemic agent）提供认识过程和认识能力的指导性原则（regulative principle）。艾萨克认

1 Manuel G. Isaac, “Broad-spectrum Conceptual Engineering,” *Ratio*, Vol.34, No.4, Dec.2021.

为语义进路预设了一种理想化的情境，即概念是理性人对概念的合理运用，而非真实认知主体对概念的实际运用。如此，语义进路和我们真实认知主体是脱节的。第二和第三个标准指向的是概念的多元化特征。艾萨克认为语义进路中的概念受限于求真要求和理想认知标准（epistemic standards）。在这个框架下，概念既要符合它的指称，又要提供知识。但这会将概念改造的对象限定为少部分的理论概念，并且概念改造的标准也只有一种认识标准，从而适用度过窄，且缺乏灵活性。而艾萨克认为心理进路遵从的是一种实践标准，立足这个标准，概念改造可以覆盖各类概念，并且可以通过采纳多元标准来展现灵活性。

艾萨克进一步提出了一些正面看法。首先，心理观下的概念并不把真理作为首要的、必要的认识规范。其次，概念是仅仅坐落在个别主体中的。这和语义进路对概念的"公共性"要求背道而驰。具体来说，概念的内容是一种类似信念的状态。首先，我们可以在长期记忆中检索它们。它们能够被自动、快速检索，这种检索是不受控制的，而且它是语境独立的，在任何语境都能被检索。艾萨克将这种概念观称为一种恒定主义（invariatism）。其次，概念内容在真实认知主体执行高级认知任务的过程中起着因果和解释作用。高级认知能力包括范畴化、演绎推论、归纳推论、行动计划、类比、语言理解等。最后，这些高级认知任务的执行通过实施高级认知能力达成，这种认知能力在阅读、倾听、对话、推论、计划等认知活动中展开。

在这个框架下，概念工程的目标是：首先，将概念在人们认知生活中的作用给明确表达出来，这种作用往往是晦暗不明的。其次，要么重新刻画我们的概念内容，要么当我们发现概念内容涉及不可取的推论时，对这种推论加以抑制。最后，艾萨克提出，作为概念内容的信息体可以是范例（exemplar）、原型（prototype）或理论（theory）。

在回应艾萨克的观点之前，我先简单梳理一下当代概念本体论的讨论。一般认为，与概念"用具观"（实践观）对立的是概念"容器观"（vessel）。瓦索·金蒂（Vasso Kindi）细致考察了这种对立。他认为"容器观"是当代哲学的主流观点。根据"容器观"，概念的轮廓是被围栏圈定的，它们被严丝合缝地界定和勾勒，它们是某种容器形式的存在物（entity），也因此需要被注入具体内容。[1]"容器观"主要有两个版本：心理存在物（mental entities）和抽象客体（abstract objects）。他认为第一种观点于20世纪初盛行一时，有着浓厚的心理主义和主观主义的底色。抽象客体观的典型代表是弗雷格，他认为，概念的界限必须是清晰的，否则便意义阙如。一个边界模糊的概念类似于一个没有清晰边界线的区域，这个区域时而属于这个周边国家，时而属于那个周边国家，它甚至无法构成一个真正的区域。同理，缺乏清晰边界的概念也无法构成真正的概念。

金蒂认为"容器观"的对立面是"用具观"。维特根斯坦是这个脉络的典范："一个概念是一种使用语词的技术。"[2]此外，金蒂将伊恩·哈金（Ian Hacking）的工作放置在这个脉络里讨论。哈金主张，概念作为一种由历史塑型的历史存在物，它的形式和能力由它的过往决定。在这个意义上，概念的意义随时间的推排销蚀而发生变化。

1 Vasso Kindi, "Concept as Vessel and Concept as Use," *Scientific Concepts and Investigative Practice*, U. Feest & F. Steinle(eds.), De Gruyter, 2012, p.28.

2 Ludwig Wittgenstein, *Wittgenstein's Lectures on Philosophical Psychology 1946-1947*, P. T. Geach(ed.), Chicago: University of Chicago Press, 1988, p.50.

哲学家探讨概念时需要关照其历史敏感性。概念的发展和转化能够有助于我们更好地理解哲学困惑，解决或化解哲学问题。金蒂论述的“概念用具观”和我主张的“概念实践观”是若合符节的。

“容器”与“用具”是否真的如金蒂刻画的这般不相调和？首先我们必须承认从表层看容器观的闭合性与用具观的开放性是冲突的。但这种表层冲突是否蕴含实质冲突？金蒂的“用具观”主要包含了“概念实践观$_1$”与“概念实践观$_3$”两个维度，并未明述“概念实践观$_2$”。即便如此，如果金蒂的论述成立，那么“概念实践观”与“概念容器观”也是不相容的。

当代学界主流观点认为有三种概念本体论（the ontology of concepts）理论：心理表征论、抽象客体论、概念使用论。这一范畴分类方式被广为接受，比如斯坦福哲学百科的“概念”词条就是照此分类的。[1] 再如，彭孟尧的教材著作《知识论》中说道：“‘概念’是什么？这个问题问的是存有论的问题。大致上有三种立场：有主张概念是能力的，有主张概念是心理表征，也有主张概念是抽象的事物。”[2]

概念心理主义观认为概念是心理表征，它们是诸如信念和欲望这样命题态度的构成要素，这一观点也称作概念表征论。根据这个论说，概念是一种符号表征，而我们的思想活动就是符号表征的计算运作。如果我们的信念或命题态度是心灵表征，那么概念就是这些表征的最基本单位。概念表征论在认知科学领域极为流行。概念

---

1 Cf. Eric Margolis & Stephen Laurence, “Concepts,” *The Stanford Encyclopedia of Philosophy*(Fall 2023 Edition), https://plato.stanford.edu/archives/fall2023/entries/concepts/.

2 彭孟尧：《知识论》，台湾三民书局 2009 年版，第 70 页。

抽象客体观认为概念是非物非心的第三类客体——是弗雷格命题的构成对象。概念使用论的观点往往会追溯至维特根斯坦，简言之，这种观点将概念等同于概念的使用能力——与狭义“概念实践观$_1$”基本一致。例如，概念“鹧鸪”可通过区分鹧鸪和非鹧鸪的能力来界定。

这三种概念本体观的支持者互相论难攻击，十分激烈。埃里克·马戈利斯和史蒂芬·劳伦斯（Eric Margolis and Stephen Laurence）论断心理表征论和抽象客体论之间并无实质张力。倘若他们的论证成立，“容器观”的内部张力便可化解，那么剩下的便是金蒂所强调的“容器观”和“用具观”（或实践观）的张力。我试图论证“容器观”与“用具观”并无实质对立。“容器观”和“用具观”的关系可以通过“体用”（实体和作用）关系来理解。[1] 比如，心脏的本体是心肌细胞，而它的功能是保障人体的血液循环。朱熹论述过：“譬如此扇子，有骨，有柄，用纸糊，此则体也；人摇之，则用也。如尺与秤相似，上有分寸星铢，则体也；将去秤量物事，则用也。”（《朱子语类》，卷六）同样，当我们谈论概念为何时，谈论的是概念的体——它的本体为何。一方面，如同一个椅子的本体层面是物质的，一个概念的本体可以是心理表征或抽象客体；另一方面，如同一个椅子的功能是供人入座，一个概念也具备它的用途或功能。因此，概念本体论的理论范畴只是概念的构成本体——心理域的表征、第三域的涵义或其他。但它无权决定概念是否可以被改造。理论上，任何概念本体观与概念实践观$_3$都不冲突。假设概念 x 的本体是表

1　中国哲学中的体用关系内涵极其丰富，我并不试图介入中国哲学讨论的语境，仅是借用其表述。

征，我提议将其改造为 x*，而 x* 的本体仍旧是表征。

罗蒂将认知科学进路和维特根斯坦主义进路的关系类比为硬件和软件的关系——软件只是一种使用硬件的方式。同理，文化实践只是使用神经设备的一种方式。那么理解硬件的机制与理解硬件的使用方式是两套不同的理解。这一思路可比照前文的“体用”论证。[1]一句话，罗蒂告诉我们对概念理解的起点是我们的实践活动。鉴于此，我们无须去“透视”概念的本质属性，而应聚焦于人类的实践活动。借用维特根斯坦的表达，我们应去“综观”（Übersich）我们的实践。

概念使用论实际是一种概念持有理论，而非概念本体论。它试图界定在何种意义上我们有资格声称拥有或掌握概念 x。根据使用论，只有我把握了“红”的用法，才能够说我拥有概念“红”。具体而言，掌握“红”的用法可以包括：能够区分红和蓝；能够从某物是猩红的推论出某物是红的；能够从某物是红的推论出某物是彩色的；等等。但是，我们仍旧会面临一种反驳：即便概念使用论是一种关于概念持有的理论，这一理论仍与心理表征论不相容。福多指出，在解释次序上，概念的单例化优先于概念持有——只有将概念视为我们心智中的表征符号，才能谈论对概念的拥有。因此，对概念的命题表征优先于概念的把握能力。但福多是在一种亚人格的机制层面解释人的认知机制——仍旧是硬件的运作，而概念实践观关切人类作为活泼灵动的意识主体的具体实践。因此，福多的诘难仍旧是错位的。

---

1 与体用论证不同的是，硬件和软件还涉及人格（personal）与亚人格（subpersonal）的区分。硬件也可以包括“用”，但仅限于亚人格的程序性使用。

照此分析，“容器观”针对的是概念的本体，其本体是一种容器式存在物——表征或涵义；而“实践观 / 用具观”针对的是概念的用途——我们如何用概念来做事。鉴于此，我认为“概念使用论”不属于概念本体的探讨范畴。一句话，“概念实践观”关心的并非“体”，而是聚焦“用”。

无论概念的本体是表征还是抽象对象，都可以和概念实践观下的概念内容相融贯，但是艾萨克仍旧可以进一步就概念的内容提出挑战。在他看来概念根本上是处于个人心理层面的，概念的内容就是大脑中的信息体。

我认为心理概念观的问题在于：首先，如果概念是个体的，那么要了解概念的内容只能通过测试个体的概念认知来获得。虽然这在逻辑上是可能的，但很难在现实中执行。多少的样本才算充分呢？多少人的概念才能代表大众的概念呢？而这个困境不是概念实践观需要面对的。根据概念实践观，概念内容体现于我们的语言实践，而语言实践的内容并不需要通过测试每个个体来获得。

其次，个体对于所持概念的内容会存在很大差异，对一个成长于家暴家庭的人而言，“父亲”概念蕴含的信息可能是负面的；而对一个成长于幸福美满家庭的人而言，“父亲”承载的往往是积极的信息。社会类概念大致都会面临这个问题，即便是自然类概念也无法回避它。比如，一个从小有犬猫过敏症的人和一个从小在牧场长大的人对于各类家畜概念必然持有不同的信息。除了社会类和自然类概念，还有很多抽象类概念或哲学概念。普罗大众根本就不具备关于这些概念的基本信息，更不会在日常生活中用这类概念进行推论。如果一千个人眼中有一千个哈姆雷特，那么一千个人脑中也就有一千个“哈姆雷特”概念。如此，每个人的心理概念都不尽相同。

而概念工程的一个重要目标是试图对大众的整体观念进行改造和改良。社会群体的观念往往体现于我们的语言实践，这也是概念实践观的优势所在。

复次，概念心理观无法解释我们是如何逐渐接受概念变革的。根据心理观，我们的概念结构可能是范例、原型、理论等。无论它是什么，我们必须承认一个事实，即我们的概念内容是会变化的。比如根据之前的“恐龙”定义，雷龙属于恐龙；假设古生物学研究共同体重新定义了“恐龙”，雷龙根据新的定义被排除出了恐龙的范畴。假设张三是个恐龙爱好者，显然他的恐龙概念不会凭空在大脑中发生变化。张三会关注古生物学界的最新动态，他会知晓科学共同体对“恐龙”的最新定义，于是他逐渐接受“恐龙”的外延不包含雷龙。久而久之，哪怕是非古生物爱好者也会接受这个新的“恐龙”概念。但我们发现，个体概念的改变是由公共语言层面的概念的改变导致的。换言之，概念变革只有先在社会语言实践层面发生，才会在个体层面发生。因此，概念实践观比概念心理观更适合概念工程。

最后，根据概念心理观，概念工程试图改造的是在我们认知过程中扮演因果作用的概念。这种改变会有陷入洗脑或精神控制的危险，因为它直接作用在认知系统中，容不得我们的半点拒斥。而根据概念实践观，概念工程师只是给出一个可供讨论的概念改良方案，而并非直接因果作用于个人。

在拒斥了艾萨克的心理概念观后，我们再来看另一种可能的选项。科赫提出了概念的双重内容理论。科赫认为概念的内容有两个层次，分别是外延锁定结构（extension-determining structure）构成的内容和认知结构（psychological structure）构成的内容。前者是概念用来确定外延的内容；后者指的是我们用来范畴化、做判断、做推论的内容。

以“穿山甲”为例，“穿山甲是哺乳动物”就是这个概念的认知内容，而“1+1=2”就是不相干的内容。而我们的认知内容的各个部分都是有因果来源的——要么来自证词，要么来自穿山甲本身。最根本的来源就是穿山甲本身，它是“穿山甲”概念的外延内容，决定了我们对这个概念使用的倾向。首先，外延内容和认知内容可以互相独立，不同的人可以拥有相同的外延内容和不同的认知内容，反之亦然。其次，科赫强调他的概念观是一种语言层面的概念观（lexicalized kind concepts），这种概念包括自然类、社会类、颜色、数字、情感、人格等，所有类别概念的范例都可以成为我们信念的因果源。在这个方向上，科赫的概念观不会面临类似艾萨克的心理概念观面临的问题。第三，对象和主体的心智状态之间的因果关系不一定是直接的。第四，概念双重内容的认知内容是与主体使用语词倾向相关的内容。

立足这个概念观，概念工程的任务就是改变概念的语义内容（外延内容）和认知内容。外延锁定内容和认知内容都是可错的。假设我们发现蜥脚类不属于恐龙，那么根据这个定义，板龙就不属于恐龙的外延。那么，这种改变就是一种指称改变。如果指称是有缺陷的，那么认知内容也必然存在缺陷。指称内容往往决定了我们的认知内容。

在科赫的框架下，外延内容和认知内容是逻辑独立的。比如，有可能我们概念的指称改变了，但没有人意识到，因此无人如此使用。也有可能，虽然我们指称都指向同样的东西，但我们对这样东西的认知有着差异。这在逻辑上确实成立。比如，地球的水突然从

H_2O 被置换为 XYZ，致使水的外延发生了变化，但除了元素不同外，水的功能并未发生任何变化，因此，我们对水的认知内容也不会发生变化。但这只是一种逻辑上的可能，现实中，指称内容的改变往往与我们认知内容的变化相牵连。因此，对于概念工程而言，区分这两种内容的意义不大。而概念实践观不需要去刻意提出两者的区分，我们可以同时用概念的推论规则表达指称（从生活世界触及客观世界）和其他实践推论内容。

综上，我认为只有结合概念实践观的默会、表达、动态维度，才能形成一个厚实的“概念实践观”，这也是贯穿本书的概念理论。概念实践观实际上蕴含了三种概念能力之知。“概念实践观$_1$”对应的是基本的概念运用能力。狭义上，这仅指具体的语言层面上的概念使用能力，广义上，这种能力背后渗透的是人类的普遍实践能力。我们不妨将具备这种能力的人称为“理性的存在者”(rational being)。“概念实践观$_2$”对应的是能够使用逻辑表达语汇参与理由空间实践的能力。我们不妨将具备这种能力的人称为“逻辑的存在者[1]”(logical being)。“概念实践观$_3$”对应着概念修正或改良的能力，我们不妨将具备这种能力的人称为“改造的存在者”(transforming being)。这三种能力并非彼此隔离，而是分环勾连、同条共贯的。

对于“概念实践观”而言，一切都从人类实践出发，概念与实践互相缠绕，互相作用。就如冯契所言：“每个现在的概念都包含有对过去的总结和对未来的预测，它本身是对立中统一的，是生动的、灵活的。”[2]

---

1 这里的“逻辑”并非指涉狭义的形式逻辑能力，而是指能够用广义的逻辑表述来陈述推论、阐明理由的能力。

2 冯契：《认识世界和认识自己》，上海人民出版社 2011 年版，第 166 页。

第二章

掌控概念何以可能

第一节 语义外在论方案

概念的意义会变化吗？我们先来看一些具体的日常案例：在17世纪，“computer”的意思是做计算的人，而如今则特指电脑；“关羽”原本是一个三国武将的专名，在历史文化的影响下，它变成了“忠义”的代名词。上述例子中的语义变化基本被我们辗转承袭了下来。还有些例子：美国纽约州通过法律规定墨西哥鸡肉卷隶属“三明治”门类；美国联邦调查局（FBI）定义“连环谋杀”为：“同一个罪犯（团伙）在分别独立的事件中非法谋杀了两个或两个以上的受害者”。上述例子中，概念的语义都是人为（官方机构）定义的。再来看个例子：美国《体育画报》某一期评选了20世纪50位最伟大的运动员，令人意外的是，一匹名为“秘书处”的赛马也名列其中。有人支持“运动员”可以包含非人动物，有人反对；如今，“婚姻”是否应该包含同性之间的结合是一个饱受争议的话题。上述例子中，人们对是否要改变语义存有争议。

概念语义变化的现象在哲学领域也极为常见。古典“理论智慧”（sophia）的定义是“努斯”（nous）与“知识”（episteme）的结合，而当代知识论则将“理论智慧”界定为广博的知识或深刻的理解；邦雅曼·贡斯当（Benjamin Constant）在《古代人的自由与现代人的自由》中区分了古典的自由观和现代的自由观；塔马尔·詹德勒（Tamar Szabó Gendler）设计了“隐念”（alief）概念来解释一些我们现有概念无法覆盖到的认知现象；心灵哲学学者发明了“随附性”（supervenience）概念来解释心物关系；萨莉·哈斯兰格试图修正“女性”概念，从而揭示女性所处的不公平的社会地位。这样的哲学案例不胜枚举。其中一些情况是哲学家“揭示”了概念在历史中的转变（类似于概念谱系学）；另一些情况是哲学家为了从事特定的理论活动而设计、创发了新概念；还有一些情况是哲学家建议修正或舍弃那些有缺陷的概念。

当代“概念工程”项目在元哲学层面捕捉到了这些现象，并将之理论化为一种哲学方法论。概念工程主张改良概念是哲学家的工作和职责。实施概念改良者即概念工程师（conceptual engineer）。[1]“概念工程”认为我们应该对现有的概念进行审查，一旦发现缺陷，我们应该反思如何改进它们，并且去实施这个修正方案。但有人会质疑，哲学家真的能够驯服概念的意义吗？假设某天张三突发奇想，为了改变住宅附近的地貌，计划把一座山移除。我们会发现张三的主观意图和改变实在之间会有一个间隙，即，他对方案的实施是否具备掌控力。张三可能势单力薄，不管如何努力，都无法改变地貌。因此，主观意愿和客观结果并不总是步调一致的。有可能会事与愿违，或心有余而力不足，或好心办坏事，等等。这些情况也会发生于“概念工程”身上。一方面，概念工程师热忱于提出各种改良概念的方案，并试图去实施这些方案；另一方面，概念意义的变化可能不是概念工程师所能决定的。简言之，概念工程师未必有能力掌控概念意义的转变。我们可以将这个问题称作“掌控难题”。

当然，我们也可以尝试去论证“可行性”并不是“概念工程”的必要构成。也就是说，即便概念工程方案不可行，也不意味着概念工程方案本身可以不乏洞见，或可以具有理论或实践贡献。[2]我认

1 Cf. Herman Cappelen, *Fixing Language: An Essay on Conceptual Engineering*, Oxford: Oxford University Press, 2018.

2 Cf. Steffen Koch, “The Anti-Conceptual Engineering Argument and the Problem of Implementation,” *American Philosophical Quarterly*, forthcoming.

同这种论断，但我认为如果立足概念实践观，则概念的语义改良是可能的。概念实践观下的元语义学是一种推论作用语义学，根据这种语义学，意义既非来源于客观世界，也非来源于个体观念，而是来自社会实践。因此，立足于概念实践观的推论主义语义学，我们能够回应“掌控难题”。在这之前，我们先来考察一下另两种主流进路：语义外在论和语义内在论。

“概念工程”致力于概念意义的修正、改良、制定、取缔。这个方法提倡对概念的主动改良，它预设了一个前提，即概念的意义是可变的。我们因而需要找到一个能够解释“概念意义是可变的”这一事实的元语义学（metasemantics）。换言之，我们需要一套支持“概念工程”的元语义学。什么是元语义学？语义学讨论的是：意义是什么；而元语义学关注的是：意义来自哪里。比如，张三陈述了表达式 *x*。“x 的意义是什么？”是语义学试图回答的问题，而“为什么表达式 x 具有意义 m ？”是元语义学试图回答的问题。对元语义问题，我们可以给出各种答案：也许语义的来源是约定，也许是由外部环境决定的，也许是发轫于内部信念的。本书持一种概念实践观下的元语义学立场，主张意义来源于人类社会实践。

元语义学分为地基和上层建筑。地基就是关于语义和指称的形而上学事实。上层建筑则包括我们的信念、希冀、偏好、意图、理论，等等。开普兰认为，上层建筑对于地基影响甚微。语义外在论是当代最为主流的元语义理论之一，也是不少概念工程师所认可的元语义理论。这个理论的主要代表包括索尔·克里普克（Saul Kripke）、希拉里·普特南（Hilary Putnam）、泰勒·伯奇（Tyler Burge）等。语义外在论主张，决定我们语义的不是大脑内部的信念，而是外部环境。如果概念的意义是内涵和外延，那么决定意义内涵和外延的就是外部环境。换言之：意义不驻扎在我们大脑中。

“概念工程”与语义外在论并不互斥。在语义外在论的框架内，语义或指称的转变是可能的。比如，根据当地用法，马达加斯加最初特指非洲的一个部分。马可·波罗误解了当地人的用法，认为“马达加斯加”指称的是一个岛屿。如今，“马达加斯加”最广为流传的用法恰恰是马可·波罗误解后的用法，而非其历史源头的用法。这就是典型的指称游移（reference shift）。

概念工程师不满足于理论者的身份（提供关于概念的内容建议），而是试图成为实践者（推动这个建议的实施）。语义外在论一旦成立，这将会给“概念工程”造成莫大的困难。开普兰指出，问题的症结在于我们无法找到一个恰好能触发语义或指称转变的算法或配方。根据语义外在论，影响语义变化的因素极为错综复杂，包括：原初的命名仪式、历史交流链中尝试保存语义的意图、历史进程中语义的各种使用模式、专家的判断和我们对专家意见的信任、对话者的环境、过往的信息源，等等。但这些分散的因素却无法凝合成一个精准的配方——我们无从知晓引发语义变化的充分必要条件。

鉴于上述分析，开普兰认为我们对语义的运作机制知之甚少。首先，语义外在论认为语义会受到过往事实的影响。但是，过往的信息无有穷止，我们的能力有限，不可能全面掌握过往种种，总会有或多或少的疏漏。其次，假设我们获得了所有的信息，也仍旧无法依靠这些分别独立的信息形成一个完美触发语义转变的算法。鉴于此，我们对于如何触发语义转变在认知上是有局限的，即便突破认知局限，由于缺乏精确算法，我们仍旧无法真正掌控语义的变化。这样一来，语义外在论给“概念工程”造成了极大的障碍，这可以称为“语义外在论的挑战”。面对这个挑战，开普兰认为我们所能做的唯有不断尝试。就如同人生种种挑战，我们都不可能事先就有万无一失的方案，但我们仍应持续尝试。[1]

照此，如果语义外在论成立，那么“概念工程”的支持者只能是一个盲目的乐观主义者吗？不尽然。科赫给出了不同看法。他认为我们要区分两种情况：一种是知其不可而为之的态度，另一种是知难而上的态度。区别在于第一种态度预设了方案的不可行，而第二种态度并不预设方案的不可行。面对语义外在论带来的压力，概念工程师应持后一种态度。换言之，促成语义变化虽然困难重重，但我们不应预设其不可行。即，我们可以掌控语义变化。科赫建议区分不同的“掌控”。首先，我们可以区分“个人掌控”（individual control）和“集体掌控”（collective control）。“个人掌控”指个体对某结果实现的驾驭力，“集体掌控”则是指一个群体对某结果实现的控制力。此外，我们还可区分“即刻掌控”（immediate control）和“长程掌控”（long-range control）。如果行动者通过一个动作（或一系列连贯动作）就能充分把握结果，那么这就是即刻掌控。比如，我按下按钮，门铃就会发声。我对门铃的控制就是即刻的。“长程控制”则是行动者通过一系列可能会间断的动作达到对结果的充分把握。比如，人类为了减缓气候危机需要采取一系列的措施，这些措施未必是连续执行的。那么人类对气候危机的控制就是长程的。科赫认为“概念工程”对语义的控制是一种“集体长程掌控”。[2]

那么立足语义外在论，如何能够做到对语义的集体长程掌控

1　Cf. Herman Cappelen, *Fixing Language: An Essay on Conceptual Engineering*, Oxford: Oxford University Press, 2018.

2　Cf. Steffen Koch, “The Externalist Challenge to Conceptual Engineering,” *Synthese*, Vol.198, No.1, Jan.2021.

呢？我们要弄清楚到底是什么决定了语义。根据克里普克的外在论，指称随附于（supervenes）一种因果关系，这种因果关系是对象（或人）和会话者间的因果关系（命名传递的历史因果链）。但加雷恩·伊文斯（Gareth Evans）认为真正关键的因果关系应该是物件的状态、行动与会话者信息体（body of information）的因果关系，也就是说指称随附于这个因果关系，改变语义就要改变这个因果关系。如何通过影响这个因果关系来达成“指称游移”呢？我们来举一个例子：假设张三是一位珠宝鉴定师，他在实验室里经常研究铂金的性质。地球铂金的元素是 Pt，张三时刻接触的物质即为 Pt。某日，张三跟随地球太空探索队登陆了一个孪生地球。孪生地球所有的微观结构都与地球严丝合缝，除了一点：孪生地球上的铂金元素不是 Pt，而是 Qt，但是两者的外观又别无二致。探索队按计划在孪生地球开始扎根生活，打算长期于此定居。经过探讨，探索队所有人都同意孪生铂金不属于“铂金”的外延。但是，他们决定一道更新“铂金”的语义——使其能够指称 Qt。敲定目标后，孪生地球上的人类开始了他们的“概念工程”：孪生地球上的科学家用“铂金”来指涉 Qt，珠宝商谈论铂金钻戒时谈论的是 Qt，书本上的铂金的定义也变成了 Qt，等等。久而久之，受到一系列因果作用，孪生地球的人们的“铂金”的信息体发生了变化，“铂金”开始指称 Qt。这就是一个“集体长程掌控”的案例。

通过上述讨论，我们看到立足语义外在论，对待“掌控难题”有两种思路。一种是开普兰为代表的知其不可而为之，另一种是科赫为代表的知难而上。我认为语义外在论方案有三个困境：第一，根据语义外在论，影响语义的核心基础是关于语义的形而上学事实。这是不可否认的事实，但并非所有的形而上学事实都会渗透到我们的社会语言实践。假如我们发现火星存在一种独特的矿物质 W，与 W 相关的形而上学事实可能微末到火星上的一粒尘埃，但这些事实和我们的语言实践关系甚微。但有人仍旧会坚持，这些形而上学事实的组合最终会影响我们概念的语义。因此，问题的症结在于我们能否改变所有形而上学事实？水的语义的形而上学事实似乎是固定不变的，不是我们能够改变的。假设我们最初对水的认知是错的，随着探究进展，我们不断接近水的真正语义，此时被改变的只是我们关于水的认知，而非水的形而上学事实。对于大多自然类概念，我们都是不断在接近这些概念的形而上学事实，而非改变它们。当然对于社会类概念就是另一桩故事了。按照语义外在论，改变概念就是改变概念语义的形而上学事实，但我们必须承认，很多事实摆在那里，我们不能改变，而只能去趋近。

第二，语义外在论是一个关于概念意义的形而上学理论，而“概念工程”是一个规范性方法论，语义外在论可以提供一个语义的事实性来源，却没有进一步解释事实与规范的连续性。可能会有反对意见认为对于解决“掌控难题”无须解释意义的规范维度。但如果其他进路既能解释事实维度，又能覆盖规范维度，那就可更胜一筹。下文会论证语义推论主义进路可以做到这点。

第三，我们可以区分“局部概念工程”和“全局概念工程”。在一些情况下，我们只需要在特定语境拟定用法，这是一种局部概念工程。比如，科学家和同行对具体工作术语的拟定。而全局概念工程则要求概念的意义被所有社会实践参与者接受。比如，一些社会品类词（女性、正义等）。显然，一个局部概念工程无需劳师动众来实行“集体长程掌控”。语义外在论方案没有区别这两种不同情况。但是，我们无法否认外在论方案的一个基本洞见：概念的意义会受到外部环境的影响。

第二节　语义内在论方案

我们再来考察语义内在论方案。内在论支持者倡议，“概念工程”不必受语义形而上学事实的限定和钳制。马克·平德（Mark Pinder）和贾里德·里格斯（Jared Riggs）都支持这个策略。

平德的内在论方案立足于“语词义”（semantic meaning）与“言者义”（speaker meaning）的区分。他认为概念工程师不必执迷“语词义”，而应放眼“言者义”。“言者义”指说话者言说具体内容时传达的意思，它强调的是说话者的意图（intentions）。与之相对，“语词义”指语词本身的涵义，它可以独立于说话者的意图。“言者义”和“语词义”无需完全重合。比如，当我说“你的论文格式很好”，我的“言者义”可以是“你的论文内容质量平平”。但是，“言者义”和“语词义”也不可南辕北辙。如果张三试图用语句 x 来表达意义 m（言者义）时，那么张三应确有通过 x 来传达 m 的意图，并且这种传达方式应是可行的（achievable）。鉴于此，我们不能用“这里有一个水壶”（x）来表达“埃菲尔铁塔高 324 米”（m），因为这显然会造成对话参与者间的交流障碍。虽然“言者义”可以偏离“语词义”，但这种偏离也需要有效交流的规范来制约。基恩·唐纳伦（Keith Donnellan）认为，只要张三能够明确清晰地表达他使用这个语词的意图，那么即便是最极端的情况下，听众或读者也应该能够解读出他的意图。[1] 假设一个小孩和父母约定，他说“同意”表示

1　Cf. K. S. Donnellan, “Putting Humpty Dumpty Together Again,” *The Philosophical Review*, Vol.77, No.2, Apr.1968.

“不同意”，而“不同意”表示“同意”，那么只要小孩和父母遵守约定，他们的沟通仍旧不会产生障碍。如此，平德认为我们至少可以掌控“言者义”。

立足这个策略，如果要掌控概念的意义，我们就应该放弃对语义外在论要求的坚持，而应转向对“言者义”的控制。假设概念 x 的“语词义”为 n，概念工程师可以通过给出明晰的定义，重新定义 x 的意义——规定 x 在语境 C 中意义为 m。这样一来，概念工程师就为概念 x 在语境 C 中拟定了新的意义 m，并且预设这个语义定制可以在语境 C 中发挥积极效果。据此，我们可以给出一个“概念工程”的具体实施步骤：首先，概念工程师为概念 x 设计一个“言者义” m。其次，概念工程师需要规定这个“言者义”的具体使用语境，比如将之限定于语境 C。概念工程师默认新设计的“言者义” m 可在语境 C 中发挥积极效果（比如服务某个论证）。如能严格执行上述步骤，那么就不会产生交流障碍，听众或读者能够顺畅地领会设计者的意图。[1]

立足“言者义”的语义内在论方案颇受争议。一种诘难是，照此论述，我们岂非可以任意订立概念的意义？比如，我可以规定：把一事物称为“大提琴”当且仅当该事物是巴松管。马克斯·多伊奇（Max Deutsch）认为，在言者义层面，我们可以任意规定语义，这就使得这种语义的制定变得琐碎和微末。他更进一步指出，如果概念工程试图改变的是概念的语义和指称，仅通过改变言者义是无法达成这个目标的。[2] 我认为多伊奇未能足够同情地去看待内在论的

---

1 Cf. Mark Pinder, “Conceptual Engineering, Metasemantic Externalism and Speaker-Meaning,” *Mind*, Vol.130, No.517, Jan.2021.

2 Cf. Max Deutsch, “Speaker’s Reference, Stipulation, and a Dilemma for Conceptual Engineers,” *Philosophical Studies*, Vol.177, No.12, Dec.2020.

旨归。我们可以站在内在论的立场回应：首先内在论者不会离谱到随意将“自由意志”的意义拟定为“H_2O”，概念意义的改良会受到话题连续性的制约。[1] 其次，上文提到，内在论者主张概念工程无须改变语义外在论层面的语义。但无论如何，平德的方案至多能回应局部概念工程如何掌控语义，却未直面全局概念工程。

同样持内在论方案的里格斯有着更大的格局。他也认为概念工程旨在改良概念的意义，但这并不必然意味着这个“意义”必定是语义外在论层面的语义。里格斯指出，只要找到符合如下条件的案例，便可证明概念工程无须依赖语义外在论：外在论语义没有改变，但概念工程师的需求得到了满足；或者外在论语义发生变化，但概念工程师的需求没有得到满足。

里格斯选择“罗蒂案例”为自己观点提供支持。暂且将罗蒂视为一个概念工程师，他的目标是修正概念“辩护”(justification）的意义。当下对于“辩护”的主流看法认为，对于信念的辩护应该发挥镜子的作用——信念应如实地反映实在。我们把这种理解称为“辩护$_a$”。但罗蒂试图扭转这个看法，他认为，辩护事关当事人如何向周遭的人捍卫某个信念的能力。我们把这种理解称为“辩护$_b$”。罗蒂认为“辩护$_b$”比“辩护$_a$”更适合我们的理论活动和实践活动。因此，罗蒂建议用“能够在共同体内得到辩护”(“辩护$_b$”）替代“正确的描摹现实”(“辩护$_a$”)。第一种情况，假定罗蒂的提议被广泛采纳，普罗大众都接受了他的“辩护$_b$”，都认同得到辩护的信念就是共同体内得到辩护的信念。此时，语义的形而上学事实还是相关的吗？即便此时此刻决定语义的外在事实是执拗的，但这并不影响概

1　我会在下一章中详细讨论这个话题。

念工程师罗蒂达成他的意义改造目的——对话参与者业已接受罗蒂对“辩护”的改进，这个改变足以达到罗蒂的实践要求（促进自由、平等的关系等），那么罗蒂没有必要再执着于改变语义外在论层面的语义了。第二种情况，假设语义形成的外在因素发生了变化使得“辩护”的语义变成了“辩护$_b$”。但此时此刻，大多对话参与者都还在沿用“辩护$_a$”进行对话，而并未接受消化“辩护$_b$”。换言之，此时概念工程师罗蒂并未达到他的改良目的。综上，“罗蒂案例”能够支持概念工程独立于语义外在论的主张。

里格斯纵然考虑到了全局的概念工程，但仍旧未能明述出如何借助理论来区分对待局部和全局的概念工程。一方面，我们应该汲取语义内在论方案的基本洞见：概念工程是一种社会实践，其核心义旨在于掌控社会对话参与者对于概念的观念（信念），而非去撼动那些根深蒂固的关于语义的形而上学事实。另一方面，我们不得不承认语义内在论方案仍旧存有疏漏。首先，直觉上，我们似乎不应该完全抛开外在环境的作用。其次，语义内在论应该给出一个详细的解决“任意性”诘难的方案。最后，对于如何区分全局和局部的概念工程，内在论方案缺乏一个合理的论说。

第三节　社会实践框架下的语义推论主义

针对语义的“掌控难题”，上文讨论了语义外在论和语义内在论的解决方案，但这两个方案都面临着自身的困境：语义外在论无法解释我们在一些语境中能够通过约定来掌控语义的现象，而语义内在论又完全抛弃了外部物理环境对于语义的约束。贯穿本书的概念观是一种概念实践观。概念实践观支持的元语义学是语义推论主义，即第一章中论述的概念实践观表达维度所呈现的内容。在展示语义推论主义如何解决“掌控难题”前，我们先对它的基本义旨进行一个刻画。

针对意义来源问题，学界有两种主流观点：一种认为意义由物理世界的元素决定；另一种认为意义由我们的心智状态决定。语义推论主义则给出第三种选项：一个表述的意义由它在推论网络中所发挥的作用决定——即由我们的社会语言实践决定。因此，语义推论主义也是一种元语义学观点。雅罗斯拉夫·佩里格林（Jaroslav Peregrin）如此界定语义推论主义：“以人类独有的方式产生意义，或者说拥有‘语义内容’实际就是遵循某种推论规则。”[1]

语义推论主义的主要代表人物包括塞拉斯、布兰顿、佩里格林等。布兰顿在其中起了承前启后的作用，我对语义推论主义的刻画主要立足他的思想。[2]布兰顿是一个概念实用主义者，他和大多数实践进路的学者都主张对语义理解应该发轫于我们的社会实践。用认识论术语表述，在解释次序上，**能力之知**优先于**命题知识**。据此，我们应该通过如何使用概念来理解概念的内容。更具体而言，这种概念使用能力就是一种推论能力，掌握概念就是掌握它的推论规则。布兰顿受惠于迈克尔·达米特（Michael Dummett）关于推论作用普遍模型的思想。达米特指出，对于概念或语词的使用而言，我们有概念使用的前提和概念使用的后果。概念 x 的使用前提是由运用 x 的充分条件构成的集合，而概念 x 的使用后果则是由运用 x 的必要

1　Jaroslav Peregrin, “What is inferentialism,” in L. Gurova(eds.), *Inference, Consequence, and Meaning: Perspectives on Inferentialism*, Cambridge: Cambridge Scholars Publishing, 2012, p.3.

2　Cf. Robert Brandom, *Making It Explicit: Reasoning, Representing, and Discursive Commitment*, Cambridge: Harvard University Press, 1994.

条件构成的集合。鉴于此，概念的内容就是：概念运用的前提到概念运用的后果的推论。掌握一个概念的语义就是掌握一套这个概念所卷入的从前提到后果的推论。比如，掌握“玉石”意味着要掌握诸如“如果这是蓝田玉，那么这是玉石”“如果这是玉石，那么这不是塑料”等推论规则。对概念推论的掌握不是一劳永逸的，而是有程度差异的。比如，鉴于一个黑格尔专家在黑格尔哲学领域经受了长期的专业训练，他对“绝对精神”涉及的推论的掌握肯定远胜于一个非哲学专业学生。

布兰顿的概念理论首先是在社会实践的框架下展开的。在《使之明晰》中，他花费了大量笔墨，试图以给予和索要理由的游戏作为模型来刻画我们的社会实践。什么是理由游戏？理由就是断言：“断言是一种本质上能够同时充当理由，以及索要其他理由来支持的行为。命题内容本质上既可以充当推论的前提，亦可以作为推论的结论。”[1] 断言是一种言语行为，所以理由游戏也是一种语言实践，断言的作出者实际就是在玩给予和索要理由的游戏。并且“玩这个游戏实际就是为各位参与者的承诺与资格计分”。[2] 社会实践中的实践者拥有道义地位。理由游戏中有两个重要的道义地位：承诺（commitment）与资格（entitlement）。承诺大致对应于日常概念义务（obligation），而资格大体对应许可（permission）。道义地位在实践中会被计分。游戏者的道义地位会变化，而计分者的道义态度会追踪这些变化。普通游戏中，计分员和游戏者是独立的，但在理由游戏中，游戏者同时也是计分员，共同体成员互相计分。用布兰顿的

1 Robert Brandom, *Articulating Reasons: An Introduction to Inferentialism*, Cambridge, MA: Havard University Press, 2000, p.189.

2 Ibid., p.165.

话来说，计分员将承诺与资格赋予游戏者，或者自己承担它们。此外，“采纳这种实践态度也即有了实行裁断的倾向或意愿”。[1]对待规范地位有两类方式：赋予（attributing）与承担（undertaking）或承认（acknowledging），“赋予”是指将道义地位赋予他人，而承担或承认的主体是自己。总之，“社会实践是一项游戏，参与者呈现出各种道义地位——承诺与资格——每一次有实践意义的行为都有可能从某些方面改变这些地位”，那么社会实践参与者就有了一个计分的责任，“他们通过将道义地位赋予他人，或自己承担，来为道义地位计分”。[2]

“计分”这一概念源于大卫·刘易斯（David Lewis）。刘易斯在《语言游戏中的计分》一文中带领我们考察了棒球比赛的计分模式。他进一步认为，我们可以通过计分功能来明述语言活动的隐含规范。[3]布兰顿再一次挖掘了这一概念的潜力，他将“计分”运用于社会实践。道义计分中的“计分”实际是一种隐喻。因为，在社会实践中的计分行为并不诉诸分数，而是为道义地位计分：“给予和索要理由游戏的一部分便是通过赋予来追踪其他游戏者的承诺与资格。”[4]哈贝马斯对布兰顿的道义计分概念有过一段到位的综合概括：

> 就其基本情形而言，推论性实践活动在于交换断定、疑问和

1 Robert Brandom, *Making It Explicit: Reasoning, Representing, and Discursive Commitment*, Cambridge: Harvard University Press, 1994, p.166.

2 Ibid., p.166.

3 David Lewis, "Scorekeeping in a Language Game," *Journal of Philosophical Logic*, Vol.8, No.1, Jan.1979.

4 Robert Brandom, *Making It Explicit: Reasoning, Representing, and Discursive Commitment*, Cambridge: Harvard University Press, 1994, p.185.

答复，对话者将这些东西都相互归于彼此，并就可能的理由进行评估；在这里，每个人都从自己的观点出发，记录下谁有资格进行何种言语行为，谁诚心诚意接受了何种断言，最后，谁透支了通常一致认可的可信度账户，因为与这一可信度相关的有效性论断并未以推论的方式得到确证，从而使自己在其队友眼中丧失了信用。每个参与者都根据自己的贡献记录下“得分”，与此同时也在计算着其他人根据各自的贡献而达到的“分数”。[1]

在这个计分框架下，对于一个语义推论主义者而言，掌握推论规则或命题p意味着我们能够掌握如下推论能力：(1) 如果承诺 (commitment) p，那么我们还应该承诺与p具有承诺推论关系的命题。(2) 如果承诺p，且有资格 (entitlement) 承诺p，我们还应该有资格承诺与p具有资格推论关系的命题。(3) 如果承诺p，那么我们没有资格承诺与p不相容的命题。如果张三承诺“李四身高2米”，那么他也应该承诺“李四是个高个子”，并且他没有资格承诺“李四是个矮个子”。概念运用中涉及的推论规则都可以作为其他断言的理由，它们本身也可以进一步要求其他断言为之辩护。比如，我可以质疑张三，指出李四身高不足2米。此时，张三可以有多种选择：他可以放弃原来的承诺；他可以诉诸理由“我看过李四的体检报告”来为原断言辩护；他也可以委托第三者王五来辩护，因为王五亲自给李四测量过身高。那么，对于概念实践观而言，一个概念的意义就是由与之相关的推论规则p构成，而这些推论规则就是

1 ［德］哈贝马斯：《从康德到黑格尔：罗伯特·布兰顿的语用学语言哲学》，韩东晖译，《世界哲学》2005年第6期，第31页。

我们在给予和索要理由游戏中用来计分的理由。

为了更好地将语义推论主义嵌入社会实践的解释框架，布兰顿不仅是一个语义推论主义者，还是一个逻辑表达主义者（logical expressivism）。逻辑表达主义的想法在于，逻辑词汇的主要功能是帮助我们将隐含在语言实践中的预设（assumption）明晰表述出来。这些预设也就是概念的推论规则 p。对于布兰顿而言，逻辑语汇是广义的，它们包括：条件句语汇、赋义语汇、规范语汇、模态语汇，等等。以最基本的条件句语汇为例。假设我是一个相容论者，那么我就有能力将我使用“自由意志”所隐含的条件清晰表达出来：“如果相容论成立，那么因果决定论无法排斥自由意志”等。最后需要澄清的是，布兰顿所指的推论并非形式推论，而是实质推论（material inference）。在布兰顿看来，从“北京在上海北边”到“上海在北京的南边”之所以是好的推论，并不是由推论的形式有效性决定的，而是由“北”和“南”的实质内容决定的。

第四节　语义推论主义与“掌控难题”

前文论述过，诸多学者对“掌控难题”的处理是立足于语义外在论的。那么我们有必要考察一下语义推论主义与语义外在论的关系。塞拉斯和普特南就这个问题有过一个辩驳。松井隆明（Takaaki Matsui）认为这是一场被忽视的争论，他主张我们有必要重新去认识这场争论的意义。[1]

1　Takaaki Matsui, “Inferentialism and Semantic Externalism: A Neglected Debate between Sellars and Putnam,” *British Journal for the History of Philosophy*, Vol.29, No.1, Aug.2020.

立足语义外在论，普特南对塞拉斯的语义推论主义作过一番批判性检视。[1]普特南认为语义外在论有两层约束：社会环境约束和物理环境约束。作为一个语言使用者，我们未必能够区分“榆树”和“山毛榉”，但我们可以诉诸所处的共同体的专家做出可靠区分，这就是社会环境约束。假设在孪生地球上，有一种与地球的水在外部特征上别无二致的物质，但它的构成元素是XYZ，而非H_2O。在1700年，尚无人能够区分“水”和“孪生水”的化学元素，那么“孪生水”和“水”在我们心智状态中的呈现是一样的。即便如此，我们仍旧主张“水”和“孪生水”的意义不同，因为意义应该由外部环境决定，这就是物理环境约束。立足这两个约束，普特南对塞拉斯的语义推论主义提出了挑战。

普特南认为语义推论主义有两个预设：a. 说话者的语词意义不可能逾越说话者的信念或信念倾向（心理状态）。换言之，如果两人拥有相同的心理状态，那么他们不可能对一个语词的意义产生歧义。b. 语词的意义决定它的外延。据此，水的意义决定了我们把什么样的事物算作水。普特南认为语义推论主义同时蕴含了这两个预设。根据预设a，如果对话者对一个概念的意义有争议，那么他们肯定拥有不同的心理状态。根据预设b，如果对话者对一个语词的外延有异议，那么他们对这个语词的意义也肯定抱有不同见解。普特南指出，如果这两个预设都成立，外延受制于意义，意义又由我们的信念决定，那么必然会导向如下推断：我们的信念决定了语词的外延。根据普特南的观点，如果接受了这个论断，就等同于放弃了社会环境约束和物理环境约束。

---

1 Hilary Putnam, “Comment on Wilfrid Sellars,” *Synthese*, Vol.23, No.3-4, Jul.-Aug.1974.

塞拉斯对普特南的批驳进行了直接回应。[1]首先，塞拉斯认为语义推论主义并不会丢失社会环境的约束，它恰恰反对将语义等同于心智状态。塞拉斯主张任何语义理论都不应该与社会共同体实践脱节。社会实践的规范维度恰恰是诸如塞拉斯、布兰顿这样的语义推论主义支持者所强调的特质。因此，语义推论主义并不持有预设 a。在这个意义上，语义推论主义也和语义内在论划清了界限。

我们再来看塞拉斯对外部物理环境约束的回应。立足语义推论主义，社会共同体在 1776 年对于化学元素一无所知，当时的人无法作出“如果 x 是水，那么 x 是 H_2O”这样的推论，也因此无法区分 H_2O 和 XYZ。这就意味着“孪生水”和“水”在 1700 年时的意义是一样的，而这是语义外在论反对的。塞拉斯对此也有应对策略。他认为物质性词项（substance term）或自然品类词的指称可以由一个后续发展的概念框架（a successor conceptual framework）来决定。根据这个思路，在 1776 年时，地球人可以通过委任未来的概念框架承认水的指称是 H_2O。在后继的概念框架中，我们可以从“如果 x 是水”得到“那么 x 是 H_2O”。同样，孪生地球人也可以通过这个方式用孪生水来指称 XYZ。对于塞拉斯而言，概念框架是一种模态的理想化的框架。换言之，它未必真的实现。鉴于此，即便地球人在发现水是 H_2O 前灭绝，水的指称仍旧可以是 H_2O。

虽然塞拉斯试图表明语义推论主义既受到社会环境决定，也受到物理环境决定。但就塞拉斯对普特南的回应来看，他的论证只能证明：（1）语义推论主义不将意义局限于个体的心理状态；（2）对自然品类词的指称可以诉诸未来社会共同体（理想化的后继概念

---

1 Wilfrid Sellars, “Reply,” *Synthese*, Vol.27, No.3-4, Jun.-Aug.1974.

框架）。但这仍旧不足以充分阐明为何语义会受到外部世界环境的影响。

我认为借助布兰顿对知觉和行动如何卷入推论关系的论述可以回应语义外在论的担忧。布兰顿的语义推论主义虽然被称为“概念实在论”（conceptual realism），但它并不与外部世界孤立隔绝。一方面，概念运用的条件可以是我们对实在的知觉报告。比如，我在看到一个扶手椅后，产生了“这是一个扶手椅”的知觉报告，并据此得出进一步的信念“我可以坐下来写论文”，这个知觉报告是整个推论系统中的一环。另一方面，概念运用的后果可以是我们的行动。比如，我持有信念“教师上课应该尊重学生”，那么我就会课前将手机调节为静音状态，该行动也是这个推论系统中的一环。如此一来，语义推论主义继承了语义外在论方案的基本洞见：概念意义是与外部世界交织缠绕的。鉴于此，推论链条并非仅仅是从命题到命题的推论，也可以是如下形式：知觉（概念运用前提）——命题——行动（概念运用后果）。

J. 亚当·卡特等人（J. A. Carte et al.）进一步主张将布兰顿的语义推论主义理解为一种积极的外在论。[1] 他们建议将“推论”理解为一种认知过程（cognitive process）。对于布兰顿的框架而言，掌握一个概念就是掌握如何用它作推论。如上文所述，知觉可以作为推论入口，行动可以作为推论出口，外部物理世界可以嵌入到我们的认知过程。与传统语义外在论不同，卡特等人认为外部环境可以对我们的语义发挥积极作用，而不仅仅是消极地决定语义。具体而言，

1 A. Carter, H. C. James and P. Orestis, “Semantic Inferentialism as(a Form of) Active Externalism,” *Phenomenology and the Cognitive Sciences*, Vol.16, No.3, Jul.2017.

外部世界和我们的语义会形成一个持续的反馈循环机制。在这个意义上，外部环境可以积极介入语义的建构。以“酸性”为例：“酸性”的知觉入口（运用条件）可以是味道尝起来是酸的，而它的行动出口（运用后果）可以是酸性物质使得石蕊试液变红。那么，对于一个运用“酸性”概念的共同体而言，他们都会认可上述两个承诺：如果这物质尝起来是酸的，那么它是酸性物质；如果它是酸性物质，那么它会使石蕊试液变红。假设有一天，我们发现一样物质尝起来是酸的，却使得石蕊试液变蓝色。如此，我们之前所承诺的两个信念产生了矛盾。遇到这种情况，如果我们的信念无误，那么剩下的选择就是修正我们的概念“酸性”的内容。换言之，我们与外部世界的碰触会直接影响我们的语义内容，而语义内容和外部环境可以形成一个互相反馈的系统。在这个意义上，外部世界积极介入了我们语义推论规则的形成。

综上，通过将知觉和行动纳入推论环节，语义推论主义将命题推论和外部世界视为一个能够形成反馈的循环机制，立足于此，我们可以解释为何语义推论主义并不排斥将外部世界作为语义的影响因素。另外，在第一章中，我们也提到语义推论主义可以借助逻辑语汇表达客观世界。因此，概念实践观支持的语义推论主义并不会抹杀语义外在论的基本洞见。

下面我们具体看看语义推论主义框架概念掌控是何以可能的。概念工程主张，我们运用的概念可能是有缺陷的；语义推论主义则主张，作为概念内容的推论规则是可错的、可更替的。因此，概念工程与语义推论主义是融贯的。换言之，作为元语义学的语义推论主义可以解释概念意义的动态特质。根据语义推论主义，我们可以拒绝接受某些关于概念的推论内容。比如布兰顿给出的例子是

“Boche”(德国佬)。如果接受“Boche”,那么就等同于接受从“他是德国人”到“他比其他欧洲人更残暴”的推论。这个推论埋伏于对“Boche”的使用中。我们可以通过批判这个推论,从而提议取缔“Boche”这个概念。我认为,我们可以借助语义推论主义的框架来理解概念工程:首先,将藏伏在概念使用中的各种推论明晰表达出来。其次,对这些推论进行批判性考察和评价,从而决断如何对待这些推论:保留它们、修正它们或丢弃它们。如果决定对之进行修正,我们最终可以得到一个具有新的推论内容的概念。这一过程发生于给予和索要理由的社会实践中。

为了处理“掌控难题”,我们还需要揭示布兰顿的推论语义学包含的一重认识论意蕴。依据布兰顿的观点,知识的确定性不是来自个人经验与对象世界的符合(表征模式),而是源自共同体的共识(交往模式)[1]。布兰顿认为赋予(attribute)“知识”给他人(以张三为例)要“做”三件事:首先,张三要对一个信念p产生承诺,这对应于传统知识定义“得到辩护的真信念”(justified true belief)中的信念条件。比如,张三承诺“1755年的里斯本地震是欧洲历史上最大的地震”这一信念。当然,对信念的承诺必须立足一个整体的概念推论网络。即,对一个信念的承诺蕴含了对这个信念前提和后果的承诺,也排除了与之相悖的信念。其次,社会对话参与者要以计分者(scorekeeper)身份判断张三是否有资质来承诺信念p。比如,如果张三承诺“里斯本不属于欧洲”,那么他就没有资格承诺“1755年的里斯本地震是欧洲历史上最大的地震”。这对应于传统知识定义

---

1 Robert Brandom, *Articulating Reasons: An Introduction to Inferentialism*, Cambridge, MA: Havard University Press, 2000, pp.97-122.

中的辩护条件。最后，张三有资质承诺信念 p 尚不能确保 p 的可靠性（不足以构成知识），我们还需要社会共同体中的他人一道来认可（undertake）信念 p。比如，除了张三之外，专业的历史学家、地理学家也都认可“1755 年的里斯本地震是欧洲历史上最大的地震”，并且几经传播，这个信念成为了基本常识。只有这样，张三的信念才是可靠的。也就是说，可靠性需要通过社会主体间的实践来确保。

立足语义推论主义这个元语义框架，我们该如何回应“掌控难题”呢？布兰顿对此未作论述。我试图代替布兰顿将这层义理阐明出来。如果接受语义推论主义，那么对概念意义的掌控，实际就是对概念所蕴蓄的推论内容的掌控。我们试图改良或制定概念，实际就是改良或制定关于概念的推论规则，而推论规则实际也就是我们所承诺的信念。立足语义推论主义的认识论意蕴，我们可以分别解释小规模语境的“概念工程”与大规模语境的“概念工程”。比如，假设张三为概念 x 设计了一个新的推论内容 m，他承诺这个信念，并且这个信念在他的概念推论框架内是融贯自洽的，也就是说他有资质做出这个承诺。那么第三人称的“他人”可以通过认可张三来继承这个推论内容。此处，“他人”的范围是可变的：如果“他人”只是一个小规模共同体，比如语言哲学共同体或认识论共同体，那么这个概念工程的语境就是小规模的；如果“他人”扩展到社会实践中的所有成员，那么这个概念工程的语境就是大规模的。根据这个框架，概念工程要改变的并不是构成语义的所有外在形而上学事实，而是对概念的使用背后所蕴藏的推论规则，这些规则实际就是我们持有的信念。那么改变概念就是改变共同体所持有的基本信念。共同体的规模是可以变化的，它既可以是两人的语词约定，又可以是学术共同体的术语制定，也可以是整个社会的语言实践，因此语义推论主义方案也不会陷入语义内在论方案抛弃语义公共性所面临的困境。

最后，我再简要论述一下语义推论主义较之于语义外在论的优势。科赫立足语义外在论，诉诸“集体长程掌控”来解释概念掌控何以可能。我们再来回顾一下语义外在论喜欢提到的两个典型案例。一个案例是“马达加斯加”最早指涉非洲的一部分，而现在特指某个岛屿，这是一个指称游移的案例。另一个案例是科考队到了孪生地球后，发现孪生地球的水是 XYZ，而非 H_2O，于是他们致力于将水界定为 XYZ。岛屿的命名是社会共同体决定的事项，规范在社会实践之中，就如同我们判断岛 X 是属于国家 A 或国家 B 时，此时的规范标准并不是一个自然世界的客观标准，而是从我们的社会实践中产生的。立足这个案例，概念工程师可以通过改变概念语义相关的外部形而上学事实来改变概念语义。但孪生水的案例则有所不同，通常而言，我们把“水”“金”“铁”这些概念视为自然类概念，这类概念的本质往往是等待我们去揭示的，而非任由我们改变的。我们一般会说科学家发现“水”的本质是 H_2O，而不会说科学家改造了“水”或发明了“水”。但科赫把自然类概念和社会类概念放在同一种模式下讨论。对于自然类概念而言，科赫提供的孪生地球案例实际上是一种逻辑可能，而现实中不太常见的案例。当我们试图将物质 XYZ 命名为“水”时，这实际就类似于我们将一个特指的岛屿命名为“马达加斯加”。但科学实践一般会预设一个科学客观事实，而我们的探究就是为了揭示它。对于孪生地球上的 XYZ，更好的方式是赋予它一个新的名称，而非继续以“水”来命名它。如果我们承认这个描述，就会对立足语义外在论的“集体长程掌控”造成困难。一方面，我们可以根据社会实践需求调整非自然类概念的外延，这个意义上，我们可以掌控社会类概念的语义变化；但另一方面，自然类概念的形而上学事实是固定不变、无法改动的，我们在什么意义上能够通过更改自然类概念的形而上学事实来达到概念的掌控？

概念实践观下的语义推论主义可以化解这个困境。无论是自然类概念还是社会类概念，我们在实践中都会涉及针对它们的推论规则，我们对这些规则的运用是通过给予和索要理由的实践进行的。比如，在1928年弗莱明发现青霉素前，人类无法作出“青霉素可以治疗败血病”这样的推论。但随着科研人员的努力，我们愈发了解青霉素，从而产生了各种各样关于“青霉素”的推论规则。我们可以将这一过程理解为人类对“青霉素”概念的改良，青霉素的本质没有改变，但我们对它的认知提升了，这种提升体现于我们所改良的那些涉及“青霉素”的推论规则。我们再来看另一个案例。《华氏451度》（*Fahrenheit 451*）是一部科幻小说，这部小说构想了一个未来世界，在这个世界中，消防员的职责是放火烧毁各种书籍。我们假设这是2100年时对“消防员”的定义，那么彼时“消防员”概念已经完全不同于当下。比如，当下我们会接受“如果张三是消防员，那么张三的职责是灭火”，而2100年的人们会接受“如果张三是消防员，那么张三职责是放火烧毁书籍”。但“消防员”概念的改变和“青霉素”概念的改变不同，我们是因为发现了青霉素的本质，才改变了“青霉素”概念；而不是因为发现了消防员的本质，才去改变“消防员”概念。但这个区分不会对语义推论主义造成影响。在语义推论主义的框架下，概念的改变只是概念蕴含的推论规则的改变。这种改变可能由各种原因造成，有可能是由于我们社会实践的规范改变了，从而导致概念的语义也随之改变；也有可能是我们发现了关于概念的新事实，从而导致我们关于概念的认知发生了改变。

第三章

探究中的概念连续性

第一节　连续性难题

假设在真实历史中，关羽和大多数凡夫俗子一样有着七情六欲，他曾爱慕过别人的妻子，还因此事屡次拜托曹操帮忙。[1]这样的关羽和罗贯中在《三国演义》中树立起来的关羽形象大相径庭。《三国演义》中的关羽是一个非凡的忠义之士：他面对荣华富贵的诱惑，坚决不愿背叛刘备；被迫与刘备二位夫人同宿，却秉烛立于门外一夜，守护二位夫人。而在道教中，关羽更是被神化为关圣帝君。那么裴松之、罗贯中、道教所谈论的关羽是同一个关羽吗？如果是，在何种意义上，他们谈论的对象具有连续性？

当我们日常谈论“真理”的时候，我们一般会认为我们和柏拉图、尼采、海德格尔、卡尔纳普、维特根斯坦这些哲学家在谈论一件事情；又或者，我们会觉得不同的哲学家之间讨论的“真理”也应该属于一个主题。一方面，哲学工作是一种概念改良工作，哲学家们不断地更新我们原有的观念，不断地给出新的理解方式；另一方面，我们又认为哲学家谈论的东西和普通人谈论的东西应该是一个东西。如此，我们就会面临一个问题：哲学的改良如何不会偏离原先的话题？

当哲学试图改良概念 x（自由、真理、知识、德性、技术）时，我们如何保障改良的过程中不会逾越话题的边界，导致偏离原先话题？该问题被当代概念工程（conceptual engineering）议题所关注，因为它构成了对该方法论本身的挑战。概念工程认为哲学工作就是评价、修正、改良、取缔、创发概念（语言表征工具）。在哲学家

1　陈寿：《三国志》，裴松之注，中华书局 2011 年版。

对这些概念进行拆卸、敲打、组装、重组的过程中，如何确保他们还在谈论原有的话题？这是当代概念工程学者需要解决的难题，这个挑战被当代概念工程学者称为“连续性难题”(the discontinuity challenge)。[1] 这个挑战的形成可以追溯到卡尔纳普和彼得·斯特劳森之间的一场争论。卡尔纳普主张我们应该致力于将含混不清、歧义丛生的日常概念精确化和形式化。斯特劳森则认为，我们原本试图解决的是哲学困惑，提供一个科学层面的精确化概念会导致和原来的问题风马牛不相及。[2]

迈克尔·普林欣（Michael Prinzing）如此刻画这个难题：

> 这个诘难的主旨是认为概念的变化会导致主题变化。主题变化意味着我们的所思所言都是离题的。我们也因此无法回应那些最初成为我们探究动机的问题。我们无法和那些使用改良前概念的人畅通无阻地交流。简言之，概念工程会造成主题、思想、探究和/或交流的断裂。[3]

普林欣的这个刻画揭示了打破连续性的两个消极后果：（1）改良后的概念无法回答改良前的概念面临的问题，因此概念改良转换了话题。（2）使用改良后概念的人与使用改良前概念的人会产生交流

1 Cf. Herman Cappelen, *Fixing Language: An Essay on Conceptual Engineering*, Oxford: Oxford University Press, 2018, pp.97-134.

2 Cf. Peter F. Strawson, “Carnap’s Views on Constructed Systems versus Natural Languages in Analytic Philosophy,” in P. A. Schilpp(ed.), *The Philosophy of Rudolf Carnap*, Lasalle: Open Court, 1963, pp.503-518.

3 Michael Prinzing, “The Revisionist’s Rubric: Conceptual Engineering and the Discontinuity Objection,” *Inquiry*, Vol.61, No.8, 2018, p.856.

障碍。

蒂莫西·森德尔（Timothy Sundell）指出“连续性挑战”又可以被划分为两个不同角度的批判。[1]一个角度是“话题中断”：即便成功改良了概念，但我们实际上已经不是在回答最初的问题了，改良后的概念针对的是全新的问题——这就是话题中断。另一个角度是“报告他人陈述中断”：如果我们用改良后的概念来讨论前人的观点，就可能导致错误引用，因为我们和前人谈论的可能不是同一样东西，这就是报告他人陈述中断。值得注意的是，诸多当下的讨论并没有凸显两种不同的断裂：一种是日常和专业的断裂；另一种是专业和专业之间的断裂。前者指的是我们日常谈论的概念 x 和哲学家改良的 x_1、x_2、x_3…x_n 是否断裂；后者则指的是不同哲学家（历时或共时）提供的 x_1、x_2、x_3…x_n 之间是否断裂。森德尔区分了两种对于概念工程探究中断的担忧情况：“前理论顾虑”和“理论顾虑”。“前理论顾虑”认为，概念工程的发生会改变概念表征工具的内涵和外延。如此一来，很多日常判断都会变成假命题。“理论顾虑”则认为，概念工程的发生会使概念表征工具的语义发生变化。如此一来，不同的理论工作者实际使用了不同的概念，也因此持有不同的命题。鉴于此，他们的争议只是语词之争。但直觉上，我们仍旧会觉得不同的理论工作者的探究是彼此连续的，且他们有着实质的争议。这两种顾虑分别有着不同的指向：一种是概念工程与日常判断的断裂；另一种是不同理论者之间的探究断裂。

除了上述两种不同版本的“连续性难题”之外，还有一种连

1 Cf. Timothy Sundell, “Changing the Subject,” *Canadian Journal of Philosophy*, Vol.50, No.5, Jun.2020.

续性的断裂是共同体与共同体之间的断裂。如果整个研究的范式（paradigm）发生了变化，我们如何判定两个概念范式之间是否具有连续性？综上，我们可以区分出三个版本的“连续性难题”：

连续性难题 1：理论者的改良后概念和大众的改良前概念间的连续性。

连续性难题 2：理论者 A 的改良后概念和理论者 B 的改良前概念的连续性。

连续性难题 3：学术共同体 A 的概念范式和共同体 B 的概念范式的连续性。

这三个版本虽然都是连续性难题，但它们需要不同的解决方案。我们将聚焦于连续性难题 1，即哲学家与大众概念的连续性。针对哲学家观念和普罗大众观念之间的关系，有两种不同的元哲学观：一种认为哲学家需要认真对待普罗大众的观念（以维特根斯坦、摩尔等为代表），另一种主张哲学家可以忽略普罗大众的观念（以罗蒂、德勒兹等为代表）。元哲学之争更多体现为一种价值差异，而无真假可言，因此，这两种元哲学立场可以同时成立。但对于试图保持和大众观念连续性的元哲学观支持者而言，他们需要一个具体的方案，这也是我试图处理的问题。

在讨论具体方案前，我们还需要做出一个说明：“概念同一性”（conceptual identity）和“概念连续性”（conceptual continuity）是可以互为独立的。概念同一性的问题有时也被称为“概念个例化”（conceptual individuation）。概念同一性试图找到区分一个概念和其他概念的清晰轮廓边界。比如，我们可以设定概念同一性的条件为不同人的大脑中相同类型的符号表征，或者我们可以认为概念同一性的标准是相同的语义推论角色加上相同的指称。但我们会发现，“概念同一性”对于“概念连续性”既非充分，也非必要。我们可以找到满足概念同一性，却不满足概念连续性的情况。比如，假设两个互相隔绝的文化中都拥有概念 x，但其中一个文化用语词 a 表达概念 x，另一个文化则用手势 b 来表达它，那么逻辑上，他们可能始终无法就概念 x 形成有效沟通。我们也可以找到满足概念连续性，却不满足概念同一性的情况。比如，经典基因概念和分子基因概念在语义推论角色和外延层面都发生了变化，根据严格的概念同一性标准，我们可以认为它们是两个不同的概念。但是在科学实践中，我们仍旧会觉得“经典基因”讨论和“分子基因”研究是连续的。下文的讨论不试图为概念同一性提出一个解决方案，而是针对概念连续性问题。

第二节　激进概念工程：放弃连续性要求

在为保守概念工程给出一个保障语义革新和日常观念连续性的方案前，我们先看一下为何激进的概念工程也是合理的。激进概念工程主张语义改良可以无视连续性问题。换言之，连续性并不是概念改良的必要条件。我将呈现三种辩护激进概念工程的方案，并主张激进概念工程与保守概念工程的争议是一种元哲学争议。元哲学之争无法用真假判定，因此激进进路和保守进路是可以并存的。

我将刻画的三种激进进路的辩护方式分别是：（1）预留转变话题的可能性；（2）转变话题是必要的恶；（3）“话题”是个冗余的学术概念。

第一种方案来自德利娅·贝莱里（Delia Belleri），她区分了两种进路的探究：语义革新论和语义保守论。[1] 语义保守论在一个固定的语义框架内处理问题。比如，当我问这个展览馆里有多少恐龙化石时，我预先设定了对于“恐龙”的标准定义，然后提出这个问题，并且我预期的答案也是在这个定义框架内的。我们再来看另一个案例，古生物学学界在讨论“雷龙是否属于恐龙”时，他们实际是在讨论“恐龙”的定义，他们试图给出一个恐龙的新定义，而非无条件接受原先定义。并且，根据新的定义，雷龙有可能被排除出恐龙的范畴。类似地，当我们讨论“冥王星是否是行星”时，也是在反思“行星”的定义是否合理。语义革新论不仅仅是在概念定义固定框架内考虑理论问题，更会关注概念本身的定义是否合理。贝莱里认为语义革新论预设了这样一个前提，即概念不论是在某个问题 Q 中，还是在与问题 Q 相关的答案中，都拥有固定的语义（暂时的）。但鉴于眼下的认知或实践目标，我们可以去修正这个概念的语义，但在修正语义的过程中极有可能导致话题转换。

贝莱里支持的语义革新论并未完全忽视连续性需求，她的策略是在语义变化和话题变化之外又加了一个层次——探究连续性（continuity of inquiry）。而探究连续性可以借助探究目的论（teleological）来维持。举例来说，张三探究的问题是“自由意志是否与决定论相融”。即便张三最终的“自由意志”概念发生了很大的变化，但只要张三每个阶段的工作都指向了回答自由意志与决定论是否相融这个共同目标，那么他的探究就是连续的。

---

1 Delia Belleri, “Downplaying the Change of Subject Objection to Conceptual Engineering,” *Inquiry*, Mar.2021, https://doi.org/10.1080/0020174X.2021.1908161.

但是，贝莱里话锋一转，语义革新论是允许话题转化的。换言之，连续性要求不是必要的。然而她仍旧不够激进，她指出概念革新是有限度的，这种限度需要革新者在改良前作出规定，或者可以在革新的过程中被逐渐揭示。这种限度也是极度受语境因素影响的。激进论和保守论不同在于，语义保守论者的探究预期并不包含话题转换，而语义革新论者的预期里已经为话题转换预留了可能性。以“自由意志”为例，革新者在设计概念前就已经预想到他可能会改变“自由意志”的语义，甚至转换话题，但她仍旧是在探究目的论框架内进行研究的，即她仍旧试图回答自由意志与决定论是否相融。贝莱里指出，语义革新者可以在一开始就表明态度，即对某个问题的探讨有可能会导致语义变化和话题转换，为了避免误解、交流障碍、语词之争，语义革新论者在刻画问题和回答问题时的表述要明确体现自己的元语言关切。

虽然贝莱里试图告诉我们，在概念改良过程中，锁定探究目标的时候可以忽视话题连续性，但她的方案仍旧不够激进。她虽然允许转换话题，但总的来说，她仍要求概念革新者在**共同的问题框架内**进行研究，并且通过明确自己的探究界限来避免交流障碍。这里似乎仍旧留下了与日常观念妥协的空间——一旦这个共同框架和日常困惑相一致，就无法彻底摆脱与日常观念的连续性。

总的来说，贝莱里仍旧试图去规避交流障碍。另一位学者雷切尔·斯特克恩（Rachel K. Sterken）则主张与日常规范的破裂是一种“必要的恶”。斯特克恩将激进概念工程称为**语言干预**（linguistic interventions），这是一种出于认知或实践动机，对原有语言规范的打破。斯特克恩认为，一个激进概念改良者甚至可以无视对话者的用法。假设概念工程师张三提出了自己对概念 x 的改良方案 a。因为此时他刚刚提出这个改良方案，概念 x 的语义仍旧是原先的 b。但张三试图在所有场合都去贯彻自己的改良方案，将 x 的语义视为 a，并且他也将其他人对 x 的使用视为是符合他改良方案的。上述语言行为中产生了一种干扰（disruption）。首先，它干扰了语言共同体预设的解释共识，从而引发对话者的元语言反思和他们对自己概念的重构。这种言语行为干扰了对话者的解释资源，迫使他们介入一种对语言与世界关系的反思和想象。其次，它干扰了语言系统的常规运作。在语言系统的常规运作中，我们协调行动、表达关切、反思并解决共同问题。而这种干扰督促我们去改变语言系统的运作。这种语言干扰行为会导致**语言越界**（linguistic transgression），即语言的使用突破了常规语言规范。

立足于此，我们会面临概念改良的两难：如果张三试图将概念 x 的语义改良为 a，而 a 并不是语言共同体的用法。当张三将 x 以 a 的方式和其他共同体成员交流时，别人都会觉得他在胡说八道。此时，要么张三根据语言共同体的规范正确地使用概念，要么改变概念的用法，但他无法同时做到上述两点，鱼与熊掌无法兼得。[1] 概念改良有一个过程：从张三提出概念 x 的新语义 a，到其他人能够接受 a 而放弃旧语义 b 的过程。在此过程中总会有一个**鸡同鸭讲**的过渡阶段——张三提出 a，用 a 和其他人交流，而其他人还在用 b。在这个过程中可能存在大量的语言混乱现象——误读他人的思想、报告、话语，形成混乱的证词链，抑或信息传达错误等。

立足这些考虑，斯特克恩提出了一个激进的观点：误解在

1 Rachel K. Sterken, "Linguistic Interventions and Transformative Communicative Disruption," in Herman Cappelen, David Plunkett & Alexis Burgess(eds.), *Conceptual Engineering and Conceptual Ethics*, Oxford: Oxford University Press, 2020, pp.422-423.

哲学家推行语义变更的过程中是具有建设作用的。对于拥有合理动机的改良者，他们可以利用误解来达成他们的改良事业。语词的混乱使用会造成对话中断，而对话中断会引发对话者稍作停歇来反思我们的语言使用，这种反思可以具有一种革新驱动力（transformative）——改良者不断地使用自己试图推广的语义，让其他语言共同体成员进行元语言反思，逐渐接受改良者的建议。如此，误解起到了“触发器”（trigger）的作用。并且这个过程是一个长程的过程。斯特克恩的方案是一个可以彻底牺牲日常观念连续性的方案，但这种通过断裂造成当头棒喝的代价可能非常大，并且这种断裂能否成功促成概念改良也不是确定的。

第三种方案来自斯特芬·科赫的话题取消主义。他认为“话题”是一个没有任何理论效力的概念，它不被概念工程所需要，因此概念工程师也没有必要保持日常观念所蕴含的话题。[1] 他提出了三种“话题”可能具有理论效力的方式，然后拒斥了它们。第一种是形而上学方案：话题的作用就是为“改良”（revision）和“替代”（replacement）划界。英语概念“meat”在13世纪以前指代几乎所有的固体食物，而如今这个概念则指涉肉类食物。类似地，“fish”在17世纪前是包括鲸鱼的，而如今已经不包括鲸鱼了。但这两个案例有所不同。如果我现在和一个13世纪前的人讨论“土豆是否是meat”，实际上是鸡同鸭讲，我们各自用的“meat”是截然不同的概念，因此无所谓对错。但如果我和他讨论“鲸鱼是否是fish”时，我们之间是有对错的。我们也许可以用“话题”来解释上述现象。对

1 Cf. Steffen Koch, “Why Conceptual Engineers Should Not Worry About Topics,” *Erkenntnis*, Vol.88, No.5, Sept.2021.

于“fish”的讨论之所以没有鸡同鸭讲，是因为我们在谈论同一个话题，但对于“meat”而言，话题已经被转换。对此，科赫指出，我们实际可以运用已有的其他理论资源解释这个现象，而无需动用“话题”。“fish”是一个自然类概念，它的语义并不仅仅由我们的语言实践决定，因而从头至尾都没有发生变化，只是我们发现了它的真实外延。因此，“fish”的外延发生了变化，而“meat”则是整个语义发生了变化，它从一个概念变成了另一个概念。鉴于此，科赫认为我们可以用已有的理论资源解释这两者的区别。

此外，还有两种支持“话题”具有理论作用的方案。一种是规范解读：话题告诉我们改良的底线在哪里，我们改良到什么程度是可以被接受的。另一种是术语解读：话题可以帮助我们作出裁决，当我们做语义改良时，何时应该引入新术语，何时保留旧术语。总体而言，科赫认为概念工程师对于概念改良规范的抉择是一种综合性考虑，而没有一种可以作为决定性的理由。换言之，是否具有话题连续性只是诸多考虑因素之一。在很多案例中，即便我们不再谈论同一个话题，也不会影响概念工程师给出改良概念的正当性。同样，对于是引入新术语还是保留旧术语也是一种综合考虑。换言之，是否转换话题不是术语抉择的唯一标准。在很多情况下，语词效应（lexical effect）也是重要的考虑因素。此外，继续使用旧术语也能提醒他人，这个语词被灌注了新的意义。

科赫的总体思路是试图论证“话题”对于概念工程师缺乏理论解释效力。但他的论证中已经预设概念工程师的态度是激进的，而非保守的。那么对于保守概念工程师而言，他们仍旧可以坚持“话题”是具有理论效力的，好的哲学一定要保持与日常话题的连续，在这个意义上就是没有偏离话题。下文中，我将代表保守概念工程给出如何保持概念改良和日常观念连续的方案。我将首先考察两种主流方案，即诉诸粗粝话题和专属功能，然后指出它们的不足，从而给出自己的方案，即诉诸反思均衡（reflective equilibrium）。

第三节　粗粝话题与专属功能方案

激进概念工程师认为哲学改良工作本就应该大刀阔斧，因此无须受到“连续性难题”的牵绊。另一部分学者则致力于提供各种方案来确保哲学的改良工作不会偏离主题。本书的基本立场是：概念改良是否需要保持探究连续性，这取决于概念工程师的**元哲学旨趣**。如果概念工程师的目标是彻底改变日常观念，那么改良工作可以无视连续性要求。如果概念工程师认为好的哲学必须和日常实践保持连续，那么他们就应该设法解决连续性难题。

不少学者采取了第二条道路，其中有些学者诉诸语义元素，也有些学者诉诸概念的功能。这类方案的大致意图是通过圈定一个边界来确保概念改良不偏离主题。下文将讨论两个最为典型的方案：诉诸“粗粝话题”（coarse-grained topic）和诉诸“专属功能”。

诉诸“粗粝话题”是开普兰提出的方案。这个方案的观点是：同一个话题不一定要锁定同样的内涵和外延，因此概念内涵和外延的变化未必会导致话题的转变。[1] 比如，过去的“三明治”和现在的“三明治”的语义发生了巨变——内涵和外延都不同了，但我们谈论过去的三明治和谈论现在的三明治时是在谈论一个话题。以程度形容词“高”为例，张三说“林书豪长得很高”，李四却说“林书豪长

1　Cf. Herman Cappelen, *Fixing Language: An Essay on Conceptual Engineering*, Oxford: Oxford University Press, 2018, p.101.

得不高”。张三和李四使用的“高”的语义可能是不同的，但这并不妨碍张三和李四在谈论一个话题——林书豪的身高。据此，如果有人质疑概念工程师改变了主题，概念工程师可以回答：没错，我改良了语义，但这不意味着我转换了话题。同样，这也适用于“转述中断”。我们转述他人所言的时候，并不要求转述人与被转述人的概念具有完全一致的内涵与外延。

我们可以将开普兰的论证重构如下：

P1：话题比语义更粗粝。

P2：张三和李四可以谈论同一个话题，但没有使用相同的语义。

C1：因此，张三和李四**有可能**使用不同的语义谈论一个话题。

我们可以承认，在很多语境中，由于话题足够粗粝，我们没有那么容易改变话题，但这也无法排除有时候我们确实偏离了话题的可能性。针对这种可能性，我们仍旧应该提供一个方案去保障话题的连续性。开普兰的处理方式预设他将该问题视为一个描述性问题，但这应该是一个规范性问题。换言之，这不是一个关于“是否”（whether）的问题，而是关于“如何”（how）的问题。

有学者主张诉诸概念的“专属功能”可以解决这个规范性问题。“专属功能”试图回答“如何”，而非“是否”的问题——给出一个保持连续性的指导性方案。普林欣持有这个观点。什么是“专属功能”？我们可以先来看一些具体的例子：心脏的专属功能是泵血，伏特计的专属功能是测电压。综括而言，x 的专属功能就是 x 被设计所要执行的功能。这种界定可能颇具争议。我们可以说人造物的功能是人为设计而出的，那么诸如心脏、鸟喙这样的生物类的功能呢？这些品类的功能不是人为设计的。我们可以将“设计”理解为一种广义的设计，既包括有意识介入的，也包括无意识介入的。在后者的意义上，功能是生物进化过程中大自然无意识设计的产物。不少学者认为，与生物类和人造物一样，作为语言类（linguistic kinds）的概念也具有专属功能。普林欣主张：“这种想法的驱动在于认为概念实际拥有‘意向’或‘目的’；它们拥有任务；它们有需要完成的工作；它们有‘旨趣’‘意志’‘角色’和‘功能’。”[1] 在这个意义上，概念也是一种功能类（functional kinds）。

当我们认为概念拥有专属功能时，并不是指概念在特定语境具有特定用法，而真正关注某个概念在人类语言实践中为何会被设计出来。概念 x 的功能要通过它的设计意图来定义：“这个概念缘何最初产生于我们的概念蓄水池？它作为认知工具能够帮助人类处理什么问题？”[2] 为了解决连续性难题，普林欣指出，只要概念的语义更替不逾越它的专属功能，那么概念工程就不会偏离主题。举个例子，假设“自由意志”的功能是标识出道德责任承担者。那么概念工程师就应该以此功能为标准，找到最能有效执行这个功能的概念，比如相容论版本的“自由意志”。鉴于此，概念的专属功能可以帮助我们保证哲学观念和日常观念的连续性。

诉诸“粗粝话题”并不是一个规范性方案，而更像是一种宽慰。这种方案并不能有效地指引概念工程师如何避免偏离主题，而是直接告诉概念工程师：不要担心，话题范围足够宽广，我们轻易不会

---

1 Michael Prinzing, “The Revisionist’s Rubric: Conceptual Engineering and the Discontinuity Objection,” *Inquiry*, Vol.61, No.8, 2018, p.867.

2 Ibid., p.870.

走出这个话题圈。概念工程师不应该满足于这样的安慰，他们需要一个更具体的实践指南。“专属功能”方案也许能够满足规范的指引作用：我们找到概念的专属功能来确保我们概念探究的连续性。但“专属功能”方案也受到了激进功能主义（radical functionalism）的挑战。激进功能主义主张，概念没有固有的功能，比起概念的“功能”，概念的“目的”是更为恰当的表述。换言之，概念没有专属功能，而是可以为各种目的服务。比如，我们可以用书垫桌角，但这显然不是书的功能。他们甚至主张采纳比“目的”更宽松的界定：只要能够回答我们为何如此这般界定概念范畴，而非那般界定，就足以构成概念改良的论证资源。激进功能主义甚至认为概念的“功能”都是可以抛弃或更改的。激进功能主义者并不认为概念与功能之间有着内在的关系，也就是说，概念并没有一个固有的功能集合。对于他们而言，概念和功能的关系是外在的，功能都是可修正的。因此，激进功能主义实际指向的是放弃保持连续性的需求。但是，如前文指出的，我们可以同时尊重愿意保持探究连续性和不愿保持探究连续性的哲学旨趣。

“专属功能”方案试图通过锁定概念的功能从而保障概念探究的连续性。但问题是，概念的功能究竟是什么？我们很难就此问题达成共识，这就构成“专属功能”方案最大的困境——“不确定性难题”(problem of indetermination)。具体来说，有三个不确定性：（1）我们无法确定概念功能是单一的还是多元的。（2）我们无法确定概念功能的具体内容。（3）我们无法确定概念功能是否可以由多个子概念同时满足。

我们先来看第一个不确定性。珍妮弗·纳多（Jeniffer Nado）认为“知识”概念具有多元功能：（1）标识出可靠的信息提供者；

(2) 作为探究的终止记号；(3) 断言和行动的规范；(4) 预测和解释他人的行为和心理状态。[1]关于概念 x 的功能是单一的还是多元的，纳多没有给出针对性的论证，而只是给出了案例分析。同样以“知识”为例，迈克尔·翰农（Michael Hannon）给出了不同的答案，他认为我们有很好的理由相信“知识”的主要功能只有一个。[2]翰农的观点继承于爱德华·克雷格（Edward Craig），后者提出“知识”的功能是标识出可靠的信息提供者，并且他认为罗伯特·诺齐克（Robert Nozick）的追踪理论，阿尔文·戈德曼（Alvin Goldman）的因果论、可靠主义，知识论内在主义等版本的“知识”都可以在这个功能框架内得到解释。[3]翰农并不否认我们日常可以有各式各样关于“知道”的用法。他建议区分“用法”和“功能”，前者指我们在不同日常场景中对同一语词的不同的使用方式；后者则指概念有一种在历史沉淀中形成的较为固定的使用模式，这种模式就是概念的专属功能。很难说纳多或翰农给出了能够彻底击倒对方的论证，这是一个悬而未决的争论。

第二个不确定性是具体内容层面的概念功能不确定。比如，克雷格和翰农认为概念的功能是“标识可靠的信息提供者”。但这并不是学术界的共识，还有其他诸多关于知识功能的提议：“作为探究终止的记号”“作为断言和行动的基本门槛”“做出担保”“作为知识的规

---

1 Cf. Jennifer Nado, “Re-Engineering Knowledge: A Case Study in Pluralist Conceptual Engineering,” *Inquiry*, Mar.2021, https://doi.org/10.1080/0020174X.2021.1903987.

2 Cf. Michael Hannon, *What's the Point of Knowledge?: A Function-first Epistemology*, Oxford: Oxford University Press, 2019.

3 Cf. Edward Craig, *Knowledge and the State of Nature: An Essay in Conceptual Synthesis*, Oxford: Clarendon Press, 1990.

范”“标识出赏罚对象”等。[1] 这是一个持续的争论。

此外，还有第三个不确定性：对于我们是否需要多个改良后的概念来执行原本概念的任务，这个问题也是有争议的。纳多认为，对于“行动规范”功能来说，主体敏感的恒定主义（subjective-sensitive invariantism）的“知识”能够最好地执行这个功能。因为这个版本的“知识”是认知者敏感，而非知识赋予者（attributor）敏感。如果是执行“断言规范”功能，那么此时“知识”应该是听众敏感，也就是赋予者敏感。因此语境主义版本的“知识”可以更好地执行这个功能。另外，我们很多时候只是想了解一个事情，但并不会依此来行动，也不会向他人担保此事的真实性。此时的“知识”无需认知者敏感，也无需赋予者敏感，我们只需要一个非敏感的恒定主义版本的“知识”来执行这个功能。照此，一个概念的功能可以通过多个子概念共同完成。但也会有人提出应该由一个概念同时来满足所有的功能。比如，语境主义支持者会论证他们提供的“知识”版本可以同时做到“认知者”敏感和“赋予者”敏感。[2] 这里的争议在于，改良后的概念是只能为一个，还是可以由多个子概念构成。

也许有人会提出，我们其实可以通过改进专属功能方案来解决这个不确定性难题：一个概念可以有多个功能 F_1、F_2、F_3……F_n，它们构成概念 x 的功能集合。只要改良后的一个概念或多个子概念能够满足这个功能集合，那么我们仍旧可以保持探究连续性。这种改良后的功能主义方案是更包容的，更有前景的，但它仍旧受到“不

---

1 Cf. Michael Hannon, *What's the Point of Knowledge?: A Function-first Epistemology*, Oxford: Oxford University Press, 2019.

2 Cf. Keith DeRose, "The Ordinary Language Basis for Contextualism, and the New Invariantism," *The Philosophical Quarterly*, Vol.55, No.219, Apr.2005.

确定性难题”（indeterminacy）的困扰。哲学家们仍旧会对如下问题产生争论：哪些功能应该被纳入这个功能集合，要满足功能集合中多少个功能才能达成连续性。

鉴于这些讨论，我们可以承认“专属功能”方案是一个有前景的方案，但这个方案在实践层面仍旧会遇到“不确定难题”：无法真正运用“专属功能”作为保持探究连续性的规范性指导方案。哲学家们并没有对所有概念的专属功能的具体事项达成共识。“知识”案例恰恰表明了这点。首先，我们就“知识”功能是多元的还是单一的无法形成共识；其次，关于知识到底具有什么功能，不同学者有着各异的论述；再次，我们也无法确定改良后的概念应该是单个概念或多个子概念。

综上，诉诸“粗粝话题”更多是提供一种描述，而非实践指南。保持话题连续性应该是一个实践问题，正确的提问方式是“我们如何才能保持探究的连续性”，而非“是什么（话题或功能）确保了探究的连续性”。诉诸“专属功能”面临着实践上的问题——无法对概念的功能的相关标准达成共识，这构成了“不确定性难题”。另外，激进功能主义主张我们概念的功能是可以被替代或丢弃的。一方面，我们可以将之视为一种元哲学激进主义立场，但另一方面，我们确实要承认现实运行的概念功能是可能存在缺陷的，那么元哲学保守进路也应该对之有所说法。

第四节　反思均衡方案

一、莱肯式反思均衡方案

我们可以用如下类比来表达专属功能方案的所面临的情形：一

个圈再大，圈里的羊也有可能会逃走，而真正防止羊逃出圈的方法应该是牧羊人的动态防御措施。比如，哪里木栅栏坏了就立马修补，培养一只可靠的牧羊犬，根据最新周边情况制定巡逻计划，采纳无人机等最新技术，等等。

立足这个类比，对于试图尊重探究连续性的概念工程师而言，他们需要一个动态的方案——反思均衡方案。根据这个方案，我们可以在实践中通过不断地调整来确保探究的连续性。我们可以借用威廉·莱肯（William Lycan）版本的反思均衡来服务于概念工程：

> 1. 概念工程师提供一个初步的改良方案。
>
> 2. 我们用案例直觉来测试改良方案。
>
> 3. 经过反复修正，我们获得一个融贯的信念体系，即达成反思均衡。
>
> 4. 反思均衡的成果可以保障概念工程中探究的连续性。[1]

莱肯认为，哲学的目标是获得一个合理的信念系统，而一个合理的信念系统应该尊重和解释一些普遍而坚定的案例直觉。因此，他的理论预设了好的哲学必须在“哲学理论”和“案例直觉”之间互为融贯，从而达到反思均衡。我并不试图捍卫莱肯的哲学目标，而只是借用他的方案来解决“连续性难题”，因此我们无须回应对反思均衡是否能构成哲学目标的挑战。

何为反思均衡？这个方法由纳尔逊·古德曼（Nelson Goodman）

---

1 Cf. William Lycan, *On Evidence in Philosophy*, Oxford: Oxford University Press, 2019.

提出，[1]而在约翰·罗尔斯（John Rawls）那里得到了发展。[2]莱肯如此刻画反思均衡：

> 我们首先要拥有关于某些特定案例最原初的直觉，我们尝试去形成法则或普遍化原则，然后我们再去检测这些原则所做出的进一步预测，我们接受其中的一些，拒斥另一些，然后再据此修正原则，最重要的是，如果原初直觉和整体系统的解释融贯的主要收益发生冲突，那么我们应该放弃原初直觉。无论是原初直觉还是法则，都是可以修正的。反思均衡的达成（如果能够达成）意味着我们达到这样一个状态：整个系统处于一种稳定的配置，整个系统有着极高的融贯性。[3]

莱肯指出，在这样一个系统里，所有的信念都贡献于解释网络，每一个信念也都可以回应其他信念的需求，当任何一个信念遇到挑战时，我们可以援引整个系统的资源为之辩护。反思均衡构成一种解释性的融贯。一个好的解释应该能够解释和尊重那些我们已经接受的信念。莱肯认为，常识和直觉都是那些我们可以直接采纳，而无需解释的证据。

我们可以将莱肯的反思均衡方案纳入概念工程的实践中，从而解决概念工程的“连续性难题”。反思均衡方案可以避免“专属功能”方案面临的困局：它不需要预设存在一个预先防止跑题的圈，

1 Cf. Nelson Goodman, “The New Riddle of Induction,” in *Fact, Fiction and Forecast*, Cambridge, MA: Harvard University Press, 1955.

2 Cf. John Rawls, *A Theory of Justice*, Cambridge, MA: Harvard University Press, 1971.

3 William Lycan, *On Evidence in Philosophy*, Oxford: Oxford University Press, 2019, p.108.

因此也就不需要概念工程师去锁定这个圈的具体范围或内容（粗糙话题或专属功能）。反思均衡是一个动态的方案，概念工程师根据大众普遍而坚定的案例直觉不断地作出调整，获得一个在哲学与案例直觉之间融贯的信念系统，从而保障了哲学改良与日常话语的连续性。

但是，莱肯式反思均衡方案仍旧会面临一个潜在的反驳，这个反驳来自日常语言哲学。日常语言哲学学者阿夫纳·巴兹（Avner Baz）对案例方法的有效性提出了系统性批评。[1]他认为案例方法预设了一种单一的语词功能，它只能表征对象或划定范畴。巴兹问道：普罗大众对于哲学家设置的问题的回答能够揭示什么？这些回答能够揭示"知识""因果性""意向行动""自由"的本质吗？他将这种哲学家通过设置特殊案例来测试大众直觉所呈现的问题命名为"理论者问题"（the theorist's question）。顾名思义，这是做理论的人才会关心的问题，而非大众关心或熟悉的问题。基于这种动机，巴兹主张测试案例直觉的方法并不能成为有效的哲学方法论。他的批评聚焦于"理论者问题"，这一问题有两个值得质疑的预设："最小化预设"和"连续性预设"。最小化预设认为普罗大众可以准确无误地理解理论者问题提出的语境和提问者的意图，因此大家都有能力回答理论者问题。连续性预设认为对哲学案例的判断能力和对日常情景的判断能力是连续的。换言之，对哲学案例的判断所需要的能力和日常判断能力是一样的。这两个预设都指向了一种表征语言观：语词的意义是单一的，我们可以脱离日常情境用统一的方式来理解语

1 Cf. Avner Baz, *The Crisis of Method in Contemporary Analytic Philosophy*, Oxford: Oxford University Press, 2017.

词意义。

为了拒斥案例方法，巴兹讨论了不少案例，比如约翰·霍桑（John Howthorne）的“彩票悖论”（lottery paradox）。[1]霍桑认为我们日常关于“知道”的表达方式与一个显见的事实之间有冲突。如果我知道我今年的预算不足以支持我去非洲看动物大迁徙，那么我会说我知道我不会去非洲看动物大迁徙，这蕴含了我知道我之前买的彩票中不了，因为如果我的彩票可以中奖，那么我的旅行资金就是充裕的。巴兹指出，将这个案例放置在正常的日常语境中，我们想要表达的几乎不可能是“我知道我不会去非洲”。我们可以设想，当我说我知道我去不了非洲时，我的意思是我倾向于接受我今年大概率是去不了非洲了。巴兹认为霍桑所说的张力实际是在引诱我们以一种脱离日常方式去理解“知道”。巴兹的论证如果成立，就会影响到莱肯式反思均衡方案的有效性。如此，我们也很难再借助莱肯式反思均衡方案来解决概念工程的“连续性难题”。

巴兹的确触及了案例方法的一些弊病，即，有些案例过于古怪离奇，脱离日常实践，因此不能反映普罗大众的日常语言用法，但这并不能全面取消案例方法的有效性。首先，如果哲学家设计的案例能够足够贴合我们的日常实践，那么这类案例还是可以用来测试语言直觉的。其次，巴兹的论证针对的主要是那些涉及我们“语词意义”的案例直觉，但并非所有的案例方法都是用来测试语词意义的。比如：罗伯特·诺齐克的“体验机案例”并不是测试大家关于“幸福”（well-being）的语义直觉；德里克·帕菲特（Derek Parfit）

1 Cf. John Hawthorne, *Knowledge and Lotteries*, New York: Oxford University Press, 2004.

的“传输机案例”并不是为了测试我们平时怎么使用“自我”；大卫·查尔莫斯（David Chalmers）的“僵尸案例”并不是测试大众是如何使用“意识”的；朱迪思·汤姆森（Judith Thomson）的“电车案例”的目标也并非测试我们平时是怎么使用“道德”的。马蒂·埃克隆作出了一个有益的区分：能力直觉（competent intuition）和理性直觉（rational intuition）。[1]能力直觉是指我们关于如何使用“H_2O”或“XYZ”这些语词的直觉；理性直觉则主要针对道德案例和形而上学案例的直觉。比如，当我们选择是救 1 人还是救 5 人时，此时动用的就是理性直觉；当我们判断两个人握手的这个状态是否构成一个对象时，动用的也是理性直觉。如果接受这个区分，那么巴兹的批评对测试理性直觉的案例方法是无效的。

二、一个改良的反思均衡方案

即便我们可以辩护部分案例方法的有效性，但反过来，巴兹的挑战也并没有全面失效。至少，他提示我们：仅仅诉诸案例直觉来保障日常观念和哲学改良的连续性是不充分的。甚至有学者认为“案例方法”对于反思均衡是不必要的。鉴于此，莱肯版本的反思均衡中的“日常观念”太过单薄。要解决连续性难题，我们有必要澄清，从日常观念到哲学改良的连续性中的“日常观念”究竟指什么。在很多讨论中，这个表述是模糊的。莱肯式反思均衡的重心在于达成“案例直觉”和“哲学理论”之间的反思均衡。正如他所言：“显

1 Matti Eklund, “Intuitions, Conceptual Engineering, and Conceptual Fixed Points,” in Chris Daly(ed.), *The Palgrave Handbook of Philosophical Methods*, London: Palgrave Macmillan, 2015, pp.363-385.

然，直觉比起常识和科学来说，是更为根本的哲学辩护资源。”[1] 为了解决连续性问题，仅仅考虑案例直觉和哲学理论间的融贯是既不充分，也不必要的。

我们可以拓宽莱肯式反思均衡方案：不仅测试“案例直觉”，还要纳入“常识”与“语词的日常用法”，这三项在当代讨论中往往未被正确区分对待。这三者是不同的，而日常与哲学的连续性中的日常可以是这三项中的一项或两项或三项。

常识是我们大多数人都接受的一种大众理论。比如：石头会砸伤人，我们拥有信念，善良的人比邪恶的人更值得信任，我有双手，等等。虽然常识不是专业化的理论，但它也是普罗大众的一些普遍而坚定的信念，是广为接受的前理论信念。

语词的日常用法不是关于某事物的一个普遍性说法，而是在一个具体语境中语词的意义。一个语词的日常用法可以是多样的，我们不要求它有恒定的用法。因此，“语词的日常用法”和“常识”是不同的。比如，“夏天很热”是一个常识，但这和我们怎么使用“热”却不是一回事情。假设张三是一个炙手可热的作家，李四对张三说“你现在很热啊”；再假设张三在蒸桑拿，李四对他说“这儿很热吧”。在这两个不同的场景中，“热”的用法或意义是不同的。

案例直觉和前两者又是不同的。案例直觉指的是普通人对于哲学家给定的案例所作出的判断。一方面，案例直觉并不等同于常识，常识往往是一种去语境的普遍化判断，但案例直觉则是针对一个具体案例的判断，它至少要求测试者能够理解哲学家设计的这个案例

---

1 William Lycan, *On Evidence in Philosophy*, Oxford: Oxford University Press, 2019, p.111.

的意图，根据哲学家设置的语境来回答相关问题；另一方面，案例直觉也不等同于日常语言用法，日常语言用法是灵活多变的。根据不同语境，一个语词的意义也可以是多样的。而案例直觉中的案例，要么预设了唯一的理解方式（巴兹所批判的），要么它的目的不是为了测试关于语词意义的直觉。

立足上述区分，当我们谈论“连续性难题”时，我们实际谈论的是：

> 从“案例直觉”或“常识”或“日常语用”到“哲学理论”的连续性。

当我们要求概念工程满足探究的连续性时，我们要求的是：改良后的概念至少能够满足与其中某一项的连续性。我们不用要求改良后概念同时覆盖这三者，这是一个过强的要求。因此，修正版方案的执行步骤如下：

> 1. 概念工程师提供一个初步的概念改良方案。
>
> 2. 我们的改良方案至少要和“案例直觉”或“常识”或“日常语用”三者的其中之一达成反思均衡。
>
> 3. 反思均衡的成果能够确保探究的连续性。

为何说案例直觉不足以保障连续性呢？事实上，案例直觉主要是传统概念分析所倚重的。原则上，概念工程可以不依赖于案例直觉的测试。尤其是对于那些本身要脱离原先概念束缚的改良方案而言，他们可以不去理会案例直觉。比如激进派可以强调：案例测试只适用于那些试图获得概念真理的人，概念工程的目的只是给出一个有效的概念工具。但对于概念工程师而言，若要保留概念改良前后的连续性，就不应该完全舍弃对案例直觉的关照。一方面，他们不用将案例作为反例的作用，一旦产生反例，必须覆盖它；另一方面，他们又不应该完全抛弃案例直觉，而是试图修正自己的理论或放弃不合理的案例，从而达成一种融贯的信念系统。除了案例直觉外，我们还需要考虑改良后的概念和“日常语用”以及“常识”连续的情况。

我们先来看哲学改良和常识进行反思均衡的情况。莱肯讨论了怀疑论、取消主义、自由意志的案例。以“取消主义”为例：取消主义试图取缔我们日常的心理概念：他们认为任何生物都没有信念、欲望、意向、希望这类心理状态。莱肯指出，如果理性地比较取消主义的哲学前提和常识，我们就会发现常识是更为合理和健全的。在这个反思均衡中，取消主义无法很好地尊重和解释那些更为合理的常识，因此对于试图保障探究连续性的概念工程师而言，拒斥大众心理学概念并非明智之举。

我们再来看一个关于“爱”的案例。乌尔丽卡·卡尔森（Ulrika Carlsson）讨论了“爱”的哲学理论。[1]对于普通人来说，我们会接受“爱情是盲目的”这样一个常识，但是，有一批哲学家试图修正这个大众常识，他们提出真正的爱应该是理性的。他们主张，爱的发动者应该能知道和反思自己为何爱上对方，被爱者有哪些品质是值得去珍视的。理性主义爱情观预设：人作为殊相是一捆属性，我

1 Ulrika Carlsson, “The Folk Metaphysics of Love,” *European Journal of Philosophy*, Vol.26, No.4, Sept.2018.

们对他人的爱需要立足于对他人属性或品质的反思和评估。这是对常识的一种颠覆，我们一般认为爱是激情和本能，而不需要理性反思的介入。针对这种反常识的哲学理论，卡尔森指出，一个好的关于爱的哲学理论应该能够解释我们关于爱的常识理解。按常识来说，我们爱一个人，是爱他的整体，我们会根据他的整体品质去理解他的一言一行，而不会孤立地考察他的各个品质。卡尔森将这个常识称为关于爱情的大众形而上学本质观。她认为，理性主义爱情观无法很好地解释这种大众常识。这样的话，对于一个试图尊重常识的概念工程师而言，理性主义版本的“爱”也许不是一个上佳之选。

我们再来看“日常用法”。比如，当概念工程师要提供一个关于“知识赋予”的哲学理论时，他们应该充分考虑大众平时做知识赋予时是怎么用这个语词的。基思·德罗斯（Keith DeRose）指出，他的语境主义版本“知识”比起其他版本，能更好地符合我们关于知识赋予的日常用法。[1] 对于主体敏感恒定主义的知识赋予理论而言，我们只需要考虑认知主体所处语境的风险（stakes），而不用理会知识赋予人的具体语境，而语境主义则会将知识赋予人的风险纳入考虑。我们来看一个日常情境：张三和李四某日一同去了公司，他们都看到小明的帽子挂在办公室门外的衣帽架上。因为小明每次到办公室都习惯将帽子挂在衣帽架上，所以他们断定小明应该在办公室。假设当天办公室发生了盗窃案，隔天警察询问李四，小明昨天是否在办公室。李四此时处于高风险语境，在正常情况下，李四应该回答不知道。警察进一步追问李四，张三是否知道小明当天是否在办公

1 Keith DeRose, “The Ordinary Language Basis for Contextualism, and the New Invariantism,” *The Philosophical Quarterly*, Vol.55, No.219, Apr.2005.

室。根据主体敏感恒定主义，由于当时张三处于低风险语境，所以只有一个答案：张三知道小明在办公室。但是根据语境主义，李四此时应该综合考虑自己的语境和张三的语境，更符合日常一般用法情况是，李四回答张三也不知道。假设德罗斯的论证是成立的，那么对于一个试图保障探究连续性的概念工程师而言，语境主义版本的“知识”要优于主体恒定论版本的“知识”。

概念工程的目标是评估、修正、改良、取缔、创发概念。对于激进的改良者来说，日常的理解是一种牵绊，概念工程师应该挣脱这个枷锁；对于保守的改良者来说，哲学改良不应该完全脱离日常理解，改良工作要保持和日常实践的连续性。如果要保障从日常实践到哲学改良的连续性，概念工程师可以借助反思均衡方案，具体而言，是至少达成案例直觉、常识、语词的日常用法这三者其中之一和哲学家概念之间的反思均衡。反思均衡方案的优势在于：首先，诉诸反思均衡并不与功能主义方案互斥，反而是可以互补的。如果坚持功能主义方案，我们仍旧可以借助反思均衡来锁定概念的功能。其次，反思均衡并不一味坚守大众观念，而是通过理性反思，在大众观念和哲学理论之间形成一个融贯的信念体系，因此反思均衡也能解释为何哲学家在必要的时候可以修正大众的观念。在更深层次的目标上，这个讨论是尝试去弥合理论与实践、专家与大众之间的鸿沟。

第四章

实验哲学与概念改造

第一节　当代分析哲学方法论

概念分析和实验哲学之间关系的讨论曾一度是当代分析哲学方法论的聚焦点。概念分析尝试给出概念的充分必要条件（定义），然后借助案例方法来测试这个定义的有效性。实验哲学质疑了这个方法所依赖的直觉的作用。这个热议的背后反映了传统扶手椅哲学和自然化哲学的张力。有学者认为这种张力不可化解，也有学者认为这种张力可以弥合。[1] 除了概念分析外，形式化哲学也被认为是分析哲学中扶手椅哲学的代表。[2] 概念分析、形式化哲学、自然化哲学一度三足鼎立，构成分析哲学方法论的主要范式。

历史地看，自逻辑经验主义以来，分析哲学一方面强调哲学和自然科学的连续性，另一方面强调数理逻辑工具对哲学的贡献。前者演化为自然化哲学，后者发展为形式化哲学。自然化哲学又可以区分两类，其中一类主张哲学家直接参与经验工作，而另一类强调哲学家应该广泛借鉴经验数据（empirically informed）。立足这个区分，我们可以给出两种哲学与科学的合作方式：一种是哲学家直接介入和参与讨论实验的设计，并主动诠释这些经验数据的哲学意蕴，从而帮助实验能够直接与哲学问题接榫；另一种方式是哲学家参考一些已有的经验研究，然后采纳那些看上去能够支持自己观点的经验证据，但不直接参与任何具体的经验工作。[3]

---

1 ［美］约舒亚·亚历山大：《实验哲学导论》，楼魏译，上海译文出版社 2013 年版，第 121—147 页。

2 Cf. Timothy Williamson, *The Philosophy of Philosophy*, Oxford: Blackwell Publishing Ltd, 2008, pp.1-10.

3 Cf. Matthew Lindauer, “Experimental Philosophy and the Fruitfulness of Normative Concepts,” *Philosophical Studies*, Vol.177, No.8, Aug.2020, p.2147.

形式化哲学强调哲学的工作应该借助形式逻辑工具，将含混不清的日常语言清晰化，或利用形式建模来处理哲学问题。卡尔纳普提出的“精释”（explication）方法是典型的形式化进路，他自己对不少概念做过形式化处理。比如，他对“确认程度”（degree of confirmation）与“逻辑可能性”（logical probability）都做过形式改良。[1]何为精释？精释就是将一个日常语言中的模糊概念转化为一个精确的科学概念。用他的术语，也就是将“待精释项”（explicandum）转化为“已精释项”（explicatum）。一个好的“已精释项”要满足四项评价标准：精确性（precision）、成效性（fruitfulness）、简明性（simplicity）、相似性（similarity）。“相似性”标准要求“已精释项”与“待精释项”保持一定的连续性；“精确性”标准要求“已精释项”比“待精释项”更精确，我们应该通过逻辑或科学语言来表达“已精释项”；“成效性”标准要求“已精释项”能够卓有成效地形成普遍科学定律或逻辑公理。最后，在满足上述三项标准后，“已精释项”应该尽量做到精简，即满足“简明性”标准。[2]卡尔纳普的形式化方法论蕴含了一种倡议概念改良的维度。

“精释”近年来又被激活。最近，国际分析哲学共同体愈发意识到哲学方法论的改良面相，并提出概念工程方法论。概念分析关注的是概念当下的运作方式；而概念工程则关注概念的应然运作方式。概念工程主张哲学的任务是修正或改良我们的概念（表征工具）。精释主要试图借助逻辑或科学语言将日常概念转化为更为精确的概念。比如，用摄氏度来表达日常的冷暖概念；用等价类（equivalence

---

1 Cf. Rudolf Carnap, *Logical Foundations of Probability*, Chicago: University of Chicago Press, 1950.

2 Ibid., p.5.

classes）来表达日常数字概念。但是当代诸多学者认为，精释不应局限于以形式化方式改良日常概念，改良语境也不应局限于自然科学。[1]这种拓宽改良方式的想法与概念工程的主旨是不谋而合的。概念工程的对象不仅包括自然类概念，也包括社会类、道德类概念等。概念工程的改良方式也不局限于形式建模，而是结合了各式各样扶手椅哲学的方法论和经验手段。鉴于此，概念工程不局限于特定的领域或特定的方式，而是更广义的哲学方法论。概念工程的优势在于：首先，它可以容纳、吸收形式化哲学的成果。其次，它的核心方法不依赖传统概念分析所诉诸的"直觉"。再次，它可以与经验研究积极合作。因此，这是一个极具活力和生命力的方法论。

鉴于此，概念工程可以免于实验哲学对直觉和案例方法的质疑。更进一步地，概念工程还可以和实验哲学形成合作关系。目前国内实验哲学的研究卓有成效，但尚未涉及实验哲学与概念工程的关系。

本章主要考察概念工程 / 精释与实验哲学的关系。[2]立足于此，我们可以更好地思考经验方法何以贡献于扶手椅哲学。初看之下，概念工程是一种规范和改良进路，着眼于未来；实验哲学则是一种描述进路，关照当下。如此，两者似乎有着不可调和的矛盾——描述进路无法回答规范和改良问题。但实际上，这两个方法论范式并不矛盾：对于规范和改良问题的回答，描述的信息可以提供极大的助益。打个比方，如果我要改进实验室的一个仪器，那我必然要对当下的仪器具有全面的了解，才能实施有效的改造。本章根据现有

1 Cf. Catarina D. Novaes, "Carnapian Explication and Ameliorative Analysis: A Systematic Comparison," *Synthese*, Vol.197, No.3, Mar.2020.

2 下文中不再刻意区分"精释"与"概念工程"，都统一表述为"概念工程"，在部分具体语境中仍旧会保留"精释"的用法。

文献的讨论，梳理两种实验哲学对概念工程的贡献方式：助产士和质检员。立足于此，我提出一种融合助产士和质检员功能的贡献方式，即实验哲学作为概念工程的**调校师**。

第二节　实验哲学作为概念工程的“助产士”

助产士方案的主旨是：对于概念修正或改良工作而言，实验哲学可以做大量的前期准备工作。乔舒亚·谢泼德和詹姆斯·贾斯特斯（Joshua Shepherd and James Justus，下文简写为谢和贾）、珍妮弗·纳多是这个进路的代表。

谢和贾将实验哲学对于概念修正或改良的作用称为“实验的精释准备”(experimental explication preparation)。[1]这种前期准备针对的是待改良的概念（或“待精释项”）。卡尔纳普也指出在概念修正或改良前，澄清待改良概念是极为重要的。他提出我们可以通过举例来刻画待改良概念的内容。[2]除此以外，卡尔纳普并未花费过多笔墨解释我们应该如何做这种澄清准备。澄清待改良概念的目的在于选择哪些是需要保留的元素，哪些是需要扬弃的元素。一方面，待改良概念存在太多缺陷会阻碍改良工作的进展；另一方面，过分聚焦改良的结果会忽视概念在改良前后的连续性。为了克服上述问题，谢和贾提出我们可以借助实验哲学来澄清待改良概念。实验哲学对日常概念的经验化研究能够成为概念工程的前哨工作：它可以发现

1　Cf. J. Shepherd and J. Justus, “X-phi and Carnapian Explication,” *Erkenntnis*, Vol.80, No.2, Apr.2015.

2　Rudolf Carnap, *Logical Foundations of Probability*, Chicago: University of Chicago Press, 1950, p.4.

待改良概念在外延和内涵上的含混不清处；澄清概念的多义性；揭示概念隐含的歧视用法；揭露概念判断中蕴含的一些不可预测的影响；描绘出概念的核心构成特征，以及它与其他概念的依赖关系。[1]谢和贾认为，实验哲学未必在具体案例中决定概念改良的走向，但无论如何我们不应该否定实验哲学可以为概念工程服务。

纳多的观点与谢和贾是在一个方向上的。她主张一套以概念功能主义进路为基础的方案。[2]功能主义进路提出，我们在改良或修正概念之时，应格外关照概念所服务的目的、旨趣、功能。概念工程应该保障改良前概念和改良后概念的话题连续性。如果不能确保连续性，则可能导致话题转换。纳多认为，只要概念在改良前后能够保持功能上的连续性，即可避免转换话题。类比地讲，机翼被设计的功能在总体上是一样的，但我们可能在细节层面不断地打磨改进，而改良后的机翼还是执行它原本的功能。但在另一些情况下，改良前后的对象会发生变化。比如在从电报到电话的进化中，对象本身都发生了变化。我们可以借用卡尔纳普对于精释的类比，为了执行更复杂的任务，我们有时候会设计各种新工具（斧子、镭射、菜刀、砍骨刀）来取代最简易的小折刀。[3]

立足这个框架，实验哲学如何辅助概念工程呢？纳多的答案是，实验哲学之于概念工程的作用就类似于仿生机器学（biomimetics）之于工程学的作用。有时，工程师设计步行机器人仅是因为对人类

1 Shepherd and J. Justus, "X-phi and Carnapian Explication," *Erkenntnis*, Vol.80, No.2, Apr.2015, p.390.

2 Jennifer Nado, "Conceptual Engineering via Experimental Philosophy," *Inquiry*, Vol.64, No.1-2, Jan.2021.

3 Rudolf Carnap, "P. F. Strawson on Linguistic Naturalism," in P. Schilpp (ed.), *The Philosophy of Rudolf Carnap*, Lasalle: Open Court, 1963, pp.933-940.

行走机制本身感兴趣——用机器人来模仿人类的步行。但有时，工程师是为了设计一个能够服务人类的行走的端茶机器人。此时，对人体的模仿服务于工程学目的。事实上，人体的有些部件并不具备功能性，甚至可能是有缺陷的。比如，人类脚部的多根较小的骨头是进化残留（vestigial holdovers），不再具有功能性。如果机器人工程师只关注结构，而非功能，那么他设计的机器人可能只是对人类结构的复制。更多机器人工程师选择的做法是：先发现人类自身的缺陷，然后在机器人设计上去弥补或避免这些缺陷。仿生机器学之于工程学的作用类似于实验哲学之于概念工程的作用。概念工程师利用实验哲学考察前理论概念的目的，并非为了确保概念在改良前后的语义相似性，而是为了揭示概念现有的功能，并审查它是否有缺陷。对于当下概念的充分理解，能够避免我们改良工作白手起家的窘境。当设计新概念时，我们可以立足一些已有的成果，而这些前期工作恰恰是实验哲学所能胜任的。通常情况下，我们认为对象 x 属于概念 F 时，是因为我们直觉上认为 x 是 F，而非因为 x 能够恰当地执行 F 的功能。我们的直觉受到文化、种族、性别等因素影响，而这些因素都是偶然的。如果概念工程师借助实验哲学研究我们为何会认为 x 属于 F，x 属于 F 是否合理，这能够有助于对于 F 的改良工作。

综上，纳多认为作为助产士的实验哲学可以在如下层面服务于概念工程：（1）揭示当下概念所执行的功能，这种功能可能不是显豁的，而需要哲学家去挖掘；（2）阐明能够完成这些功能的具体要素；（3）发觉概念中的冗余元素。[1] 这三项工作都是实验哲学可以完

1 做一个类比，冗余元素类似于人体上的盲肠、智齿、雄性乳房，这些不再具备功能的部件。

成的。

值得一提的是，纳多试图将她的方案与谢和贾的方案相区分。她如此界定他们之间的分歧：谢和贾认为实验哲学所做的准备工作是“意义澄清”(meaning clarification)，而她主张的准备工作是“功能揭示”。[1] 虽然纳多与谢和贾对于实验哲学具体是揭示语义缺陷还是功能缺陷存有异议，但他们对实验哲学在概念工程中所扮演角色的定位实际上是一致的，即准备工作。因此，我们可以将两者放在一道来评价。此外，克洛蒂尔达·托雷格罗萨（Clotilde Torregrossa）考察了实验哲学在美学领域如何作为助产士贡献于美学的概念工程。[2] 她指出，实验哲学可以指示出有缺陷的美学概念，并且标识出其具体的缺陷内容。她具体讨论了“审美经验”“审美证言”等概念。

马克·平德对作为助产士的实验哲学提出两种质疑：首先，我们无法给出实验哲学具体如何贡献于概念工程的机制刻画。平德设想了两种可能的机制，并认为这两个机制都不成立。其中一种是利用实验哲学测试待改良概念是否满足卡尔纳普对于“已精释项”的评价标准。但平德认为概念工程的核心在于改良，因此卡尔纳普四项评价标准针对的是改良后概念（或“已精释项”），而非改良前概念（或“待精释项”）。第二种机制是利用实验哲学来探测待改良概念的可能缺陷（模糊性、多义性、蕴含歧视或偏见）。平德认为，概念工程所应该关注的“陷阱”(pitfall) 不是待改良项的语义或实践缺陷，而应该是理论层面的陷阱。比如，萨莉·哈斯兰格对“女性”

---

1 Jennifer Nado, “Conceptual Engineering via Experimental Philosophy,” *Inquiry*, Vol.64, No.1-2, Jan.2021, p.90.

2 Clotilde Torregrossa, “Experimental Aesthetics and Conceptual Engineering,” *Erkenntnis*, May 2022, https://doi.org/10.1007/s10670-022-00568-0.

进行了改良。[1]“女性”概念是模糊的（有一些边界案例），也是多义和有偏见意蕴的，但哈斯兰格试图解决的不是实验哲学检测到的这些对“女性”的直觉，她的问题意识是理论层面的问题：是什么社会因素构成女性这个性别（gender）；如果对女性的规范界定是价值负载的，那么如何对待某些女性被边缘化的问题。

其次，作为助产士，实验哲学的作用对于整个概念工程而言是有限的。我们通过实验哲学，发现改良前概念的含混、多义、用法偏见，但这无益于构筑富有成效的概念改良。马修·林道尔（Matthew Lindauer）也表达过类似看法，他将谢和贾对实验哲学的定位描绘为“侍女”（handmaiden）角色。[2]概念改良的理论动机是出于某些特定的理论需求，理论家建构新概念是为了解决具体的理论问题。[3]比如，海德格尔要推翻传统形而上学对于“being”的理解，显然他无需在提出基础存在论之前做一番实验哲学。

平德的挑战受到了斯特芬·科赫的质疑。[4]他认为作为助产士的实验哲学是可以得到辩护的。首先，我们需要评价改良前的概念，如此才能判断改良后的概念是否是真的构成了进步，因此评估待改良概念是有必要的。其次，对改良前概念的实验哲学探查有助于改良过程中避开误区陷阱。比如，法西奥和麦克纳（David Fassio & Robin McKenna）认为指导我们日常使用“知识”概念的两个原则是

1 Cf. Sally Haslanger, “Gender and Race:(What) are They?(What) do we Want Them to be?,” *Noûs*, Vol.34, No.1, Mar.2000, pp.31-55.

2 Matthew Lindauer, “Experimental Philosophy and the Fruitfulness of Normative Concepts,” *Philosophical Studies*, Vol.177, No.8, Aug.2020, p.2145.

3 Cf. Mark Pinder, “Does Experimental Philosophy have a Role to Play in Carnapian Explication?,” *Ratio*, Vol.30, No.4, Dec.2017.

4 Cf. Steffen Koch, “Carnapian Explications, Experimental Philosophy, and Fruitful Concepts,” *Inquiry*, Vol.62, No.6, 2019.

不融贯的，因此我们应该改良“知识”。他们改良的动机正是因为对概念使用的日常直觉中存在不融贯，[1]这种对日常直觉的判定是可以依靠实验哲学完成的。鉴于此，实验哲学可以发挥重要的作用。

我们确实不能否定，不少概念改良的动机并不总需要借助实验哲学的数据。国际天文学联合会（international astronomical union）之所以要修正“行星”的定义，国际度量标准大会决议重新定义“千克”，这并不是由于普罗大众的直觉有问题，而是理论本身的缺陷。但更为重要的是，在大部分概念工程中，我们确实可以借助实验哲学评估待改良概念。因此，对于概念工程，实验哲学可以发挥助产士的作用。

第三节　实验哲学作为概念工程的“质检员”

作为质检员的实验哲学，主张实验哲学在概念工程中的作用是检验改良后的概念。而检验工作又可以区分为：（1）检验概念在改良前后的相似度（针对卡尔纳普的相似性标准）；（2）对改良后概念的成效检验（对应卡尔纳普的成效性标准）。

一、检验“相似性”

乔纳·舒普巴赫（Jonah Schupbach）提出了一种“实验精释”（experimental explication）的方法论。从命名来看，这是一种结合实验哲学与精释的方案。针对实验哲学如何贡献于概念改良或修正的问题，他给出的答案是，实验哲学可以帮助概念工程检验改良后概

1　Cf. David Fassio and Robin McKenna, “Revisionary Epistemology,” *Inquiry*, Vol.58, No.7-8, Sept.2015.

念与改良前概念的相似性。[1]

在呈现舒普巴赫的方案前，我们要区分两种概念工程（精释），我们称之为“激进改良 / 卡尔纳普精释”与“保守改良 / 奥本海姆精释”（Oppenheimian explication）。[2]“激进改良”强调的是改良的结果，改良前概念不是重心，因此最后的改良结果兴许会与改良前概念“大相径庭”。当然，这里的差别也是有限度的，比如，从“燃素”到“空气”的改变是巨大的，但这种改良是合理的。但将“水”改良为“逻辑学”则是不合理的。即便对于“激进改良”，改良前后的概念也不应是风马牛不相及的。[3]“保守改良”则强调改良前后的概念要有一定的相似性。换言之，概念的核心内容不应发生变化。

舒普巴赫认为实验哲学主要贡献于“保守改良”。大致而言，实验哲学的作用是设定一些场景，利用大众对这些场景的判断，来比较我们理论结果和一般大众直觉之间的相似性。换言之，作为检验者，实验哲学主要的贡献是测试概念在改良前后是否具有充分的连续性，从而可以避免转换主题的困境。

实验哲学可以通过测试大众直觉来检验概念改良是否偏离主题。舒普巴赫区分了两种直觉的可靠性。一种是“追踪—真”的可靠直觉，另一种是“追踪—概念”的可靠直觉。我们先来看前者。可靠主义会认为，只要是可靠的认知程序产生的判断就应该是知识。但我们可以设想一个反例：假设张三被疯狂科学家绑架，后者在张三大脑中植入了设备，使得张三能够提供关于当下环境的准确温度。

---

1 Cf. Jonah N. Schupbach, “Experimental Explication,” *Philosophy and Phenomenological Research*, Vol.94, No.3, May 2017.

2 Cf. J. G. Kemeny & Paul Oppenheim, “Degree of Factual Support,” *Philosophy of Science*, Vol.19, Oct.1952.

3 汉语中更合适的表达可能是“别出心裁”与“肩背相望”。

疯狂科学家又消除了张三的这段记忆。于是，张三发现自己总能莫名其妙地获得关于周遭天气的真信念，但他完全不知其背后的缘由，却也欣然接受。这个案例讨论的是张三的“追踪—真”的直觉是否可靠。除此之外，还有一种“追踪—概念”的可靠直觉——测试言说者对概念意义的直觉可靠性，即我们是在什么意义上使用某个概念的。这个区分为何重要呢？实验哲学消极方案对直觉的质疑，实际上就是利用“追踪—概念”的可靠性来质疑“追踪—真”的可靠性。实验数据表明，东西方不同文化背景下的受试者对“葛梯尔反例”的判断迥异。这是因为大众的直觉只能追踪概念使用的稳定性，而不同的文化背景可以产生不同的概念使用方式，所以会得到迥异的数据。鉴于此，实验哲学更适合的功能是确保改良前和改良后的概念能够保持相似性。我们要追踪改良前后的概念在核心部分是否是一致的。若要测试这种相似性，就要测试大众的直觉。

实验哲学针对的是哲学家和普罗大众共享的概念：我们研究大家的“辩护”，而非哲学家的“辩护”；我们研究大家的“证据”，而非哲学家的“证据”。因此，哲学研究不是有志于探究普罗大众对哲学问题的看法，而是关注那些容纳了普罗大众看法的哲学概念。类似地，我们不是说普罗大众的日常直觉能够为我们的哲学问题直接提供答案，而是试图利用实验哲学检验改良后概念与改良前概念的连续性。

实验哲学的目的在于检验概念改良前后的一致性，因此实验哲学可以服务于本书第三章提出的“反思均衡”方案，从而确保改良概念和大众观念在概念改造过程中的连续性。但是，如果实验哲学仅能检验概念的连续性，这种贡献力度也是有限的。因此，我们可以把检验的目标扩大。

二、检验“成效性”

是否有其他扮演检验者角色的实验哲学方案呢？平德提供了另一种思路。[1]平德不再将重心聚焦于卡尔纳普的“相似性”标准，转而投向“成效性”标准。什么是富有成效的概念工程？平德认为有诸多界定方式：可以是促进形成普遍理论和法则（科学理论或逻辑公理）；能产生新的知识；能够为重要问题提供答案；增强我们的认知推论能力。除了上述成效性的界定外，平德提出了一种新的界定方式：能够被相关的理论共同体所接纳（uptake）。[2]这种“被接纳”可以是事实上被理论共同体接纳，也可以是极有可能被理论共同体接纳。“被接纳”并非是评价一个概念工程好坏的充分条件，但可以是必要条件。如果一个改良概念能够被相关共同体接纳，那么这就能形成一个标准化的概念框架，而这恰恰是成效性的体现。国际天文学联合会于2006年对“行星”概念进行了改良，形成了一个被共同体接纳的标准化概念框架（standardized conceptual framework），从而将冥王星排除出了大行星。标准化的概念框架为何能够推进理论探究？首先，很多时候我们改良概念就是为了让共同体使用一个标准化的概念，从而促进共同体的共同探究；其次，根据库恩的说法，成熟科学（mature science）的特征就是共同体对于什么是好的范例能够达成共识，而这一共识意味着了共同体持有诸多一致的理论和形而上学预设。再次，标准化概念框架可以带来社会认知收益。[3]

---

1 Cf. Mark Pinder, “Does Experimental Philosophy have a Role to Play in Carnapian Explication?,” *Ratio*, Vol.30, No.4, Dec.2017.

2 Ibid., p.864.

3 Ibid., p.867.

判断一个理论共同体在什么条件下能够接受一个改良概念，这是一个经验问题。我们因此需要大量的经验数据来回答这个问题，根据这些经验数据就可以判断什么样的概念更容易被接纳。对此，实验哲学可以发挥其作用。[1]平德指出，一个易于被接纳的改良后概念应能捕捉到改良前概念的核心要素，以及覆盖改良前概念与其相关概念的关联。如果一个改良后概念做不到这些，那么它极易被理论共同体拒斥。因此，在进行概念改良时，我们要将"被接纳"作为一个考虑因素，而这恰恰是实验哲学的用武之地。

平德的方案受到科赫的质疑，科赫认为他混淆了概念工程的"实践成功"与"理论成功"。[2]一个概念工程可以有两种评判成功与否的标准：一种是它提供的改良方案是否满足它所指向的理论目标；另一种是它能不能被相关共同体接受。但是否被共同体接受是一个事实问题，而非规范问题。"成效性"指向的是概念工程的理论成功，而是否被接纳则构成了它的实践成功。一个仅获得理论成功，却缺乏实践成功的概念工程可能永远没有用武之地；一个仅获得实践成功，却缺乏理论成功的概念工程无法真正做到对概念的改良。因此，我们应该严格区分两者。

科赫的批评无法完全取消实验哲学作为概念工程检验者的角色。首先，概念的实践效果也是非常重要的品质。其次，除了检验被接受度之外，我们仍旧可以依靠实验哲学来检验改良后概念的其他理论或实践品质。比如，萨曼莎·瓦基尔（Samantha Wakil）提出实验

1　这些经验数据不仅仅是实验哲学提供的，也是当代社会科学、政治科学、实验心理学提供的。

2　Cf. Steffen Koch, "Carnapian Explications, Experimental Philosophy, and Fruitful Concepts," *Inquiry*, Vol.62, No.6, 2019.

哲学还能帮助概念工程检验改良后概念的“精确性”。[1]具体而言，我们可以通过检验改良后概念是否能够增加可测性（measurability）和可检验性（testability），来判断概念是否达到精确性标准。我们甚至可以将“相似性”标准和“精确性”标准都视为“成效性”标准的子集，如此便可以捍卫实验哲学的质检员功能，即概念工程师可以借助实验哲学检验改良后概念的“成效性”。[2]

第四节　实验哲学作为概念工程的“调校师”

上文考察了实验哲学贡献概念工程的两种方式：作为助产士的实验哲学聚焦于通过经验数据来澄清改良前概念的信息；作为质检员的实验哲学则试图借助经验方法和数据，来确保改良后概念符合改良的目标，比如检验和确保改良后概念的成效性。我试图融合这两种贡献方式，提出一个整体性方案，即实验哲学可以作为概念工程的“调校师”。

在呈现调校师方案前，我们先来看一种更彻底的实验哲学方案。詹姆斯·安多（James Andow）提出一种完全实验化的概念工程。[3]他主张实验哲学可以介入概念工程的每一个步骤。比如确认谁是概念改良的需求群体；确定概念改良需求者的具体语境；确定改良需求者所关心的概念的使用者包括哪些；辨别谁对概念的规范性条件拥有最可靠的判断，以及这些判断的具体内容；勘察概念的当下运

1　Samantha Wakil, “Experimental Explications for Conceptual Engineering,” *Erkenntnis*, Vol.88, No.4, Apr.2023.

2　参见附录《卡尔纳普的“概念精确性准绳”》中的相关讨论。

3　James Andow, “Fully Experimental Conceptual Engineering,” *Inquiry*, Dec.2020, https://doi.org/10.1080/0020174X.2020.1850339.

作方式，以及当下的运作如何促进改良工作；除目前语境外，其他语境的群体如何使用这个概念，他们的使用如何促进改良者的工作；确定能够获得最大接受度的改良策略，等等。我不打算继续发展这种完全实验化的概念工程，要想坚持这种纯粹自然化的概念工程，会有较强的论证负担。我试图提出一种方案，让实验哲学既能作为概念工程的实际参与者，又不用承诺全盘实验化——实验哲学作为概念工程的调校师。

下文通过具体考察贾斯廷·费舍尔（J. C. Fisher）和林道尔的论述来阐明实验工程如何通过检验实践效果来发挥调校者的作用，这个方案已经隐含在两者的论述中，我试图将这层意思阐明出来。

费舍尔提出一种实践的实验哲学（pragmatic experimental philosophy），这种实验哲学服务于实践的概念分析，而这两个方法都以目的论语义学（teleosemantics）为语义学基础。[1] 目的论语义学主张：首先我们应该通过生物的专属功能来理解概念的语义；其次，专属功能应通过自然选择机制来界定。因此，根据这个理论，一个好的概念应该是在长期实践中最能发挥积极收益的概念。实践的概念分析关注的不是当下大众如何使用概念的直觉（传统概念分析），而是聚焦我们如何使用概念能获得一种持续长效的收益。综上，这个方法主张：我们首先应该关注我们拥有这个概念的旨趣是什么，它如何为我们服务，或如何更好地为我们服务。然后，我们考虑什么样的概念能够执行这个任务。因此，实践的概念分析与概念工程是若合符契的。

---

1 Justin C. Fisher, "Pragmatic Experimental Philosophy," *Philosophical Psychology*, Vol.28, No.3, Apr.2015, p.414.

费舍尔提出，概念工程聚焦于概念为我们扮演的有益作用（beneficial roles），而实践的实验哲学可以从两个方面支持它。第一，实验哲学应该决断当我们运用某个特定概念后，我们的行为会发生怎样的变化。第二，辨识出不同的行为模式如何能常规地输出有益后果。[1] 以“自由意志”为例，通过实验哲学，我们可以获得如下结论：赋予“自由意志”于他人，更能产生利于社会的行为（pro-social behavior）。实验哲学可以设计一个场景，让大众判断“自由行动”是否可以运用于这个具体案例。然后，通过设计实验继续考察这种运用带来的后续行为差异。针对“自由意志”，我们可以通过实验哲学得到：如果行动者的行为是自由的，我们会觉得他比起那些不自由的人更应遭到惩罚。

具体而言，第一步，我们可以设计实验，假设张三有长期的偷盗史，但他也被诊断患有盗窃癖（kleptomamac）。如果张三在一家烟草店行窃，那么精神病医生应判断张三的行为是自由的还是不自由的？法官应该如何判决张三？是判刑或是送往精神病院？可以预计，如果张三的偷窃被定性为自由行动，那么大多数人会觉得应该将他送入监狱；而如果张三的偷窃行为被定性为不自由行动，那么大多数人会觉得应该接受医学治疗。这个实验的设计目标和传统实验哲学（结合概念分析的实验哲学）不同，传统实验哲学试图挖掘普罗大众对“自由意志”的使用直觉，而实践的实验哲学测试的是我们运用某一概念后倾向于如何行动的直觉。实践概念分析关心的是我们使用概念的后续行为，实践的实验哲学可以设计实验来达成

1　Justin C. Fisher, “Pragmatic Experimental Philosophy,” *Philosophical Psychology*, Vol.28, No.3, Apr.2015, p.420.

这个任务。

第二步，实验哲学应该判断之前的行为差异如何能够转化为一种长期有效的收益。何为收益？在当下的例子中，杜绝张三日后的盗窃行为应该算是一种实践收益。如果牢狱可以约束张三日后继续偷窃，那么我们应该将张三的行为界定为自由的；如果治疗可以杜绝张三的偷窃行为，那么我们应该将其行为界定为不自由的。可以预计我们会得到如下数据：通过常规慎思所导致的行动往往会受到赏罚的制约；而行动者的不道德行为一旦出于精神疾病或成瘾性，我们会更倾向于治疗他。如果实验哲学最终获得这样的数据结果，那么我们就可以如此定义“自由行动”：x 是自由的行动，当且仅当 x 是由常规慎思过程所导致的行动。费舍尔认为如下问题都是经验问题：我们对于如何界定自由与不自由行动是否能够产生如此这般的收益；我们对自由的归属是否影响如何处置行动者（判刑或送入精神病院治疗）；判刑或治疗是否能够取得预期效果。上述这些工作都无法坐在扶手椅上完成。

林道尔对实验哲学作用的界定也符合调校师角色。他认为实验作为可以帮助我们对规范概念的改良。他给出了如下几种可能方案[1]：（1）我们在概念内化后会如何行动，一个规范概念或理论能否构成行动的动机；（2）内化的规范概念或理论是否能防止行动者产生有害行动的倾向；（3）规范概念或理论能否帮助我们抗拒偏见；（4）规范概念或理论是否能够使得更多持其他观点的人也认同这个观点；（5）规范概念或理论能否起到更好的引导作用。林道尔认为

1 Cf. Matthew Lindauer, “Experimental Philosophy and the Fruitfulness of Normative Concepts,” *Philosophical Studies*, Vol.177, No.8, Aug.2020, p.2145.

这五项工作都需要借助经验研究来完成。但以实验哲学为代表的经验研究不仅仅是作为检验者，而更多是起到一种反馈作用。扶手椅工作和经验工作的关系更多是一种互相反馈的过程：提出理论假设，然后进行经验测试，再调整理论假说。

为何我将这一方案下的实验哲学称为“调校师”而非仅仅是“质检员”？根据这个方案，概念工程师首先需要一个关于什么样的概念能够获得最大收益的假说。其次，我们设计实验来测试这个假说是否成立，即如此界定能否获得长期稳定收益。随后，概念工程师会根据实验数据来调整假说。这与之前作为质检员来检验“相似性”和“成效性”不同。作为质检员的实验哲学是一锤定音的决断：要么相似，要么不相似；要么被接纳，要么不被接纳。但是作为调校师的实验哲学强调的是对概念工程的一种往复的积极反馈，使得概念工程师可以改进自己的主张。

作为调校师的实验哲学可以融合助产士和质检员的功能。首先，哲学家针对概念 x 进行改造前，可以借助实验哲学来考察概念 x 在当下的语义，揭示出概念 x 的语义缺陷。对于概念 x 的当下功能，哲学家可以先提出假说，然后通过实验哲学来反复检测它。以“知识”的改良计划为例，我们可以先通过实验哲学来获得当下语言实践关于“知识”的各种用法；或者提出一个关于“知识”的功能假说，然后再通过实验哲学对这个假说进行检测调整。这些工作可以视为概念改造准备阶段的调校工作，即纳入了助产士的角色。

其次，实验哲学也可以帮助概念工程师调校改良后的概念，即通过检验改良后概念的理论或实践品质来检验概念工程师的改良方案。举例来说，如果概念工程给出了一个关于“知识”的改良方案，那么我们可以诉诸实验哲学来检验改良前后的概念是否具有连续性，也可以通过实验哲学检验共同体对这个改良方案的接受度。如此，作为调校师的实验哲学也能覆盖质检员的角色。更为重要的是，实验哲学应该协助概念工程师检验改良后概念的收益效果。如果经过进一步实验哲学调查，改良方案无法达到预期收益，那么概念工程师可以根据实验哲学数据来校准自己的方案。

第五章

面相观看与概念改造

第一节 “面相观看”是否是一种“概念工程”?

在日常生活中，我们时常会有这样的经历：我用积木搭了一个东西。张三说我搭的是老虎，李四说我搭的是大花猫。在这类情况下，我们在进行这样一个活动：把 X 视为 Y。针对同样一个对象，可以产生不同的“看”法。甚至张三和李四可以对这个对象的客观表征毫无争议：比如这个对象是由哪些编号的乐高积木组成的，以及积木的数量是多少。即便如此，他们还是对 X 是什么产生了争议。

围绕这类现象，维特根斯坦提出了“面相观看”(aspect-seeing)。

为了更好地理解这种特殊的观看形式，我们来看一些典型案例。大致可以区分三类面相观看的案例。[1] 第一类就是以“兔鸭头”为代表的案例，类似的包括纳克方块（Necker cube)、施罗德楼梯（Schroder shifting staircase）等。面对兔鸭头，我们看到的要么是兔子，要么是鸭子。这类案例中，聚焦于其中一个面相会（暂时或永远地）阻碍我们看到另一个面相。第二类案例包括一副倒置的笑脸、英文词的倒影等。这类案例的用意在于搅乱我们所熟悉的环境——我们的具身经验、正常的预期、自然的反应、生活的形式、关于自然和社会世界的事实，等等。比如，要识别倒置的笑脸，我们要改变正常的观看方式，去想象倒转的空间。第三类案例包括识别一个表情的意思、听出音乐中的情绪、发现长相的相似等。这类面相观看预设了一些能力要素，这些能力可能是与生俱来的，比如张三天生擅长辨识人脸；也可能是后天训练获得的，比如李四经过长期训

---

1 Cf. Steven G. Affeldt, “On the Difficulty of Seeing Aspects and the ‘Therapeutic’ Reading of Wittgenstein,” in William Day & Víctor J. Krebs(eds.), *Seeing Wittgenstein Anew*, Cambridge: Cambridge University Press, 2010, pp.275-277.

练，能够觉察出嫌疑犯每一个细微表情。[1]

维特根斯坦区分了两种“看”的用法：

> 其一：“你在那儿看见什么啦？”——“我看见的是这个”（接着是描述、描绘、复制）。其二：“我在这两张脸上看到了某种相似之处”——听我说这话的人蛮可以像我自己一样清清楚楚地看着这两张脸呢。（PI 十一 1）[2]

维特根斯坦将第二种“看”界定为“面相观看”。“面相观看”虽然也是看，但又不同于我们寻常的“看”，它是看到了日常实践中被遮蔽的维度。我们会习惯于自己看待事物的方式，不假思索地认定这就是事物的应有的样貌，但事实上我们可能忽视了事物其他可能的面相：

> 事物对我们来说最重要的方面由于其简单平常而掩蔽着。（你不会注意它——因为它一直都在你眼前摆着。）一个人的研究工作的真正基础对他并不瞩目。除非有时候恰恰是这一点引起了他的注意。——这等于说：一旦看到了就是最触目最有力的东西，我们通常熟视无睹。（PI 129）[3]

维特根斯坦用“面相的闪现”（dawning of aspect）来表达注意

1 但是现实中的案例并不能严格按照上述区分来切割。比如，针对“季札让国”这一事件，有人看到的是“谦卑德性”，也有人看到的是“明哲保身”。这个案例似乎并不能被上述三种区分的任何一种完全覆盖。

2 ［奥］维特根斯坦：《哲学研究》，陈嘉映译，上海人民出版社 2005 年版，第 299 页。

3 同上书，第 77 页。

到新的面相："我必须对'持续地看到'某种面相和某种面相的'闪现'作出区别"（PI 十一 8）[1]，面相观看时，往往就在经历"面相的闪现"。比如，张三原本看舞蹈表演时无法真正体会首席舞者的独特美，奈何其他专业人士如何击节称赞，首席在张三眼里和其他舞者并无区别。但我们仍旧可以想象，某一天他突然能够领会首席独异的美。这就是一种"面相的闪现"。

另外，维特根斯坦也提示我们，面相观看中的"知觉经验"与"思想内容"是互相纠缠的。当有人问我面前有何物时，我会给出报道："前面是只兔子"；当我原本在观鸟，却突然注意到一只兔子的时候，我会惊呼"一只兔子"。维特根斯坦认为，惊呼和报道有所不同：

> 但这惊呼既然是知觉的描述，就也可以把它称作思想的表达。——你看着对象，不必在想着对象；你具有惊呼所表达的视觉经验，你就也在想着你所看见的东西。所以面相的闪现似乎一半像视觉经验一半像思想。（PI 十一 29 30）[2]

那么，面相观看需要什么能力呢？维特根斯坦在一些地方提到，对于面相观看而言，重要的是具有想象力。他如此描述："一个人可能把兔鸭头当作画的只是兔子……但他不可能把单纯的三角形当作画的只是一个倒下来的东西。我们需要想象力才看得到三角形的这一面相。"[3]（PI 十一 106）就以一个三角形为例，我们把它"看作"

1 ［奥］维特根斯坦：《哲学研究》，陈嘉映译，上海人民出版社 2005 年版，第 301 页。
2 同上书，第 306 页。
3 同上书，第 324 页。

什么，取决于我们的想象力：

> 这个三角形可以被看成一个三角形的洞，一个实体，一张几何图画；看成它的底边着地、其顶尖悬空；看成一座山、一个楔子、一个箭头或指示标志，看成一个本来要用那个直角的短边着地、后来又被翻过来的东西，看成平行四边形的一半，以及其他种种东西。（PI　十一　51）[1]

当我们看不到一些面相的时候，我们处于“面相盲”（aspect blindness）的状态。维特根斯坦如此描述：

> 他会不能把立方体示意图看作立方体吗？——从这却推不出，他认不出这是一个立方体的表现（例如一张图纸）。但对于他，这示意图不会从一个面相跳到另一个面相。——问题：他应当像我们一样在有些情况下能把这示意图当作立方体吗？他若不能，我们就不能恰如其分地把这称作一种盲。（PI　十一　146）[2]

表面上，维特根斯坦的“面相观看”似乎是一种对“感知经验”的讨论。但不少学者注意到，维特根斯坦的“面相观看”不仅是一种对知觉的讨论，更是一种对元哲学或哲学方法论的讨论。比如说，在一本集中讨论面相观看的论文集《以新方式看维特根斯坦》的目

---

1 ［奥］维特根斯坦：《哲学研究》，陈嘉映译，上海人民出版社 2005 年版，第 311 页。
2 同上书，第 334 页。

录中，就有一项“面相观看与方法”的分类。[1] 换言之，面相观看的讨论不仅仅贡献于知觉哲学、美学、宗教哲学、语言哲学，它更可以被理解成一种哲学方法论。

“概念工程”是本书讨论的核心话题。总体而言，概念工程支持者认为哲学家的工作应该是修正、删汰有缺陷的概念，或者改良已有的概念，或者创发新的概念。马蒂·埃克隆（Matti Eklund）给出了一个刻画：

> 除了我们真实拥有和运用的概念之外，还有其他的概念，其中一些比我们现在使用的概念更适合我们的各种目的。我们能够，也应该去质疑我们现有的概念，并且去考虑是否有更好的选项。若有更好的选项，我们应该尝试改变我们的方式以便能够运用这些更好的概念。因此，我们拥有一个哲学项目，哲学家批判地评价我们的概念，并有可能去修正、替代这些概念。[2]

概念工程的目标是对我们现有的概念实行积极的革新。初审之下，“概念工程”和“面相观看”有着不少类似的地方：两者都会将人类实践作为考察的起点；两者都试图提供新的看待世界的方式。我试图论证：面相观看实质上就是一种概念工程。司马亭（Martin Stokhof）认为当代分析哲学主流的方法是概念分析，而概念工程是

---

1 Cf. William Day & Victor J. Krebs(eds.), *Seeing Wittgenstein Anew*, Cambridge, UK: Cambridge University Press, 2010.

2 Matti Eklund, “Conceptual Engineering in Philosophy,” in Justin Khoo & Rachel Sterken(eds.), *The Routledge Handbook of Social and Political Philosophy of Language*, London: Routledge, 2021.

概念分析的进一步发展，但他认为面相观看是不同于这两者的方法。[1]虽然司马亭并没有展开论述概念工程如何区别于“面相观看”，但显然他下了这个断言。目前还没有文献细致讨论两者的关系，可以说司马亭首先提出了这个有趣的问题。我试图接手这个问题，并论证面相观看是一种概念工程。下文将讨论这个论断可能面临的三个困境：（1）知觉经验无法概念化；（2）概念化后的面相观看无法顾及语词的语境敏感性；（3）面相观看是治愈的，而概念工程是建构的。

第二节　面相观看能否概念化：知觉与概念

概念工程首先是关于“概念”的工程。要论证面相观看是一种概念工程，我们就要澄清“面相观看”和“概念”之间的关系。这里会面临一种反驳：面相观看是关于知觉经验的，概念是关于命题的，因此面相观看无法概念化。

如果面相观看可以概念化，那么将X看作（感知为）Y时，Y可以被认为是一个概念，或者可以通过概念对其加以解释。阿夫纳·巴兹明确反对这种解读，他指出，维特根斯坦的文本里没有很清晰地表明对这个问题的态度，他坚持面相观看无法概念化。[2]他列举了三个主张面相观看可以概念化的代表：彼得·斯特劳森认为：“感知可以被概念烛照、灌注、浸润”[3]；雷谢夫·阿加姆–格尔

1　Cf. Martin Stokhof, “Philosophy as Change,” in Tine Melzer(ed.), *Atlas of Aspect Change*, Zürich: Rollo Press, 2022.

2　Avner Baz, *Wittgenstein on Aspect Perception*, Cambridge: Cambridge University Press, 2020.

3　Peter F. Strawson, “Imagination and Perception,” in Ralph C. S. Walker(ed.), *Kant on Pure Reason*, New York: Oxford University Press, 1982, p.93.

（Reshef Agam-Segal）指出："概念鸭子为兔鸭头注入了特定意义"[1]；理查德·沃莱姆（Richard Wolleim）也持类似观点："当我将 x 视为 f 时候，f 是一个概念。"[2]巴兹更具体的表述如下：

> 我们心智中产生概念的同时也伴随着知觉，这样一来，我们赋予内容以信念。概念 f 进入我们心智的同时，我们也同时知觉到 x，立足这种知觉，我们在心智中可以产生信念 x 是 f。我从火车窗口望出去，我当下看到了栎树，那么我也是这么相信自己所见的。[3]

大致上，巴兹的反驳分为两条线索：一条关注知觉经验和概念的张力；另一条专注于语词的多元性和概念的单一性张力。本节将聚焦第一条线索的讨论。

立足第一条线索，巴兹指出了知觉经验和概念的张力：很多面相无法通过语言表达。我们并不能为知觉经验 X 找到一个对应的特定概念 Y，因此没有这个对应的概念。我们会因为某人的长相、某种氛围、某个姿势产生一种难以名状的感觉，但无法表达这种感觉。即便我们找到了一些描述方式，却往往会感到语言的乏力，不可言喻。比如，当李四走入房间时，张三觉得李四的仪态很奇特，但他无法用语言来表达自己所感。即便张三能找到一些描述的语汇——趾高气扬、狂妄自大，但张三仍旧会觉得这些描述不够

1 Agam-Segal, Reshef, "Avner Baz on Aspects and Concepts: A Critique," *Inquiry*, Vol.66, No.3, 2023, p.439.

2 Richard Wollheim, *Art and Its Objects*, New York: Cambridge University Press, 1980, pp.219-220.

3 Ibid., p.220.

准确，至多只是接近。因此，张三无法找到完全替代他感受的概念。巴兹进一步指出，将面相观看概念化是一种过度理智化（over-intellectualized）的解读，如此一来，被看作的东西也是可以被判断、被知道的东西，也是可以极其确定的东西（to determinately be）。[1]这个承载过多理论承诺与理论雄心的解读与维特根斯坦的主旨背道而驰。不同于思考、知道、意图、理解、意义或阅读，维特根斯坦的面相本质上是一种“拥有它独特现象学的知觉**经验**”[2]。

在回应这个挑战前，我们应该重新回顾一下这个问题本身，即“面相观看能否概念化”。这个问题的答案取决于我们如何理解这个问题。我们可以将这个问题理解为面相观看的内容是否完全等于，或是否可悉数还原为概念内容。实际上，巴兹的批判着力点大多针对这种理解。他反驳的是：知觉经验内容是概念性的——当我看到了绿苔的同时伴随着“绿苔”概念，两者交缠在一起。而这个议题关注的问题是“经验内容是否是概念的”[3]，其重点在于经验内容和认知信念是否是等同的。我认为“面相观看能否概念化”与“经验内容是否等同于概念内容”是两个独立问题。即便我们认同非概念论者，承认我们看到红色物体时并不同时拥有“红色”的概念，但这并不能排除这样一种可能，即人类可以把关于红色的知觉经验转化为概念“红色”。鉴于此，“面相观看能否概念化”这个问题并非在问知觉经验是否是概念的，而是知觉经验能否**转化**为概念。

目前的问题关联着另一个问题：对“默会知识”与“命题性知

---

1 Avner Baz, *The Significance of Aspect Perception*, Switzerland: Springer International Publishing, 2020, p.95.

2 Ibid., p.100.

3 Y. H. Gunther(ed.), *Essays on Nonconceptual Content*, Cambridge: MIT press, 2003.

识”之间关系的讨论。借助对默会知识的讨论，我们能更好地理解当前的问题。面相观看作为一种知觉活动，可以被视为默会知识的一种，而概念内容则是由命题性知识构成的。因此，默会知识和命题性知识的关系可以对应面相观看和概念的关系。维特根斯坦学派在讨论默会知识的时候会聚焦一些实例[1]，其中两类实例和目前的讨论紧密相关：感觉性质（sense qualities）的经验与面容识别。感觉性质的经验包括单簧管的声音、咖啡的香味、啤酒的口感等；面容识别也很常见：我在茫茫人海中忽然识别出一个多年未见的老友。郁振华将这两类实例界定为“知觉性亲知”（perceptual acquaintance）。[2]显然，对于单簧管的声音、咖啡的香味、啤酒的口感，奈何我们的辞藻多么丰富，也无法全然替代第一手经验；同样，尽管我能够自信地认出哪怕只有一面之缘的人，但当一个受到脸盲困扰的人向我求教如何识别人脸时，我会陷入无话可说的境地。这样看来，我们的知觉经验无法还原为命题判断。假使承认各种命题内容构成了概念内容的话，那么我们的知觉经验也就无法还原为概念（命题）。面相观看是一种知觉经验方式（即默会知识），如果默会知识无法还原为命题性知识，那么面相观看自然也无法还原为概念（由命题性知识构成其内容）。

但是事情并未就此打住。我们必须承认感觉性质的经验和面容识别都溢出了命题知识的范畴，也溢出了概念的范畴。如果面相观看可以视为一种亲知，那么上述论证只能说明，这类亲知无法**充分**用语言表达。维特根斯坦学派区分了**强的默会知识**和**弱的默会知识**。

1　郁振华：《人类知识的默会维度》，北京大学出版社 2022 年版，第 29—36 页。
2　同上书，第 36 页。

强的默会知识原则上无法用语言充分表达，而弱的默会知识在原则上是可以用语言充分表达的，即便我们事实上未用语言来表达它。因此，强的默会知识是无法为语言表达所穷尽的。虽然强的默会知识无法通过语言充分表达，但可以通过行动得到表达。此外，传授强的默会知识也不能仅通过言传，而要诉诸身教。即便面临这样的逻辑鸿沟，也不意味着强的默会知识是完全不可言说的。如郁振华所言：

> 强的默会知识概念肯定了知识和语言表达之间的逻辑鸿沟，但是它并没有主张这类知识是绝对不可言说的。……强的默会知识概念提示我们，对于某些类型的知识，言说总是不充分的。所以，强的默会知识概念强调的是语言表达的不充分性，而非绝对的不可言说性。[1]

郁振华在上述引文中区分了“语言表达的不充分性”和“绝对的不可言说性”。如果我们的问题是感觉性质的经验和面相识别能否充分还原为概念，那么我们的答案是否定的，语言无法充分表达感觉性质的经验，因此，我们完全认可面相观看不能充分还原为概念。但这不是我们当下要处理的问题。如上文所述，我们真正的问题是：面相观看能否**坐落**（而非还原）到概念上，或者面相观看能否被言说。我认为面相观看不仅并非不可言说的，还是可以坐落到概念上的。我们可以借用弗兰克·杰克逊（Frank Jackson）的玛丽的黑白屋来阐明这点。[2] 玛丽从小在只有黑白颜色的屋子里长大，从未见过

1 郁振华：《人类知识的默会维度》，北京大学出版社 2022 年版，第 27 页。

2 Frank Jackson, “What Mary Didn’t Know,” *The Journal of Philosophy*, Vol.83, No.5, May.1986.

其他颜色，但她被灌输了所有关于光学和颜色的理论知识。当她第一次走出屋子见到红色玫瑰的时候，不少人会认为玛丽获得了更多的知识。但是，红色的经验不能还原为红色概念的理论知识，这并不意味着我们无法将红色的经验坐落到或转化为“红色”概念。玛丽在走出黑白小屋之前已经在理论层面获得了“红色”概念，而当她第一次见到红玫瑰时，她真正意义上对接了感觉经验与理论概念。因此，即便感觉经验无法还原为概念，这也不意味着它不可以坐落到概念上。人类可以用概念来标记自身的各种感受，人类也可以通过扩充概念内容来描述这种感受。我们并不一定要求这种描述是充分的；我们只是为了能够在理由空间内安置这种知觉经验。

有人会进一步反驳：我们可以区分**概念面相**（conceptual aspects）和**视觉面相**（optical aspects）。[1] 我们知觉到的概念面相往往能够关联到一个具体的概念，比如我会指着兔鸭头说：“这是一只鸭子。”并且，我们通常需要用概念说明（conceptual explanation）来描述概念面相，而非仅仅粗略地描绘经验对象的颜色与形状。当面对视觉面相时，我们只能给出大致的描述“它是如此这般的”，却无法用概念去捕捉这种经验。比如，看到两张面庞的相似性就是视觉面相。[2] 这个区分的目的是为了表明：有些知觉经验可以完全脱离概念的束缚。我认为，即便在视觉面相中，我们也无法彻底剥离概念。看到两个面容的相似性时，我们也可以借助概念来描述：“瓜子脸”“国字脸”“尖嘴猴腮”“寿星额”等。

---

1 Janette Dinishak, “Wittgenstein on the Place of the Concept ‘Noticing an Aspect’,” *Philosophical Investigations*, Vol.36, No.4, Oct.2013.

2 观看黑白相间飞速旋转的盘子也是视觉面相（看到黑或白取决你的视觉角度和飞盘速度）。

到目前为止，我们主张知觉经验可以坐落于概念，而非充分还原为概念；同时，我们也不用预设经验内容必然是概念的。因此，知觉经验是可以概念化的。但我们目前的问题尚未彻底解决：我们讨论的不仅仅是知觉经验能否概念化，更是面相观看能否概念化。面相观看是一种关于知觉经验的默会知识，同时又是一种特殊的默会知识：我们当前语境中的面相观看不仅仅是一种一般的知觉经验，更是一种感知新面相的默会能力，一种与概念创发相关的哲学方法论。因此，我们还需要继续追问：概念的创新和面相观看有何关系？

通常来说，获得一个新的概念体系会面临一种困境：如果我们真的获得了新的概念，那么这类概念不应该由原来掌握的定义和说明来界定，但我们又必须能够解释，我们是如何获得新概念的。威廉·乔德（William Child）为这个问题提供了一个解决线索[1]，他认为这取决于我们如何界定“以新的方式看”。如果以新方式看待事物相当于以新概念看待事物，那么以新的方式看待事物就预设了对新概念和新理论的掌握。如此一来，我们就无法解释某人是如何形成，或如何能够形成新概念和新理论的；如果以新方式看待事物不预设我们掌握了新概念，那么我们就可以解释新概念或新理论是如何形成的了。借助面相观看，我们注意到现象中的新模式，或者观察到事物之间被忽视的相似性，我们可以凭借这些新的观察为概念灌注新的内容或形成新的概念。在这个意义上，面相观看甚至是获得新概念的必要条件。毕竟，我们无法凭空获得新概念。

---

1 William Child, “Wittgenstein, Seeing-As, and Novelty,” in Michael Beaney, Dominic Shaw & Brendan Harrington(eds.), *Aspect Perception After Wittgenstein: Seeing-As and Novelty*, Abingdon: Routledge, 2018, pp.29-48.

第三节　面相观看能否概念化：语词与概念

上文提到，巴兹提供了两条线索来论证面相观看无法概念化。上一小节聚焦于知觉经验与概念的张力，本节讨论概念单一性与语词多样性的张力。根据这个线索，将面相观看概念化并不能帮助我们更好地理解面相观看。尤其是，当我们主张“面相观看可以概念化”谈及的“概念”时就陷入了维特根斯坦反对的本质主义窠臼。

巴兹认为，面相可以概念化的“概念”往往指代的是一种技术性的概念观，一套更狭窄的，被主流哲学家、语言学家、心理学家采纳的表征主义的概念观。根据这种概念观，概念的主要作用是帮助我们分类和划分范畴，而这种划分可以独立于我们的语言实践。并且，我们可以通过真假来判定具体案例是否属于某个概念的范畴。概念捕捉经验最好的典范是经验概念（empirical concept）。虽然经验对象多种多样，但我们总能找到它们的一些共性，并将它们统摄到一个概念下。但问题是，一个对象在某些语境中可以属于概念 A，但在另一些语境中又可以属于概念 B。所以，决定对象属于什么概念的不仅仅是对象本身，而是语境。前文提到，巴兹认为长相的相似无法还原为命题判断，这里他进一步指出，长相的相似也是高度语境敏感的，在有些语境中，这种相似成立，在另一些语境，这种相似就消失了。因此，长相相似无法用统一的概念去刻画，并没有恒定的判断标准判定两人是否长得相似。[1]

综上，巴兹的反驳的主旨可以理解为：语词的意义是不固定

1　Avner Baz, *The Significance of Aspect Perception*, Switzerland: Springer International Publishing, 2020, pp.108-111.

的，它们是高度语境敏感的，而概念工程预设了我们可以给概念提供一个规定性的定义或用法，无论是提供定义还是用法，都违背了维特根斯坦哲学的宗旨，他拒绝赋予语词以统一的形而上学意义：

什么是一个词的意义？……

“什么是长度”“什么是意义”“什么是数目1”等问题，是我们的精神痉挛由以引起的原因。我们觉察出，我们不能通过指出任何事物来回答这个问题，尽管我们应当指出某种事物。（我们在这里涉及哲学混乱的重要根源之一：一个名词促使我们去寻找一个与它相对应的事物。）[1]

维特根斯坦的纲领“意义即使用”为人所熟知：

当哲学家使用一个语词——“知”“在”“对象”“我”“句子”“名称”——并试图抓住事情的本质时，我们必须不断问自己：这个语词在语言里——语言是语词的家——实际上是这么用的吗？我们把语词从形而上学的用法重新带回到日常用法。（PI 116）[2]

一般而言，维特根斯坦的解读者会认为维特根斯坦主张语词

1 ［奥］维特根斯坦：《蓝皮书和褐皮书》，涂纪亮译，北京大学出版社2012年版，第3页。

2 ［奥］维特根斯坦，《哲学研究》，陈嘉映译，上海人民出版社2001年版，第73页。

的意义是语境敏感的；我们不能为语词提供一个固定的形而上学意义。马克·阿迪斯（Mark Addis）如此解读："维特根斯坦坚持意义可以用多种方式解释，能够帮助我们彰显这样一个事情，当哲学家被意义问题困扰时，他需要关注共同体的日常语言实践。"[1] 汉弗林（Oswald Hanfling）指出："我们可以看见维特根斯坦的目标是'将语词带回它们的日常使用'——拯救它们于哲学家已经或尝试强加于它们的曲解。"[2]

上述种种解读都为巴兹的挑战增加了砝码。我们哪怕接受部分知觉经验可以被经验概念捕捉，但更棘手的问题是，语词的意义是高度语境敏感的，概念的统一性很难覆盖语词的多样性，因为语词的意义是依附于我们丰富的生活世界的。（至少部分）概念工程和维特根斯坦的面相观看都会立足于实践动机，但我们很难说维特根斯坦会同意哲学有能力去规定（prescribing）某些概念。[3]

我认为巴兹的挑战是可以得到回应的。我们应该区分"概念"和"语词"。我将采纳汉斯-约翰·格洛克（Hans-Johann Glock）对维特根斯坦"概念观"的一种解读。根据这种解读，"概念"不同于"语词"，概念穿梭于各种语词间，但并不与语词保持一一对应的关系。格洛克如此界定："来自同种语言或异种语言的不同语词可以表达相同的概念；并且这也意味着它们拥有同样的意义。"[4] 当代许多语

1 Mark Addis, *Wittgenstein: A Guide for the Perplexed*, London and New York City: Continuum, 2006, p.103.

2 Oswald Hanfling, *Philosophy and Ordinary Language: The Bent and Genius of Our Tongue*, New York: Routledge, 2013, p.49.

3 司马亭在一次和我的交流中也提到这个看法。

4 Hans-Johann Glock, "Wittgenstein on Concepts," in Arif Ahmed(ed.), *Wittgenstein's Philosophical Investigations: A Critical Guide*, New York: Cambridge University Press, 2010.

用学也能佐证维特根斯坦的观点。当我们使用语词“红”时候，我真正要表达的意思（概念）需要通过具体语境来决定。比如，我对司机说“红了”，这时我想说的是交通信号灯转为红灯了；当张三问我李四近况，我说“很红”，我想说的是李四最近很受欢迎。在这个案例中，同样的语词“红”表达的却是不同的概念——“红色”和“受欢迎”。[1]

为了进一步回应这个挑战，我们可以借鉴塔玛拉·多布勒（Tamara Dobler）提出的多元语义学（pluralist semantics）。[2]她认为一个语词往往背后镶嵌了一个家族的概念。我们用某个语词最经常表达的那个概念，就是这个语词的“标准意义”。在日常交流之际，我们会根据具体语境来修正标准意义，把这个语词背后镶嵌的家族概念中语境最为相关的那个高亮出来。她主张一个语词的意义由两部分构成。第一部分是它的经典指示项（classical denotation）。比如“绿色”概念的经典指示项包括一些典型的绿色对象的集合；第二部分是由一些更具体的家族概念构成。还以“绿色”为例，它的家族概念包括自然绿、颜料绿、霉菌绿、灯光绿等。这两个成分共同构成语词的指示。多布勒的理论动机在于指明语句的标准意义并不总是与说话者想表达的意思重合。他认为这种多元语义论和维特根斯坦的方法论是连贯的。多元语义论提醒我们，一个语词有着一个家族的概念在指称它，在特定的语境中，家族中的某个概念会被激活，而另一些概念会淡化为背景。因此，多元语义论和维特根斯坦都反

1　另外，语词不同于概念这个问题也可以借助“语词之争”（verbal disputes）来支持。如果一个争论仅仅是由于同一个语词的不同意义造成的，那么一旦意义得到澄清，争论便也会消失。换言之，争论双方看似用了同一个语词，实际用的是不同概念。

2　Tamara Dobler, “Pluralist Conceptual Engineering,” *Inquiry*, Jun.2022, https://doi.org/10.1080/0020174X.2022.2086171.

对语词具有普遍恒定的意义。

我试图对多布勒的方案略做改造。我认同一个语词背后可以镶嵌一个家族的概念。甚至，我认为这个语词在具体语境中的意义可以完全脱离这个家族体系，或者进入其他语词的家族体系。比如，当张三问我："冰箱里还有牛奶吗?"，我回复："你知道的！"此时，我表达的意思是"你太懒了！"一般而言，我们不认为概念"懒惰"属于"知道"这个语词所嵌入的概念家族。我试图进一步阐明多布勒所说的"标准意义"，并将这个"标准意义"称为"族长概念"。族长概念也是概念工程师或哲学家应该聚焦的概念。以"知识/知道"为例，我们在日常实践中对这个语词有着各式用法。但哲学家会关心一个最为核心的用法——即族长概念。什么是族长概念呢? 首先，族长概念反映了人类实践的趋同性。在共同体的语言实践中，我们对语词的使用会有一种趋同性。我们需要一些服务于我们共同实践的概念。比如，人类实践中发现需要用语词标示一个可靠的信息提供者——指明哪里有猎物、报告哪里有危险等。那么，我们就会慢慢趋向于使用一个概念来表达这个意思，比如"知道"。又比如，当我们需要称赞一些常人不敢为的英勇行为时，我们会慢慢趋向于形成一个概念来表达这种行为，比如"勇敢"。这种趋同会使得大家倾向于使用相同的语词来表达某个特定的概念，但这完全不排除，我们可能会采用其他不同的语词来表达这个概念，或者通常被用来表达这个概念的语词，在某些语境下会被用来表达其他的概念。其次，族长概念往往是由意识形态引导的。日常生活中，语词"女性"会有各式的用法，但作为族长概念的"女性"指引着我们的思考方式。如萨莉·哈斯兰格认为我们当下社会的"女性"概念蕴含了男女权利关系的不平等。[1] 我们社会对这类概念的重视也是对我们应该持有何种观念的重视。第三次，族长概念往往可以作为一种共同体规范。比如“行星”概念到底意味着什么，这对于从事天文学的工作者而言是至关重要的。最后，族长概念可以用来反映时代的世界观。比如“理念”“绝对精神”“心”“理”“气”等都反映了不同时代、不同地域的世界观。[2] 我认为，这类概念不属于维特根斯坦所说的普遍性诉求导致的哲学疾病，而是哲学家通过面相观看所揭示的世界观。

至此，我的观点是，语词的意义受生活世界中的语境所影响。但一个语词可以关联不同的概念，在具体的语境中，与之最相关的概念会被激活。而与语词相关的概念中最重要的是族长概念，这类概念是哲学家或概念工程师聚焦的。为什么这个概念观与维特根斯坦的面相观看是融贯的呢？第一，这个概念观承认“意义即用法”。我们在不同语境中使用的语词意义要结合语词在这个语境中的用法才能得到澄清；具体语词的意义要在对应的语言实践中才能得到理解。语词“真”在被不同概念镶嵌——真相、真诚、真理、真实等。在具体语境中，相关度最高的概念会被照亮。第二，这种概念观也认为概念的意义来自实践。我们之所以形成某个特定的概念，是因为它在我们实践中发挥着至关重要的作用。第三，这种概念观并不预设有着一个等待我们去发现的概念真理，恰恰相反，我们的概念反映的是我们在日常生活中与这个概念相关的实践方式，这也就给概念工程留下了空间。第四，概念反映的是我们的实践，实践可能被错误所遮蔽，而面相观看可以帮助我们进行概念工程。比如，当

1 Cf. Sally Haslanger, *Resisting Reality: Social Construction and Social Critique*, New York: Oxford University Press, 2012.

2 参见丁耘：《论中国哲学的标识性概念》，《开放时代》2023 年第 1 期。

我知觉到更多关于动物的面相后，可能愈发认为动物是具有“人格”（personhood）的。因此，面相观看完全可以作为概念工程的一环发挥作用。

第四节 面相观看：消极治愈或积极建构

诸多维特根斯坦学者将维特根斯坦的元哲学解读为一种“治愈术”。换言之，这是一种消极的哲学。概念工程则被视为一种积极建构的哲学。如此，两者便是相互矛盾的。我认为无论是立足消极解读还是积极解读，面相观看与概念工程都不会产生矛盾。我想揭示的是：无论面相观看还是概念工程，都有消极和积极的维度。

我们首先来看面相观看的消极解读。维特根斯坦说过：“并没有单独一种哲学方法，但确有哲学方法，就像有各式各样的治疗法。”（PI 133）[1] 正统维特根斯坦解读认为维特根斯坦是通过拒斥一种哲学理论，从而提供一种新的哲学理论；治愈解读则认为维特根斯坦致力于让我们认清我们在哲学语境中热衷于讲述的一些语词是无意义的，它们无法表达我们想说的任何东西。这些哲学理论无法让我们感到满意，把我们从困惑中拯救出来。[2]

从治愈解读出发，面相观看的治愈目标是一些传统的哲学概念：意义、理解、名称、命题、数学、遵循规则、他心等，这些都是具有奥秘特征的问题。但是如果我们试图从心灵本质、普遍性、逻辑关系去解决这些问题，那么这只能使得原本神秘的问题更为玄奥。根据维特根斯坦的观点，驱散神秘性的方式是重新去注意我们

1 ［奥］维特根斯坦：《哲学研究》，陈嘉映译，上海人民出版社 2001 年版，第 78 页。

2 Cf. Alice Crary & Rupert Read(eds.), *The New Wittgenstein*, New York: Routledge, 2002.

的日常情形、语词的日常使用、我们对这些使用的自然反应、我们的生活形式，也即这些语词通常出现的语境。如此，我们便可以走出哲学困惑。[1]史蒂文·阿费尔特（Steven G. Affeldt）指出，如果此时执着一种哲学普遍方案就会陷入哲学空洞。何为哲学空洞？一旦我们将概念剥离它们最自然的运作环境，概念就会变得不仅是空转，更是空洞。阿费尔特认为这种治愈的面相不局限于狭窄的哲学问题——消解哲学问题，而是指向更根本的人类本性。哲学和形而上学的空洞性遮挡了我们的面相观看。他指出：

> 我想说的是，哲学空洞的涌现——让我们的关注断裂，明明指向虚无，却看似指向某物。这背后有着动机，这个动机就是人类总是反复出现拒斥日常的强烈欲望。鉴于此，屏蔽我们去欣赏最重要面相不仅是不幸的哲学空洞后果；它本身就是一个目的。[2]

阿费尔特提供了一种治愈解读视域下的面相观看。据此解读，面相观看不仅可以治愈哲学家的形而上学疾病，也可以治愈普罗大众由于普遍性需求所导致的概念顽疾。

德布拉·艾登（Debra Aidun）则将面相观看的治愈解读与“提醒”（remind）勾连了起来。[3]只有在特定的情况下，某样东西才能被

---

1 Cf. Steven G. Affeldt, “On the Difficulty of Seeing Aspects and the ‘Therapeutic’ Reading of Wittgenstein,” in William Day & Víctor J. Krebs(eds.), *Seeing Wittgenstein Anew*, UK: Cambridge University Press, 2010.

2 Ibid., pp.282-283.

3 Debra Aidun, “Wittgenstein, Philosophical Method and Aspect-Seeing,” *Philosophical Investigations*, Vol.5, No.2, Apr.1982.

用作为“信息”。维特根斯坦严格区分了“信息”和“语法案例”，认为哲学不提供信息，但提供语法案例。什么是语法案例？维特根斯坦如此解释：“有的事情别人不问时我们明白，一旦要我们解释它我们就不明白了；而这正是我们必须留心思索的东西。”（PI 89）[1]留心思索之物，也就是需要自我提醒的事情。在这个意义上，语法案例不是“信息”，而是“提醒”——提醒一些我们原本已经知道的东西。若要理解这个提醒案例，我们又需要从另一些意义维度去获得许多语言事实，而这又恰恰是我们不知道的。我们需要被提醒的就是日常语言的用法。因此，面相观看即提醒我们那些被忽视的日常情景。

菲尔·哈钦森和鲁珀特·里德（Phil Hutchinson & Rupert Read）也反对维特根斯坦面相观看的积极解读，而支持消极解读。他们认为积极解读和消极解读都是在阐明维特根斯坦究竟是在何种意义上理解“清晰的呈现”（perspicuous presentation）。[2]根据积极的解读，维特根斯坦的哲学是在提出各种理论：意义使用论、逻辑行为主义的心灵哲学等。他们认为维特根斯坦提供了一个语言地图，而这个地图的功能不仅是治愈，还为我们提供了一个清晰的全局图。但这类观点预设我们可以从一个独立于或外在于语言的角度思考语言。哈钦森和里德认为，戈登·贝克（Gordon P. Baker）的“忽视的面相”是治愈派解读的代表。贝克论述过：“维特根斯坦向我们呈现了语言使用、习俗、实践的不同面相，他的意图是把我们从某种特定的、根深蒂固的蓝图诱惑中释放出来。借此，我们可以从某种受制

1 ［奥］维特根斯坦：《哲学研究》，陈嘉映译，上海人民出版社 2001 年版，第 64 页。

2 Phil Hutchinson & Rupert Read, “Toward a Perspicuous Presentation of ‘Perspicuous Presentation’,” *Philosophical Investigations*, Vol.31, No.2, Apr.2008.

约的思想（心灵夹子）倾向中解放出来，这个制约来自特定图景的奴役，它排除了其他可行性。”[1] 此时，我们就需要运用面相观看方法。如果我们被一个哲学问题困扰，那可能是因为我们没有办法看到这个语词的其他（被忽视的）特定面相。

仅是指出哲学概念的空转与空洞、提醒我们去注意被忽视的日常情形、帮助我们摆脱心灵夹子的束缚，这何以构成概念工程呢？概念工程的目标不仅是提供更合适的改进后的概念，也可以剔除和删汰一些存在缺陷的概念。此时，治愈的面相观看就可以发挥作用。例如，如果有些哲学家发明了一个完全脱离日常实践需求的概念，这个精致的哲学概念是完全真空的，与现实缺乏摩擦力的，并且这个概念开始慢慢得到了传播。那么，概念工程师此时可以提醒我们回到正常的实践中，并向我们展示那个被忽视的面相，指出哲学家的概念在凌空蹈虚。

面相观看不仅是治愈的，也可以是建构的。朱迪丝·吉诺瓦（Judith Genova）的论述让我们看到积极面相观看的可能性。她将面相观看与指引苍蝇飞出捕蝇瓶勾连了起来。[2] 维特根斯坦说过：“你的哲学目标是什么？——给苍蝇指出飞出捕蝇瓶的出路。”（PI 309）[3] 根据这个图景，哲学的任务就是通过改变我们看和说的方式，使得我们走出困局。被完美食物诱惑的苍蝇，不由自主地陷入了捕蝇瓶，它们并不知道如何应对这个新环境，只能一轮又一轮地撞击着玻璃，

---

1 Gordon P. Baker, *Wittgenstein's Method: Neglected Aspects*, Oxford: Blackwell, 2004, pp.149-150.

2 Judith Genova, "Wittgenstein: A Way of Seeing," *Metaphilosophy*, Vol.24, No.4, Oct.1993, p.326.

3 ［奥］维特根斯坦：《哲学研究》，陈嘉映译，上海人民出版社2001年版，第158页。

以为能够就此逃脱。然而，出口就在那里，要逃出瓶子，需要想象力，帮助我们看到出口。苍蝇缺乏这样的想象力，因而最终都会在它们所认为的食物天堂中死去。哲学家如果像苍蝇一样被困在自己制造的概念陷阱瓶中，那么这时候，他们可以运用想象力，重新注意那些被忽视的日常面相，从而跃出瓶子。如此，哲学家的面相观看似乎仍旧是治愈的。但吉诺瓦认为，维特根斯坦告诉我们，哲学的目的就是“概念重新定位”。[1] 而概念重新定位与提供一种看待事物的新方式是互为交织的。哲学家提供看待事物的新方式，即是提供一种新的可能性，而非为他人提供一种新的问题解决方案。吉诺瓦为面相观看的积极解读留出了空间：一方面，我们可以指出哲学家忽视的面相，回归语词的日常运作方式。另一方面，我们也可以指出那些不被大多数人所注意到的新面相，这可以直接催化改良或创新的概念工程。

司马亭则直接认为维特根斯坦的面相观看不仅仅是治愈的，也是建构的。[2] 他认为看待一个对象的方式是多样的，当我们注意到一个新维度时，这就是一种解放。面相观看反映了一种我们与世界打交道方式的多元主义，我们可以帮助别人注意到不同的视角。

阿加姆-西格（Reshef Agam-Segal）对面相观看的积极解读有着更详细的讨论，全面打开了面相观看的建构维度。[3] 他认为：通常而言，事物和对象早已嵌入到我们的概念规范（conceptual

---

1 Judith Genova, “Wittgenstein: A Way of Seeing,” *Metaphilosophy*, Vol.24, No.4, Oct.1993, p.331.

2 Cf. Martin Stokhof, “Philosophy as Change,” in Tine Melzer(ed), *Atlas of Aspect Change*, Zürich: Rollo Press, 2022.

3 Cf. Reshef Agam-Segal, “Aspect-Perception as a Philosophical Method,” *Nordic Wittgenstein Review*, Vol.4, No.1, Jul.2015.

normativity）中。因此，我们在日常实践中并不会使用面相观看技术。面相观看需要特定的思考能力和想象力。换言之，面相观看的作用是帮助我们从概念常规（conceptual routine）中抽离出来。面相观看需要动用想象力，施展这种能力并不是揭露语言既有的概念规范，而是催促我们抛弃自己已经接受的规范。面相观看要求我们去获得经验，然后反思现有的承诺，最终建立、重新确立、改变或丢弃现有的概念规范。普通的感知能力是在概念常规语境中识别出一个面相，而在面相观看时，我们会被一个面相震慑（struck by），这会触发我们重新去接纳一个新概念，或让我们感知到一个概念化需求的缺席。

阿加姆-西格进一步强调，面相观看揭示的是：我们产生了概念化经验对象的**需求**。虽然我们使用的常规概念能力可以解决很多问题，但当我们面临概念不确定（conceptual uncertainties）时，这种能力就会捉襟见肘，我们好像被丢入了语言真空，丧失了摩擦力，不知道该往哪里依靠。此时此刻，原有的概念规范变得不再可靠，于是我们产生了面相观看的动机。面相观看以另一种方式为我们带来新的概念洞见——通过面相观看，我们了解了自己真正的需求：表达对那个我们试图抽离的规范的关切；寻找一个捕捉对象的新方式；表达对当下语言对某个特定对象捕捉能力的不满，等等——这不就是概念工程吗?

至此，图景也逐渐明朗了。当我们被一些面相震慑，往往是因为我们的实践需求在起作用，而此时原本的概念规范已捉襟见肘。我们需要把这些新的对象或经验概念化，从而服务于我们的实践需求。这样看来，积极的面相观看与概念工程是一气贯通的。

综上，我建议将维特根斯坦的面相观看视为概念工程的一种或一环。面相观看无法充分还原为命题，但却可以坐落在概念上。我们可以将所洞见到的新面相转化为概念，而这种概念化也无须预设维特根斯坦所反对的表征式的概念观。面相观看不仅是治愈的，也是建构的，无论是治愈或建构的面相观看，都可以通过概念工程来理解：

治愈的面相观看：提醒我们那些一直在那里，却被我们忽视的面相，让我们从自己的形而上学迷梦中惊醒，看到自己所造概念的空洞无益。

建构的面相观看：动用想象力去洞见新的面相，努力挣脱常规的概念规范，试图建立新的概念规范，在接受新概念的过程中认识和回应我们的实践需求。

第六章

重建“知识”概念

第一节　标准知识论模式

知识论的标准模式即概念分析与案例方法的结合。这一方法的基本模式是：针对某概念X,我们剖析出这个概念的必要条件，这些必要条件的合取构成X的定义。比如，我们挖掘出“知识”的三个必要条件为：“真”“信念”“得到辩护”。那么知识的定义即“得到辩护的真信念”(“知识”的三元定义)。一旦有人宣称给出了一个普遍有效、无所渗漏的定义后，我们就可以用各种案例去测试这个定义的有效性。如果我们能够找到满足这个定义，但又不能被赋予为这个概念的案例，那么这就构成了反例。

“知识”的三元定义被早期分析哲学家广泛接受。这个定义看似很合理，我们的知识一定为真，而真信念也不一定等同于知识，因为知识需要得到辩护。葛梯尔（Edmund Gettier）于1963年在期刊《分析》上发表一篇短文，提出了针对三元定义的反例。[1] 其中的一个反例大致如下。张三有很好的理由相信李四拥有一辆福特车，他经常看见李四驾驶福特车出门，并且李四也一直声称自己有这样一辆座驾。因此，我们可以说张三具有得到辩护的信念“李四拥有一辆福特车”。既然，张三相信李四拥有一辆福特车，我们也可以说，张三要么相信李四拥有一辆福特车，要么相信王五在巴塞罗那。假设李四实际并不拥有福特车，并且王五凑巧真的在巴塞罗那（张三并不知情）。如此的话，张三的信念“李四有一辆福特车或王五在巴塞罗那”是得到辩护的真信念，根据知识三元定义，张三知道“李四

1　Cf. Edmund Gettier, “Is Justified True Belief Knowledge?,” *Analysis*, Vol.23, No.6, Jun.1963.

有一辆福特车或王五在巴塞罗那”。但我们的直觉告诉我们，他并不知道。

葛梯尔反例一石激起千层浪，引发了诸多讨论。加里·古廷认为后续的一系列讨论仍旧是聚焦于“反例”——无论是寻找第四个条件或去刻画可靠的辩护条件。[1]

有一群学者试图通过寻找第四个条件来解决葛梯尔反例。在葛梯尔案例中，张三的辩护理由中存在假命题“李四拥有福特车”，那么我们可以加上第四个条件“辩护不能基于假命题”。但即便加上了这个条件，我们仍旧可以在逻辑上设想出反例：张三在图书馆看到李四神情紧张地从书架拿了一本书塞入书包，绕过管理员，偷偷溜出了图书馆。那么，张三可以得到辩护地相信“李四偷了一本书”。然而，张三不知道李四有个孪生兄弟李五也有偷窃癖，并且此时也身在图书馆。假设事实上是李四偷了书，那么张三具有得到辩护的真信念，但我们直觉上会觉得张三并不真正“知道”李四偷了书。张三对信念的辩护立足于他的认知运气。为了解决这个反例，也许我们可以进一步将第四个条件修正为“辩护不能基于假命题，且不能有其他撤销证据”。比如，张三借助信念 q 辩护信念 p，信念 p 为真，而且不能有其他信念可以作为撤销信念 q 的证据。即便增加这个条件我们还是会遇到新的反例：仍旧是张三在图书馆看到李四偷书。李四的妈妈为人一贯诚实，她向警察提供证词，说李四有一个孪生兄弟，并且李四在案发时离图书馆很远。但事实上，她在撒谎，李四没有孪生兄弟，且案发时就在图书馆。这种情况下，李四妈妈

1 Cf. Gary Gutting, *What Philosophers Know: Case Studies in Recent Analytic Philosophy*, New York: Cambridge University Press, 2009.

的证词对我的信念有撤销作用，但由于她在撒谎，所以无法破坏我的知识。这个反例实际表明，我们可以有关于驳倒证据的驳倒证据。李四妈妈的证词是驳倒证据，李四妈妈撒谎是对李四妈妈的证词的驳倒证据。鉴于此，我们可以进一步将第四个条件修正为“辩护不能基于假命题，且作为辩护信念的证据不能被撤销”。但即便如此，古廷指出，我们仍旧会遇到新的反例。这个游戏似乎可以无限进行下去。古廷还讨论了戈德曼的方案。总的来说，戈德曼认为如果我们的信念 p 产生于一个可靠的认知过程，那么信念 p 就是得到辩护的。古廷指出，戈德曼也是通过提出可能的反例，再去解释和回应这些可能的反例，从而为自己的理论进行辩护的。因此，戈德曼的框架仍旧是一种概念定义和反例往复打磨的知识论标准模式。[1]

近年来，德性认识论（virtue epistemology）受到了越来越多知识论学者的推崇，那么德性知识论是否跳出了标准知识论模式？希瑟·巴塔利（Heather Battaly）认为传统认识论主要聚焦于分析“知识”和“认知辩护”。就“认知辩护”而言，知识论学者提供了各种方案，得到辩护的信念可以是：对认知责任的遵守；得到证据支持；由可靠的程序产生；立足于充沛的基础。就“知识”而言，我们也有着各种方案：知识是无法挫败的得到辩护的真信念；追踪真的信念；知识的标准由语境决定。这类讨论被巴塔利统称为“信念”进路。这个进路主要关注怎么评价信念——得到辩护的，或者构成知识的信念。德性伦理则更关注对认知主体的评估。总的来说，德性知识论支持者认为知识就是认知者发挥认知德性产生的真信念。[2]

1 Cf. Gary Gutting, *What Philosophers Know: Case Studies in Recent Analytic Philosophy*, New York: Cambridge University Press, 2009.

2 Cf. Heather Battaly, “Virtue Epistemology,” *Philosophy Compass*, Vol.3, No.4, Jul.2008.

对“认知德性”的界定方式上可以分为两派。一派是以欧内斯特·索萨（Ernest Sosa）为代表的德性可靠论，可靠论主张认知德性就是可靠的认知官能——知觉、归纳、演绎、记忆等。任何拥有自然或人工功能的对象都具有德性。另一派是以琳达·扎格泽博斯基（Linda Zagzebski）为代表的责任论，他们认为德性是一个人的个性和深层次品质，而非个人的原始材料。典型的认知德性包括：开明、认知勇气、认知自主、认知谦卑、认知周全等。可靠论和责任论有不少分歧。比如，可靠论认为认知德性不需要理智动机，我们的视觉、听觉等认知功能无需主体意向行动的介入。如此一来，德性可以和技能类比，就像一个好的弓箭手在稳定的环境中能够射中靶心，好的认知德性在正常情况下能够正常运作。责任论则认为，德性和技艺不同，德性是一种习性，习性不是技艺，德性也不是技艺。在有机会展示技艺时我们可以放弃展示，但德性不行。

德性论对于认知者的关注可以说是一种理论的推进，但我关心的是，德性认识论是否跳脱了标准知识论模式。德性论仍旧会去回应葛梯尔的反例，以责任论者为例，他们会认为传统三元定义缺乏对认知者的关照，葛梯尔反例中的认知者是不具备认知德性的。张三知道命题 p，当且仅当张三得到辩护的真信念是他通过发挥认知德性所获的。纵使如此，巴塔利指出，我们还是可以设想出反例：假设侦探张三在调查某公司会计的死亡案件，嫌疑人包括这名会计的丈夫和公司总裁。邻里都知道会计的丈夫和会计经常争执，同时案件现场有着总裁的指纹。张三本着开明态度，详细咨询了自己的团队成员，但他的团队被总裁收买，告知张三证据指纹是假的，团队证词是张三断案的重要参考，他最后本着各种理智德性，判定凶手是会计的丈夫。但我们似乎认为他并不真正知道——因为他相信了自己团队的证言。[1]张三具有得到辩护的真信念，更重要的是，他在辩护的时候动用了自己的理智德性。根据责任德性论的界定，张三应该知道凶手是会计的丈夫，但我们直觉又不这么认为。虽然这个反例的成立与否还需诸多后续跟进，但至少这样的讨论仍旧没有跳出标注知识论模式构成的五指山。

从三元定义到葛梯尔反例，再由葛梯尔反例引发的后续知识论讨论，诸如第四条件完善工作、辩护可靠性的界定工作、认知者德性的刻画工作，这些讨论确实促进了知识论的发展，但是我们从一种元哲学的视角去审视，这一系列讨论似乎仍旧是在知识论标准模式中进展的，即给出"知识"定义，反例测试，推翻反例或修正定义，最终试图给出一个关于"知识"的普遍定义。托马斯·格伦德曼（Thomas Grundmann）提出知识论的标准模式预设了普遍性要求——如果所有的语言都包含了表达认知概念的认知词汇，那么我们应该有着普遍的认知概念。[2]

标准知识论模式真的是讨论知识论的最佳方式吗？下文将分别从日常语言哲学视角和概念谱系学视角来审查知识论标准模式的缺陷。

第二节　知识论的"理论者问题"

当代日常语言哲学学者阿夫纳·巴兹认为，哲学探究应当是

1　Cf. Heather Battaly, "Virtue Epistemology," *Philosophy Compass*, Vol.3, No.4, Jul.2008.

2　Thomas Grundmann, "Conceptual Construction: Why the Content of Our Folk Terms Has Only Limited Significance," in Masaharu Mizumoto & Stephen Stich(eds.), *Ethno-Epistemology*, New York & London: Routledge, 2020, p.229.

和日常实践一以贯之的。但他发现，当前主流分析哲学运用的案例方法（method of cases）中所涉及的“理论者问题”(the theorist's question）几乎无法适用于日常实践，他对此肆力抨击。他的批驳立足于对“理论者问题”的细致考察。何为“理论者问题”？巴兹如此描绘：“当我们尝试发展或测试关于 x 的哲学理论时，我们会问，概念 x 或‘x’能否被运用于真实或想象的案例中，这样的问题即‘理论者问题’。”[1] 他认为当下哲学实践中涉及的“理论者问题”与日常问题严重脱节。与巴兹不同，英国学者蒂莫西·威廉姆森（Timothy Williamson）主张，我们对哲学案例的判断与日常判断是连续的，两者动用的认知官能是一致的。[2] 有别于巴兹的激进不连贯论和威廉姆森的完全连贯论，我试图通过考察知识赋予中的“理论者问题”来捍卫一种温和的连贯论，即“理论者问题”与日常问题是有交集的。

巴兹的矛头具体指向了知识论研究中的“理论者问题”。他认为，知识论中的理论建构聚焦于“理论者问题”，而将这类问题放置于日常实践中是离题的（beside the point），缺乏具体的目的和旨趣(purpose and point)。知识论中“理论者问题”的基本形式为：“认知者 S 是否**知道**命题 p。”巴兹主张，语词（诸如“知道”）在最适切的语境中运作之时，便是它们最自然和熨帖的状态。鉴于此，他认为当下知识论研究的错误来源于：首先，理论者脱离了语词具体的运作条件来探究语词的意义，而对语词真正适合的工作置若罔闻。其次，理论者预设语词可以在缺乏特定目的的情况下运用于任何案

1 Avner Baz, *When Words Are Called For*, Cambridge, MA: Harvard University Press, 2012, p.87.

2 Cf. Timothy Williamson, *The Philosophy of Philosophy*. Malden MA: Wiley-Blackwell, 2007.

例，并且我们只能通过真假来评判这种运用的合法性。

巴兹对“理论者问题”的批判立足于他的元哲学观：哲学探究应该与日常关切相连贯。通过考察知识定义和知识赋予中的“理论者问题”，他试图表明：目前哲学探究中涉及的“理论者问题”与日常关切不接榫。这些案例中的“理论者问题”要么意义不明确，要么与日常旨趣毫无交集。鉴于此，哲学实践不应再借助“理论者问题”。巴兹对“理论者问题”的驳斥可以重构如下：

P_1 知识论探究应与日常关切连贯。

P_2 知识定义中的“理论者问题”与日常关切脱节。

P_3 知识赋予中的“理论者问题”与日常关切脱节。

C_1 知识论案例中的“理论者问题”与日常关切脱节。

C_2 知识论探究应该抛弃“理论者问题”。

巴兹主张“理论者问题”和日常问题毫无交集，这是一种激进的不连贯论。我试图捍卫一种温和的连贯论，即部分“理论者问题”与日常是有交集的。为了驳斥巴兹，我们可以直接拒绝接受 P_1。P_1 是一种元哲学观，不同的哲学家之间完全可以持不同的元哲学观，并非所有哲学家都认可哲学应该与日常连贯。比如，自然主义者主张哲学应该和科学是连贯的。我并不试图通过拒斥 P_1 来推翻巴兹。我的主要矛头是 P_3，即知识赋予案例中的“理论者问题”毫无日常旨趣，我试图表明，如果我们接受“理论者问题”的意义需要结合旨趣来理解，那么我们可以接受 P_2，即“葛梯尔反例”中的“理论者问题”在日常生活中是罕见的，但是知识赋予案例中的“理论者问题”却是和日常问题连贯的，因此巴兹的激进不连贯论不成立。

在反驳 P_3 前，我们首先跟随巴兹来考察“葛梯尔反例”中的“理论者问题”，他认为我们几乎不可能在日常生活中提出这个案例中的“理论者问题”。下述为一个典型的“葛梯尔反例”：

> 张三的朋友李四多年来一直驾驶一辆别克轿车。因此，张三宣称他知道李四有一辆美国车。但是，张三不知道李四的别克轿车最近被偷了，并且李四换了一辆庞蒂克轿车，这也是一辆美国品牌的轿车。在这一情况下，虽然张三关于李四有一辆美国车的信念是得到辩护的真信念，但我们能说张三**知道**李四有一辆美国车吗？[1]

对于这个类型的反例，巴兹指出，它们都预设了需要回答“理论者问题”：“认知者 S 是否知道命题 p。”他进而认为“理论者问题”是不合时宜的、违拗的。具体而言，日常语境中，我们几乎不会出于理论者的目的（面临“葛梯尔反例”的情形）去关心张三是否**知道**李四有一辆美国车。巴兹设想了各种日常生活中可能遇到上述案例时的情形，他认为这些情况下，我们都不会提出“葛梯尔反例”中的“理论者问题”。巴兹非常细致地设想了种种可能性，最终得出，在正常情况下，我们绝无可能在日常活动中去关心这样一个问题：当张三通过辩护获得了真信念 p，但这个真信念的获得又是由于认知运气造成的，在这种情况下，张三是否能够算作知道 p。我认同巴兹的判断，因为葛梯尔案例中的问题关怀是一种纯粹的学术理

1　Avner Baz, *When Words Are Called For*, Cambridge, MA: Harvard University Press, 2012, pp.106-107.

论关心。换言之，我们可以接受 P_2。但是巴兹并不试图为“理论者问题”画地为牢，而是想将其一网打尽，他主张知识赋予案例中涉及的“理论者问题”与日常也是脱节的（P_3），下文将具体考察巴兹的 P_3。

巴兹将矛头直指当代两种主流知识赋予理论：语境主义（contextualism）与恒定主义（invariantism）。具体而言，他认为两者虽然互相对立，但却都预设了“理论者问题”。根据恒定主义，如果我们判定认知者 S 知道命题 p，那么这一判断无论在何种语境下都有效。语境主义则认为“理论者问题”的真假取决于具体的语境。巴兹认为，语境主义和恒定主义实际上并不对立，而是互补。两者都认为“知道”的作用是使我们能够表征或描述某人知道这些或那些。“知道”的意义取决于认知者在什么条件下知道这些或那些，也即使用“知道”的真值条件。巴兹坚持，无论是恒定主义还是语境主义版本的“理论者问题”，我们都不会在正常的日常情形中遇见。我们首先来看“牛奶案例”：

> 正全神贯注读论文的张三对李四说：“我的咖啡要加点牛奶。”李四回应：“你知道牛奶在哪儿。”张三辩解：“我并不真正知道，不是吗？也许有只猫闯入了冰箱，或者刚刚有一个牛奶贼悄无声息地偷了牛奶，又或者牛奶蒸发了或凝结了。”[1]

对于恒定主义而言，此时此刻张三要么知道，要么不知道冰箱里有牛奶。对于语境主义而言，张三只有给出真正的怀疑选项，才

1 Charles Travis, *The Uses of Sense*. Oxford: Oxford University Press, 1989, p.156.

能解除李四对他的知识赋予。[1] 在这个案例的语境中，张三给出的怀疑皆非真正的怀疑，或者说这些怀疑在具体语境中缺乏相关性。此处，恒定主义和语境主义都是在尝试确定“张三**知道**命题 p”的真值条件。不同的是，恒定主义认为对于“理论者问题”有着放之四海皆准的答案，而语境主义则主张“知道”的真假值视具体语境而定。

对于这个案例而言，巴兹认为“理论者问题”别扭而不顺适，无法真正糅合到情境中，它偏离了轨道，缺乏意图和旨趣。他提出李四并不是想表达张三**知道**牛奶在冰箱，他真正的用意是**指责**张三太懒惰，为何不自己去取牛奶。而张三的回应不是提供了不相关的怀疑，而是误解了李四的意图。巴兹认为，哲学对“知道”长久以来聚焦于其“赋予”作用，而忽略了其潜在的“归咎”(imputation)功能。知识赋予仅聚焦“知道”的传统意义，而知识归咎则揭示了“知道”的其他用法：在不少情境中，使用“知道”是为了斥责、批判和控诉。牛奶案例的确显示了“理论者问题”在日常语境中的非知识赋予旨趣。

巴兹主张“理论者问题”和日常问题脱节，这是一个很强的主张，即“理论者问题”与日常问题的意图和旨趣毫无交集。我们承认，在日常生活中遇到“葛尔反例”中的“理论者问题”的可能性极小。“葛梯尔反例”是对极端情况的设想，所以它牵涉的“理论者问题”可能只具备理论意图，是理论者为了探索知识的本质（定义）所设计的工具。但知识赋予中的“理论者问题”与日常实践是有交集的，因此，只要能够呈现相关交集就能够回应巴兹的批判。

---

1 Cf. David Lewis, “Elusive Knowledge,” *Australasian Journal of Philosophy*, Vol.74, No. 4, Dec.1996, pp.549-567.

德罗斯的“银行案例”是知识赋予研究时常讨论的对象：

周五，张三和李四路过银行计划存钱。银行柜台前人头攒动，张三提议明天再来存钱。此时，可以设计两种情况：第一种情况，他们晚些存钱无关紧要；第二种情况，由于特殊情况，他们必须周一之前存钱。第一种情况下，李四提出周六银行可能不营业。张三回应，他知道银行明天营业，因为两周前的周六他来过。第二种情况下，张三同样表达了自己知道银行明天会营业，因为两周前的周六他来过。鉴于银行时常更改营业时间，李四一再质疑张三是否能够确定。[1]

根据语境主义，鉴于不同的语境元素，第一种情况中张三的断言“我知道银行明天营业”为真。第二种情况中张三的断言“我不知道银行明天营业”为真。巴兹建议把这个场景放置到日常生活中。他认为张三的断言“我知道银行明天营业”更多是起消除疑虑的（reassure）作用。在李四的追问下，鉴于张三两周前的周六去过银行，他更合理的回答应该是“我知道银行周六营业”，而非“我知道银行明天营业”。

巴兹指出，如果在现实中发生类似情况，那么张三和李四真正应该关心的不是“张三是否**知道**银行明天营业”，而是“银行明天是否营业”。因为此时张三和李四都已经了解张三判断的依据，即他两周前的周六来过银行，所以他们再继续争论张三是否**知道**一个命题

1 Keith DeRose, “Contextualism and Knowledge Attributions,” *Philosophy and Phenomenological Research*, Vol.52, No.4, Dec.1992, p.913.

是没有意义的。鉴于此，巴兹认为银行案例中的“理论者问题”缺乏实践意蕴。张三此时是否知道银行明天营业是“理论者强制我们代入的情形，一部分是通过让案例主角说一些别扭的话（或不完全自然的话）达成，一部分通过鼓动我们认为，只要案例中的人物使用语词表达，这些表达是以陈述形式体现，并且是字面义的、严肃的表达，那么我们就可以通过真假来评断他们的语词”。[1]

为了回应巴兹，我们可以区分两类具体情境中的问题：“目标问题”和“桥梁问题”。目标问题直指对话参与者在这个情境中的最终目标，而“桥梁问题”是为了回答“目标问题”而设置的中介。比如，侦探的最终目标是知道谁是凶手，那么他的目标问题可以是“张三是否谋杀了李四”。但为了达到“目标问题”，他可以先回答各种“桥梁问题”，诸如：“王五是否知道张三谋杀了李四”“凶器上是否有张三的指纹”等。

回到银行案例，“张三是否知道周六银行营业”未必是该情境中的“目标问题”，但可以作为“桥梁问题”。银行案例中，根据巴兹的提示，我们可以认为张三和李四的最终目的是知道（1）“银行明天是否营业”，而非（2）“张三是否知道银行明天营业”。但是显然，（2）可以作为支持（1）的理由，所以在这个语境中澄清（2）并非完全脱离日常旨趣的。

张三和李四的当务之急是要查明银行明天是否营业。张三声称自己知道银行明天营业，那么他的证词可以作为支持“银行明天营业”的理由。在李四的质疑下，张三会摆出支持自己信念的理据，

1 Avner Baz, *When Words Are Called For*, Cambridge, MA: Harvard University Press, 2012. pp.171-172.

即两周前的周六他亲自来过。日常生活中，作为这个场景参与者，我们也许会直接从“张三知道两周前的周六银行营业”推论出“银行明天营业”或“银行明天不营业”。就目前情形而言，能够用来判断银行明天是否营业的只有张三的理据，即“两周前的周六银行营业”。假定这个理据是两人之间没有争议的事实，鉴于此，巴兹认为最自然的发展应该是对话参与者根据这个事实来判断明天银行是否营业：也许有参与者会觉得这个事实作为证据不够充分，因为银行会调整营业时间；也许有参与者会觉得这个事实证据足矣，银行很少调整时间。此时再与“理论者问题”纠缠是僵硬死板的。

但巴兹没有考虑到的是，银行在两周前的周六营业这个事实，来自张三的证言，而证言可能为假。巴兹在讨论中隐含预设了铁证如山，事实上，日常实践中的证言经常会遭到质疑。因此，对话参与者不是立足一个锚定的事实进行推论，而是根据张三的证言进行推论。换言之，真正支持“银行明天是否营业”的理由并非客观事实“两周前的周六银行营业”，而是张三的证言“我知道两周前的周六银行营业”，而张三正是由此进一步推论“我知道银行明天营业”。如果李四是个粗枝大叶的人，也许他对张三的证词不会进一步追问，那么对话参与者会直接导向“目标问题”。如果李四是一个谨小慎微的人，他可能会怀疑张三是否记错了或者张三是否在撒谎。如果张三确实是一个健忘的人或不诚实的人，他就没有资格宣称自己知道银行明天营业。那么对话参与者会先处理“桥梁问题 a”：张三是否**知道**银行明天营业；而“桥梁问题 a”的答案又立足于“桥梁问题 b”：张三是否真的**知道**银行两周前周六营业。

在银行案例中，提出问题“张三是否知道银行明天营业”也是一种对于使用语词“知识 / 知道”的规范性要求。我们并不是在所有情况下都有资格宣称自己知道某事。李四完全可以合情合理地质疑，张三是否有资格宣称自己知道银行明天营业。在日常生活中，我们确实会经常疑惑他人是否有资格宣称知道某事，或他是否有资格成为可靠的信息源。巴兹可能会认为“知识断言”在一些语境显得冗余，如果张三已经表达自己的依据，他就没有必要再宣称自己知道。综上，首先通过区分“目标问题”和“桥梁问题”，我们可以发现知识赋予中的“理论者问题”在日常实践中可以作为“桥梁问题”被提出。其次，知识赋予是一种规范性活动，在日常实践中起着至关重要的作用。因此，知识赋予中的“理论者问题”和日常关切是连贯的。

虽然我并没有全盘接受巴兹的论断，但他的观察确实切中了标准知识论模式的一些痛点——学院哲学对知识的用法在不少时候和我们的日常用法是脱节的。巴兹提示我们，问题的意义应该结合其旨趣来理解，这同样适用于“理论者问题”，立足于此，巴兹揭示了“理论者问题”在一些日常语境中会显得牵强拉拢，与日常旨趣不符，尤其是“葛梯尔反例”中的“理论者问题”在日常生活中极为罕见。在这点上他是观察精彻的，但我们不应就此滑向激进的“反理论”态度，至少知识赋予中的“理论者问题”并非与日常关切毫无瓜葛。因此，我们应该可以持一种温和的理论与日常连贯论：至少一部分当下哲学实践中的理论旨趣和日常关切是连贯的。下一节将考察知识论功能主义是如何挑战标准知识论模式的。

第三节　知识论的检视者视角和问询者视角

如前文所述，概念分析和案例测试是一项被广泛使用的哲学方法，也是知识论研究中常见的方法。我称之为标准知识论模式。除了标准模式外，还有一种功能先行的知识论研究进路，这个进路也被称为谱系学（genealogy）进路、概念综合（conceptual synthesis）、实践的精释（practical explication）。传统概念分析试图通过分析推求出“知识”的必要条件来揭示它的本质。功能先行进路则通过探查知识论相关概念（知识、理解、智慧、理由）的功能、目的、作用、旨趣来展现它们的本质和价值。因此，功能先行进路聚焦于这些概念为了什么（for），而非分析这些概念是什么（is）。在这个框架下，我们关切的问题包括：人类为何会使用这些语词来思考和表达；这些语词如何帮助人类生存或促进福祉；这些语词是如何从人类实践中脱胎而出的；这些语词的功能是什么。埃德华·克雷格是这个进路的开创者。他在1990年的专著《知识与自然状态》中系统地阐发了这个方法论框架下的知识论理论。[1]翰农在2019年的专著《知识的意义何在?》中又进一步捍卫和发展了克雷格的方案。[2]鉴于此，我将这个进路命名为“克雷格–翰农方案”。根据这个方案，“知识”的主要功能是：标识出好的信息提供者（good informants）。克雷格主要使用的是“好的信息提供者”，而翰农则更多地使用“可靠的信息提供者”（reliable informants）。文本采纳前者，因为好的信息提供者涵盖了对信息提供者德性的评价，而可靠的信息提供者会抹杀“信息提供者”和诸如温度计这样的“信息源”（source of information）的区分。要锁定概念的功能，我们要借助一种谱系学的方法。[3]具体

1 Cf. Edward Craig, *Knowledge and the State of Nature: An Essay in Conceptual Synthesis*, Oxford: Clarendon Press, 1990.

2 Cf. Michael Hannon, *What's the Point of Knowledge? A Function-First Epistemology*, New York, NY, USA: Oxford University Press, 2019.

3 克雷格的谱系学方法不同于尼采、福柯、威廉斯（Bernard Williams）的谱系学方法，对他们之间差异的讨论不是本书所能覆盖的。

来说，我们先设想一个原初的自然状态（state of nature），这个状态中的人类和我们有同样的需求和关切。基于这个状态，我们去思辨“知识 / 知道”是如何发轫的，并给出一个关于“知识”的功能假说。诸多学者质疑这种方法无法真正关照一个概念是如何在人类历史进程中演进的。事实上，“克雷格–翰农方案”无需立足对历史演化的考察，它不是先验人类学（a priori anthropology），因此我们不用预设“知识”的功能浮现于某个特定的历史阶段。一句话，“克雷格–翰农方案”不是一种对人类历史追溯的方案，而是一种对人类本性思辨的方案。[1]

从“克雷格–翰农方案”维度出发，标准知识论模式有什么问题？伯纳德·威廉斯将标准知识论模式称为检视者视角的知识探求。[2]就对“知识”的分析而言，检视者视角有两个具体问题。首先，检视者视角与实践视角是脱节的。威廉斯将这种视角定性为一种专业化扭曲（déformation professionnelle）视角。在检视者视角下，我们拥有了一种上帝视角，我们洞悉了一切细节，包括张三是因为认知运气才获得了真信念。立足于此，我们再去判断张三的这一真信念能否构成知识。但我们在实践生活中是否会面临这样的追问？当我们已对某事的来龙去脉了如指掌，是否还会继续关心张三是否“知道”这个事情？这样的情形即便存在，也是罕见的。更自然的情况是，一个探询者试图去向别人打听一些自己不知晓的事情。其次，立足这种与实践脱节的视角会滋生出一些对“知识”的怪异看法。

---

1 Cf. Michael Hannon, What's the Point of Knowledge? A Function-First Epistemology, New York, NY, USA: Oxford University Press, 2019, p.53.

2 Cf. Bernard Williams, "Deciding to Believe," in *Problems of the Self*, Cambridge: Cambridge University Press, 1973.

有学者会醉心于逐个考察知识的构成条件，费尽心机去设想一些案例来驳斥这些条件。比如，科林·雷德福（Colin Radford）提出我们可以设想一些案例，其中张三知道命题 p，但他却并不相信自己知道：

> 假设张三和李四在玩竞猜游戏。李四对张三说，我来考考你关于《三国演义》的知识，张三表示自己对《三国演义》一无所知。问答开始，李四问张三，“三英战吕布”中“三英”分别是谁，张三答不上来。李四又陆续问了一些问题，张三确实对《三国演义》的典故知之甚少，基本无从作答。李四继续提问，长坂坡一役，魏将程昱称谁为“万人敌”？张三已经不想作答了，表示自己当真缺乏《三国演义》的知识。李四说，你随便说一个。张三就说是张飞。[1]

张三完全不相信自己知道这道题目的答案，但他确实说对了。有可能是他曾经听导游介绍过，也有可能是以前广播节目里听闻过。总之，张三知道“万人敌”描述的是张飞，但他并不确信自己知道。如果这个案例成立，那么可以说“信念”不是“知识”构成的必要条件。但在现实生活中的大多数情况下，我们都不会认为一个连自己都不相信命题 p 的人是知道命题 p 的。因此，这种知道却不确信的案例至多只是一种逻辑的可能性。甚至，我们可以说这类案例是为了寻找反例而刻意设计的。

知识论功能主义则不执着于找到完备的充分必要条件。对“知

---

1 Cf. Colin Radford, “Knowledge: By Examples,” *Analysis*, Vol. 27, No.1, Oct.1966.

识”的功能考察是从批判传统检视者视角切入的。对“知识”的传统讨论方式是给出定义。无论如何，即便我们获得了一个完备的定义，这也只是一种技术上的成就，它不应该是探究的终点，而应该是序曲。立足于此，我们应该继续去追问：我们所定义的这个概念缘何会得到广泛使用。“克雷格-翰农方案”强调的是概念的功能、目的、作用、旨趣，而答案是：“知识”的功能即标识出好的信息提供者。这就是一种问询者视角的探究。两个视角的根本区别在于：检视者视角的目标是找到一个覆盖所有案例的“知识/知道”的普遍定义，而问询者视角的目标是探查人类实践中缘何会诞生“知识/知道”概念。

问询者视角启示我们，正常情况下知识探问者不会去询问他自己已经了然于胸的事情。比如，在葛梯尔类型的案例中，当我们提问“认知者是否知道命题p”时，我们已经知道了命题p的真假，才去检验张三是否知道p。这类似于老师批改学生作业时并不在意问题的答案，因为他已经知道了答案。老师只是想知道学生是否知道问题的答案。对于“知识/知道”而言，在大多常规语境中，我们提问“某人是否知道p”时并不是关心某人的认知状态，而是在意p到底是否为真。比如，当我问张三知不知道办公室的门是否锁上，我是想确认门是否锁上，而不是想确认他知不知道门是否锁上。这就是一种日常生活中惯见的问询者视角。克雷格关心的正是这种实践视角，而非纯粹理论者的检视者视角。

我们应该区分“知识”的实践功能和“知识”的日常用法（巴兹所强调的）。一方面，“克雷格-翰农方案”不从各异的日常使用（ordinary usage）入手，而从人类一般的日常情境（ordinary situation）

着眼，尝试去给出一个知识功能假说。[1]另一方面，我们的假说也不能脱离日常对“知识/知道”的理解，我们要去考虑：“知识”如何服务于我们，它在我们生活中扮演何种角色，什么样的条件制约它的运用。鉴于此，我们不是去重新发明一个概念，而是重新烛照（illuminate）那个我们一直在使用的概念。我们为何要考察“知识”的功能呢？几乎所有的语言中都有表达“知识/知道”的语词，这是一个人类共享的语词。因此，“知识”这个语词不仅仅是特定文化或历史的产物，还是具有普遍性的。那么对“知识”功能的探查，实际是对一种人类共有实践的求索。这里的“功能”指涉的是实践功能，而非理论功能。

“克雷格-翰农方案”的具体操作如下：（1）我们暂时撇开那些知识论或语义学理论，而去追问“知识”概念的旨趣和功能——它为我们做什么事，它如何服务于我们的生活。我们可以对这个旨趣或功能形成一个假说。（2）再考虑一个符合此假说的概念具体应该有哪些特征。比如，认知运气会不会影响“知识”的功能，“信念”是否是知识功能发挥中的重要条件，等等。（3）衡量这个概念在多大程度上能够符合我们日常直觉。基于此，我们可以不断地去调整这个假说。[2]

“知识”这个概念是如何诞生的呢？我们先来假设一种自然状态，自然状态下的人类还没有产生完整的语言系统，此时人类的主要目的是求生，即满足基本的生存需求。为此，人类会去捕猎、觅

---

1 日常语言进路和功能先行进路不同，前者将“知识”放入各个具体的语境来考察它是如何被使用的；后者试图给出一个关于人类普遍实践情境的“知识”功能假说。

2 Edward Craig, *Knowledge and the State of Nature: An Essay in Conceptual Synthesis*, Oxford: Clarendon Press, 1990, p.3.

食、照顾幼孩、躲避猛兽等。顺利进行这些活动需要充分的“真信念”来辅助。比如，我们要知道哪里有可猎捕的食物，哪些植物是无毒的，哪里经常有野兽出没，等等。这种对真信念的需求使得我们更倾向于在共同体内共享信息（pooling information）。分享信息可以提升我们认知和实践活动的效率。比如，我不用亲自去探查远处是否有猎物，而是可以咨询去过那里的同伴。这样的话，我们不必时时刻刻都依赖自己的认知官能来获得信息，毕竟我们不是顺风耳，也非千里眼，个人的认知能力是有限的。通过和他人的协作，求助他人帮助，我们可以和他人形成一种“协作认知”关系。在确立这种关系后，我们再进一步去辨别哪些是好的信息提供者，哪些是坏的信息提供者。因为，我们要规避无意误传和刻意误导的情况（坏的信息提供者）。[1]

这个发轫于自然状态的“知识”概念被称为“原型知识”（proto-knowledge），而拥有“原型知识”的认知者就是“原型认知者”（proto-knower）或“原型信息提供者”（proto-informant）。[2]“原型知识”即对于社会实践中某个个体问询者而言好的信息。“原型信息提供者”则是对社会实践中某个个体问询者而言好的信息提供者，他须要满足如下四个条件：

（1）根据问询者当下的需求，他极有可能知道 p。

（2）他拥有可识别的特征（detectable property）x 表明他知道 p。

1 Miranda Fricke, “Scepticism and the Genealogy of Knowledge: Situating Epistemology in Time,” *Philosophical Papers*, Vol.37, No.1, Mar.2008, p.38.

2 克雷格的另一种表述是“原型的案例”（prototypical case）。

（3）对于问询者而言，他在此时此地是可通达的。

（4）他与问询者之间的沟通渠道是敞开的。[1]

根据条件（1），我如果想知道育婴的知识，就应该请教育婴师，而非一个博闻多识的物理学家，显然前者更有可能知道我想知道的答案。当我想知道福州路怎么走时，我身边有一个穿着交警制服的人，“穿着交警制服”就是一个好的信息提供者的可识别特征。如此便能满足条件（2）。如果我想询问张三的年龄，我在上海，张三在北京，但我可以通过电话联系他。这样张三对于我是可通达的。这样便能达成条件（3）。根据条件（4），好的信息提供者与问询者之间的交流渠道是敞开的。有些人出于特定职业伦理（牧师、国安人员）或道德理由（不愿出卖亲友），无法成为信息提供者。

与概念分析不同，上述条件并不构成拥有“原型知识”的充分必要条件，而是拥有“原型知识”的典型特征。这种问询者视角给出的“知识”概念与概念分析给出的定义并不必然矛盾。“克雷格-翰农方案”关注的是对于“知识”而言重要、典型的条件，而非必要的条件。但是功能先行本身并不在逻辑上与给出充分必要条件互相排斥。逻辑上，我们可以针对这个概念的功能给出一个符合此功能的充分必要条件。虽然“克雷格-翰农方案”始于对概念分析的批判，但它并不需要彻底拒斥概念分析，我们甚至可以结合两种方法。概念分析作为第一步的理论考察，当这一步完成后，我们还要继续追问这个定义在多大程度能够解释我们的实践需求，这时就是功能

1 Edward Craig, *Knowledge and the State of Nature: An Essay in Conceptual Synthesis*, Oxford: Clarendon Press, 1990, p.85.

先行进路登场的时候。又或者，当我们有多个“知识”定义备选时，我们可以通过判断哪个定义更符合“知识”的功能假说来评价它们的优劣。

第四节　重建知识论的方案

上文中，我们呈现了两种对标准知识论模式的批判性考察。巴兹的方案是一种彻底的知识论批判，总的来说，他试图取消对“知识”理论化的态度。“克雷格-翰农方案”一方面对“检视者”视角的知识论提出了批判，另一方面，这个方案并不预设取消对“知识”理论化的尝试，而是试图扭转理论化的视角，呼吁我们从检视者视角转化到问询者视角。针对巴兹的批判，我在前文已经表明了立场，我并不采纳一种对“知识”的反理论态度。但我仍旧认为，结合巴兹的观点和“克雷格-翰农方案”可以得到一个知识论的改良方案。

法西奥和麦克纳提出了一种改良的知识论。[1] 在建构改良方案前，他们指出，我们使用的大部分“知识”的描述性规则都是彼此矛盾的。他们首先考察如下两条关于知识的描述性原则：

证据对称原则：如果张三和李四对于命题 p 的证据是相同的，那么张三能够知道 p 的情况下，李四也能够知道 p。

知识—行动原则：当且仅当张三知道 p，他才会将 p 作为指导行

1　Cf. David Fassio and Robin McKenna, “Revisionary Epistemology,” *Inquiry*, Vol.58, No.7-8, 2015, pp.755-779.

动的原则。

然而上述这两个原则互相抵牾。假设张三不知道要从哪个站台坐火车去北京，于是他询问了一个路人，对方告诉他在 2 号站台。根据“知识—行动原则”，如果赶上火车对张三而言并非那么紧迫，那么此时他相信路人是合理的，但换一种情况，假设是否赶上火车对张三而言事关重大，那么仅相信路人的片面之词就显得不那么理性了。但两种情况下，张三的证据是等同的。根据“证据对称原则”，我们在两种情况下都认为张三知道站台信息，而根据“知识—行动原则”，张三在普通情况下知道，在急迫情况下不知道。

我们再来看另一组原则：

证词原则：如果张三知道 p，且将 p 告诉李四，那么李四也知道 p。

社会语境原则：张三是否知道 p 受到社会语境影响。

“证词原则”和“知识—行动原则”也互不融贯。根据“证词原则”，只要李四获得来自张三的证词 p，并且张三知道 p，那么无论在什么语境下，我们可以都认为李四也知道 p。但根据“知识—行动原则”则需要考虑认知者的语境。同样的，“社会语境原则”需要考虑具体语境中的风险。假设张三向火车站工作人员打探了前往北京的火车的站台信息。此时李四前来询问张三相同信息，根据“社会语境原则”，在普通情况下，张三可以认为自己知道站台信息，但如果他了解到李四赶火车事关重大，那么不太能说他确定知道。社会原则和证据原则以及证词原则都不融贯。根据证据原则，张三所获得的证据相同，那么无论什么情况下他都知道站台信息。根据证词原则，张三从工作人员那里获得信息，只要工作人员知道，张三就是知道的。最后再来看一组原则：

概率原则：即便 p 为真的概率很小，但无论这个概率多小，我们都不能说我们知道 p 为假。（无论张三的彩票中奖概率多低，在开奖前，他都不知道它不会中。）

弱知识原则：我们在很多缺乏决定性证据的时刻也可以声称自己知道。（张三看到报刊报道上海男篮队赢了北京队，虽然报纸也可能出错，但我们一般会说张三知道上海队赢了比赛。）

证据强度原则：p 和 q 为真。如果张三对信念 p 的辩护程度是 E，李四对信念 q 的辩护程度是 E*，E 远远高于 E*。如果张三不知道 p，那么李四也不知道 q。（张三关于自己有双手的证据远远强于李四关于银行周六营业的证据，那么如果李四知道银行周六营业，张三就必然知道自己有双手。）

闭合原则：如果张三知道 p，他也知道 p 蕴含 q，并能够通过 p 推论出 q，那么张三知道 q。（如果数学家知道公理 p，并能从 p 推导出 q，那么数学家也知道 q。）

概率原则、弱知识原则、证据强度原则之间不融贯。张三关于他彩票没法中奖的证据强度要强于上海队赢北京队的证据强度。那么根据证据强度原则，张三不知道他是否中奖，他也不知道上海队赢了北京队。根据弱知识原则，张三知道上海队赢了。根据概率原则，张三不知道他中彩票了。

概率原则、弱知识原则、闭合原则之间不融贯。张三的朋友李四邀请他去欧洲旅游。张三告诉李四他知道自己经济能力无法支持这次旅行，因为他今年的支出超标了。但张三还有一张未开奖的彩票。根据概率原则，他不知道他的彩票没中奖，根据闭合原则，张三不知道他无法支付去欧洲的旅费。但是根据弱知识原则，张三知道他支付不起去欧洲的旅费，根据闭合原则，张三知道他彩票中不了奖。

法西奥和麦肯纳刻画出了上述这些日常生活中我们或多或少都会遵从的“知识”的使用原则，并指出它们之间是彼此不融贯的。根据标准知识论模型，我们应该找出一个能够覆盖所有使用方式的定义，或者拒斥其中某些使用方式。但是，法西奥和麦克纳则不再坚持标准知识论模式，而是提出了他们的知识论改良主义。他们的改良知识论有两个准则。一个是功能准则：最好的“知识”改良方案能够最好地服务于“知识”的功能。他们主张“知识”有三个主要功能：标识出可靠的信息提供者，提示探寻终结之处，作为行动和真诚断言的基础。第二个准则是“无罪准则”：如果一个描述知识的原则和其他原则无矛盾，并且能够符合功能假说，那么我们应该将其纳入我们的改良方案。立足这个框架，他们提出敏感恒定主义（sensitive invariantism）是最合适的知识定义——其中的原则互相融贯，且能够符合关于“知识”的功能假说。

我大致上认可他们的方法，但仍旧想提出一点不同想法。法西奥和麦肯纳指出了我们平时常用的那些“知识”指导原则往往是彼此冲突的。这恰恰又一次表明标准知识论模式的问题。“知道”不是一个特设的哲学概念，而是一个日常概念。对于这类人类实践中的概念，我们如果试图用一个普遍定义覆盖所有日常用法，就往往无法躲避逻辑上的反例，这与巴兹的观察是符合的。但巴兹顺势主张取消知识论，这是过于极端的。显然，法西奥和麦肯纳的改良方案更接近“克雷格-翰农”方案。“克雷格-翰农”方案可以视为一种“折中”方案。一方面，这个方案不要求像标准知识论模式那样找到一个颠扑不破的概念真理，要求一个放之四海而皆准的概念真理是过于苛刻的。另一方面，这个方案又不像日常语言学派学者巴兹那样直接取消理论，滑向理论虚无主义。我也主张一种超克传统的概念分析和案例方法范式的知识论，但又无须直接走向理论虚无论，因此，“克雷格-翰农”方案是更可取的方案。但如此的话，我们又在什么意义上可以汲取巴兹的日常语言洞见呢？

如果我们无法找到一个覆盖所有关于“知道”日常用法的普遍定义，这实际上意味着“知道”的日常用法过于纷繁，我们也确实没有必要使用一个统一的标准，强行统一所有语境中的“知道”的意义。那么之前对“语词”和“概念”的区分便又能派上用场。我承认日常语言学派的洞见在于，日常各种情形中对“知道”的用法是千差万别的，甚至有些用法是极为非常规的。但我仍想强调，语词使用的纷繁和我们的观念的大体一致并不矛盾。就如同“好父亲”的用法可以根据具体语境来确定，在一些语境中，“好父亲”甚至可以意味不合格的父亲，但不妨碍社会整体对一个尽责的父亲这一观念有大体统一的理解。本书主张日常用法和大众观念的区分即语词和概念的区分。虽然我之前提到过，我们可以在元哲学层面同时尊重保守概念工程和激进概念工程。但是，对于已经在日常实践中扎根的概念，我会更倾向于保守概念工程，我们还是应该去关注它们在实践中的用法。

我的方案会与法西奥和麦肯纳方案略有不同。首先，我认为我们有诸多功能选项，甚至不止于法西奥和麦肯纳所提供的这三种。比如，迈克尔·翰农就考察了如下几种：明确可靠的信息提供者，作为合理探究结束的信号，追踪指导我们断言和实践推论的规范，区分需要惩戒的行为和清白行为，作为一种消除疑虑的方式。那么确定“知识”的功能就需要下一番哲学功夫。比如，翰农就论证“知识”只有一个主要功能，即标识好的信息提供者。这里就会涉及一个争论，即“知识”的功能究竟是多元的还是单一的。

我并不主张一种“知识”功能的恒定论。无论是概念功能的一元论和多元论都可以走向功能恒定论。比如，我可以认为“知识”的功能是单一的，并且是亘古不变的，这就是标准的“克雷格-翰农”方案。而法西奥和麦克纳的方案可以视为一种改良的“克雷格-翰农”方案——允许多种“知识”的功能并存。“克雷格-翰农”方案是一种先天扶椅方法，通过思辨推论出人类为何会需要“知识”这个语词。但是人类语言是会演化的。“克雷格-翰农”方案推演出的功能未必就是我们当下的功能——古早人类的需求和当下人类的需求是具有差异的。更有可能的情形是，我们当下关于“知识”的功能除了满足“克雷格-翰农”的功能外，还演化出了其他新的功能。那么，我们的“知识”概念在当下扮演了什么功能？这可能就需要哲学家提出思辨假说，然后通过我之前提出的反思均衡方法来确认。另外，当我们获得了当下的功能后，极有可能会发现当下的“知识”功能是有缺陷的，比如会产生认知不公，那么，我们就有可能提出取消这个错误功能，或者提出其他更有益的功能。凯瑟琳·艾尔金（Catherine Z. Elgin）指出，根据“克雷格–翰农”方案，一个好的信息提供者必须拥有可辨识的公共标记（public mark）。艾尔金认为这种功能进路的“知识”概念会排除一些可能的认知者（cognizer），从而造成认知不正义（epistemic injustice）。[1]

立足上述考虑，我的方案与法西奥和麦肯纳的方案就会产生差异。法西奥和麦肯纳持有一种恒定的功能多元论，而我则持有一种动态的功能多元论。与法西奥和麦肯纳的方案不同，我建议在第一步确定概念功能时就应该是一个哲学思辨以及思辨内容与经验观察反思均衡的过程。我们可以提出各种“知识”的功能假说，然后借助实验哲学或其他方式来进行反思均衡。比如，如果当下的“知识”功能出现了问题，那么我们可以提出修正方案。

在确定功能之后，我们可以进一步根据功能来锁定一个关于“知识”的理论。但我的方案并不像法西奥和麦肯纳那样预设有几种指导“知识”用法的描述性原则，然后去考察它们之间是否融贯，再根据功能假说选择那些能够彼此融贯的原则作为理论基础。因为，“语词”和“概念”在我的理论是不同的。日常用法之所以不融，是由于我们要在具体的语境中理解“知识/知道”的意义。一旦把它们从语境中抽绎出来，变为普遍原则，那么矛盾在所难免。因此，我的方案并不试图去找到那些彼此融贯的普遍原则，而只需要哲学家立足之前的功能假说提出新的知识理论。在提出理论后，再借助各种手段与我们的日常观念进行反思均衡。

1　Cf. Catherin Z. Elgin, “The Mark of a Good Informant,” *Acta Analytica*, Vol.35, No.3, Sept.2020.

比如，哲学家张三的顾虑是“知识”当下的功能 p 中产生了认知不公的问题。于是他提出了修正功能方案 q，并进一步将 q 与大众日常观念进行反思均衡，最终提出了关于知识的功能方案 q*。立足于功能 q*，张三可以进一步提出理论 x，理论 x 应当满足功能 q*，从而能够修正功能 p。张三仍旧需要将理论 x 与我们的大众观念进行反思均衡，最终获得一个理论 x*。

我的方案仍旧会遇到一种挑战：“知识”的价值和功能就是固有的，无须理会大众看法。托马斯·格伦德曼提出了类似的挑战。他的主要论证在于指出我们的日常认知语汇不一定能够捕捉到重要的认知价值。我们对认知语汇的日常使用会受到实践因素的影响，而这些实践因素不具备认知相关性。我们的日常的认知语汇由于为了服务具体实践语境，会产生不融贯的信条。我们的日常认知语汇的起源是出于一种实践功能——比如为了标识出好的信息提供者。但问题是，如果仅此而已的话，这个语词的认知价值可以是很低的。我们仍旧可以要求认知概念有着更高的认知价值。格伦德曼提出最重要的认知价值是求真避假——尽可能地获得真相，并尽可能地避免错误。立足于这个具有内在价值的终极认知目标，我们可以衍生出其他的工具性认知价值。立足于这个认知目标，我们还能够评价各种信念形成方法（运用计算器、记速表、算法公式、记忆、专家证词等），即考察哪些方法能够最好地求真避假。

我认为我的方案可以容纳格伦德曼的部分想法。“求真避假”可以作为“知识”的诸多功能和价值选项之一，但我和格伦德曼的区分在于他把这个功能和价值作为唯一的价值标准。对此，我作一个简短回应。无论是哲学家的知识论或讨论任何认知相关概念，其目标不仅仅是去回应人类认知的终极目标，还应该去理解人类当下的认知实践，或去改良我们当下的认知实践。格伦德曼的方案更像是一种“真空”方案，他试图回应的是，在理想的语境中，什么样的认知活动最能够有效地达成求真避假的目标。但这对于我们理解“知识”或其他认知概念在人类具体生活实践中的运作并无助益。

第七章

概念与世界的匹配

第一节　堪培拉方案的“定位问题”

堪培拉方案（Canberra Plan）是一种哲学方法论，它的核心倡导者是一群澳大利亚哲学家，主要代表包括大卫·刘易斯、弗兰克·杰克逊等。与其他自然主义不同，他们不认为哲学家坐在扶手椅上从事的概念分析是与自然主义信条格格不入的，相反，他们主张概念分析和自然主义是融合的。堪培拉学派2008年论文集《概念分析与哲学自然主义》[1]的书名已经透露了他们的基本哲学主张：调和概念分析与自然主义间的张力。通常来说，自然主义只认可自然属性的实在（本体论的自然主义），并强调科学方法是认识世界的最佳途径（方法论的自然主义）。他们不承认存在为所有学科奠基的第一哲学，极端的自然主义者拒斥任何扶手椅哲学（armchair philosophy）。除了把哲学从学科女王的宝座上赶下来，自然主义者甚至要把哲学家从扶椅上撵走。堪培拉学派的学者虽然大多认可本体论的自然主义，但却坚持捍卫概念分析的有效性，并试图融合概念分析与自然主义——即堪培拉方案。

堪培拉方案拥护者会将刘易斯追认为这个方法论的先驱。刘易斯在其1970年的论文《如何定义理论词项》[2]中继承了弗兰克·拉姆齐（Frank Ramsey）的事业，他认为在一个理论中应当区分两种词项：T-terms（或为insider terms）与O-terms（或为outsider terms）。T-terms指的是理论中直接涉及的概念（如电子、质子、中

1　David Braddon-Mitchell & Robert Nola(eds.), *Conceptual Analysis and Philosophical Naturalism*, 2008, Cambridge: MIT Press.

2　David Lewis, “How to Define Theoretical Terms,” *Journal of Philosophy*, Vol.67, No.13, Jul.1970.

子），而 O-terms 指我们日常使用的语汇（非科学概念）。在一个科学理论（定义）中，所有的 O-terms 都可以保留，而 T-terms 则可以由变量（variables）来替换，这种变量可以借助存在量词（existential quantifier）的形式来表达。在此，借用布兰登-米歇尔与诺拉（David Braddon-Mitchell & Robert Nola）的类比可以更好地理解这种表述方式：假设某侦探要探查 2005 年 7 月 7 日发生在伦敦不同地段的三起爆炸案。侦探通过证人口供、摄像头记录、手机摄像等方式获得的线索，可以用理论外的日常语汇 O-term 来描述。侦探用 X 来指代其中的一名罪犯，Y、Z 分别指代另两名罪犯。X、Y、Z 在侦探对整个事件的还原中起角色扮演的作用（role players）。我们对 X、Y、Z 究竟是何许人一无所知，他们在侦探对整个事件还原的描述中起着 T-terms 的作用，而侦探完全可以用 O-terms 加上 T-terms 的方式来描述整个事件。[1]

刘易斯定义理论词项的方法被堪培拉学派进一步发展为**概念分析**，这也就是堪培拉方案中的第一步。他们提出，哲学家需要搜集各种关于某个话题——如“因果”“颜色”“信念”“自由”等的日常话语（folk platitudes）的日常话语。日常会话对于堪培拉方案极为重要，这些话语隐含了大多数人共享的直觉，我们要搞清楚日常概念，然后才能形成一个大众理论（folk theory）。我们可以得到一组关于 X 日常表述的合取。日常话语就是一些描述性语句，这些语句的集合定义了概念。如果我们要分析“自由行动”，我们就需要分析包含“自由行动”“道德责任”“因果解释”“惩罚”“奖励”等概念的日常话

1 Cf. David Braddon-Mitchell & Robert Nola, “Introducing the Canberra Plan,” in David Braddon-Mitchell & Robert Nola(eds.), *Conceptual Analysis and Philosophical Naturalism*, 2008, Cambridge: MIT Press.

语；我们要分析“颜色”，就可以搜集大众关于“颜色”的话语，这一系列的话语构成“颜色”概念对于大多数人而言所扮演的角色。比如以“颜色”为例，我们可以得到一组关于颜色的日常论述：“草是绿的，正常情况下，绿色（物体）因果导致（cause）我们对绿的经验 & 雪是白的，正常情况下，白色（物体）因果导致我们对白的经验 &……”，我们可以将这一系列表述以拉姆齐语句的形式改写。最重要的是，立足这些日常话语，我们要形成关于这个概念的“理论作用”（theoretical role）假说：比如，颜色是事物的表面属性，它是合适的视觉光照因果导致的某种体验。一句话：概念分析的作用在于将概念发挥的作用（比如因果作用）明述出来。

什么是日常语汇呢？我们可以要求日常话语是一种概念真理，这是一种苛刻的要求。我们也可以采纳一种比较宽松的界定方式，甚至不要求日常话语是构成 X 的必要条件。日常话语仅仅就是共同体所持有的一些共识，或者仅仅是共享的一些信念。[1]

概念分析只是堪培拉方案的第一步。正如前文所提，他们的核心目标是贯通概念分析与自然主义，这也是堪培拉方案后续的用力之处。第二步，我们要在自然世界中找到概念分析所描绘的这个对象。堪培拉方案声称他们在做一种**严肃形而上学**（serious metaphysics），他们试图将一套话语还原为一套更基本的话语——物理话语体系。当有些看似神秘的东西出现后，祛除神秘的方式就是在自然世界中定位它们。换言之，我们要用科学语汇来定位第一步中产生的大众理论。把宏观语汇（意识、自由、爱情）还原为微

1 Daniel Nolan, “Platitudes and Metaphysics,” in David Braddon-Mitchell & Robert Nola(eds.), *Conceptual Analysis and Philosophical Naturalism*, 2008, Cambridge: MIT Press.

观语汇（物理语汇）。哲学家未必需要亲力亲为地执行这个步骤，他们可以通过询问科学家，来确定这种还原是否成立。仍旧以“颜色”为例，我们要寻找相关的物理学话语：比如关于颜色的反射属性会涉及量子色动力学，而我们关于颜色的经验会涉及视觉皮层神经理论。如果我们的日常概念无法在自然世界中得到定位，它就应该被剔除。基于上述两步，在第三步中，我们将概念分析的结果和所找到的自然界中发挥该作用的东西同一（identify）起来。[1]

综上，在堪培拉方案的第一步中，我们得到关于日常概念或话题 X 的大众话语，并提出一个关于它所蕴涵的理论的作用的假说。堪培拉学派的哲学家大多持物理主义（physicalists）观点。他们的一个动机是试图在物理世界中为那些没有明显物理实现者（realizer）的概念定位，这些概念包括“心智”“通货膨胀”“美”“正义”等。鉴于此，第二步则要考察它们是否能在科学理论中被定位。杰克逊是堪培拉学派的领军人物，他和刘易斯不同的地方在于，刘易斯认为概念扮演的功能是因果作用；而杰克逊允许更宽泛的功能。此外，即便我们寻觅到了一个关于某概念的功能假说，并不意味着我们当下一定能找到实现这种描述的科学理论。有可能同时存在多种可供选择的科学解释，我们需要从中选择最为贴切的应对者（the best deserver）。[2] 即便是当下的最佳解释，也不排除日后被替代的可能性，例如燃素说曾经是风行一时的科学理论，而如今看来却是荒

---

1 Rogelio Miranda, “Carnapian Explication and the Canberra Plan’s Conceptual Analysis: a Comparison and Critique,” *History of Philosophy & Logical Analysis*, Vol.22, No.1, Apr.2019.

2 Cf. Daniel Nolan. “Platitudes and Metaphysics,” in David Braddon-Mitchell & Robert Nola(eds.), *Conceptual Analysis and Philosophical Naturalism*, 2008, Cambridge: MIT Press.

谬的。

根据上述考察,“定位问题”是堪培拉方案中的一个核心要素。杰克逊认为物理世界和我们众多日常概念或属性有一种蕴含关系(entailment)。我们可以用格状分子间力导致的分子聚合来描述桌子、椅子、笔,而这套科学描述中不包括“坚固”(solid)概念。根据科学描述,格状的分子互相排斥,分子间力组织格状分子互相侵入,这能解释脚趾抵住鞋子、杯子能够装载咖啡,等等。在这个意义上,我们可以在关于“分子”的描述中找到“坚固”的一席之地,换言之,这个科学描述蕴含了“坚固”。我们要承认,并不是所有的属性都可以用更为基本的话语(物理话语)来解释。那么堪培拉方案的严肃形而上学的任务就是:决定哪些我们平素使用的概念或特征(桌子、硬度、强度、爱情、道德、意义)是可以在自然科学中被定位的,哪些是应该被取消的。

第二节　定位问题与概念变化

堪培拉方案是一种元哲学主张,它试图给出一个做哲学的图景——哲学家给出概念分析,并在自然世界中为之定位。近年来,概念工程是一个热门的元哲学议题。概念工程基本主张哲学的任务在于不断改良我们的概念。那么我们会面临一个问题:堪培拉方案与概念工程是否可以融贯?堪培拉方案强调的是概念分析对于严肃形而上学的重要性,而概念工程则呼吁哲学家(或其他概念工程师)应该积极介入对人类现有概念的规划,这种规划或谋划方式包括:取缔、修正、改良、创新等。初看之下,这两者是对冲的,一个试图给出描述的概念分析;另一个则试图给出规范的概念规划。但也有当代学者主张两者是贯通的。[1] 在这一节中，我们首先考察一种对贯通两者的挑战。

这个挑战来自拉米·马吉德（Raamy Majeed）。堪培拉方案分为两步。第一步是对语词 x 进行功能分析，并找到 x 发挥的功能；第二步是寻找你能够解释 x 的功能的科学理论。马吉德认为，概念分析的一个重要作用是找到指称锁定装置（reference-fixing devices）。他进一步指出："根据堪培拉方案，只有当对象能够发挥相关功能时，一个概念—语词才能有所指涉。而当没有东西能够发挥这个相关功能时，我们的语词将无法完成指称工作。当我们无法完成定位时，取消主义似乎就会成为更合适的选项。"[2]

马吉德的核心关切在于堪培拉方案（主要是杰克逊的方案）与概念变化（conceptual change）之间的矛盾。因此，堪培拉方案会面临如何解释概念转变的难题。根据堪培拉方案，一个概念有其指称对象，当且仅当这一概念所属的理论为真。照此推论，如果我们放弃一个理论，就是相当于放弃了该理论对应的这个概念。而如果我们改变了理论，实际上是改变了概念。但这不符合我们实际的概念使用实践。我们常常会在更改理论的同时保留语词，而且我们也并不认为这里产生了概念变化。

马吉德具体是这样分析的：我们的研究对象是理论语词"t"，且我们拥有一个包含语词"t"的理论 T。根据理论 T，"t"发挥的功能指涉了某些具体指称物。那么放弃了理论 T 就等于放弃那些"t"

---

1 Cf, Rogelio Miranda, "Carnapian Explication and the Canberra Plan's Conceptual Analysis: a Comparison and Critique," *History of Philosophy & Logical Analysis*, Vol.22, No.1, Apr.2019.

2 Raamy Majeed, "Why the Canberra Plan Won't Help You Do Serious Metaphysics," *Synthese*, Vol.195, No.11, Nov.2018, p.4869.

被认为锁定的指称对象。在这个意义上，我们唯一的选择就是取消“t”。现在我们假设用 T* 取代原先的理论 T，但同时保留了语词“t”。如此的话，“t”的指称将会由 T* 决定（即 T* 所界定“t”的功能假说）。随之而来的结果是：在 T 转化为 T* 的过程中，我们改变了“t”的指称。换言之，“t”不再指称原先的对象，而是指称了新的对象。“t”原先的指称对象和新的指称对象是不同的两个集合的实体（distinct set of entities），因此发挥了不同的作用。立足这个描绘，马吉德进一步提出：“鉴于‘t’是一个概念语词，那么从 T 转变为 T*，但同时又保留‘t’，这会导致概念变化。”[1] 而这和我们一般的直觉不符合：我们经常丢弃、更新、修正理论，但会保留理论概念本身。我们也不会认为概念本身在这个过程中被更改了。以“原子”为例，约翰·道尔顿（John Dalton）的原子理论认为原子不可分割、不可破坏。诸多后来者都反对他的原子理论。用堪培拉方案的术语来说，道尔顿搞错了原子的理论功能。基于堪培拉方案，我们应该放弃原子理论，并取消原子概念，但这完全不符合科学史实践。威廉·汤普森（William Thompson）、瑟福德（Ernest Rutherford）、尼尔斯·玻尔（Niels Bohr）都提出了与道尔顿迥异的原子理论，更确切来说，他们所持的原子功能理论和道尔顿的主张是不同的。这些科学家并不会认为他们在讨论不同集合的实体。他们都认为自己在讨论原子。但根据堪培拉方案，这些科学家都改变了概念，因为概念的所指发生了变化。

对此，马吉德讨论了一种可能的回应。一个概念是可以被定位

---

1 Raamy Majeed, “Why the Canberra Plan Won't Help You Do Serious Metaphysics,” *Synthese*, Vol.195, No.11, Nov.2018, p.4869.

还是应该被取消，我们的判断依据应该是这个概念功能假说的准确程度。我们之所以要取消“燃素”，是因为它大部分的功能假说都错了；而我们之所以不取消“原子”，是因为其中的部分功能假说是准确的。但我们发现，道尔顿的原子理论搞错了几个非常关键的原子功能，因而被认为是错的。比如他认为原子不可分，但后来者提出原子由原子核与核外电子构成，原子核由质子和中子构成。玻尔顿认为元素中的原子是独立的，但后来者证明元素中的原子可以存在于分子中。汤普森给出了更为具体的原子结构，他认为原子是一个球体，由数千个正负电子构成。玻尔则认为原子结构类似于行星模型，电子不在原子中心，而是位于离散能量轨道上。乔治·茨威格（George Zweig）则发现亚原子粒子夸克。鉴于上述种种科学史上的事实，马吉德认为，这些科学家赋予了原子不同的理论角色，或者它们赋予原子的理论角色不具备足够的重合。

马吉德的论证为何会阻碍将堪培拉方案视为一种概念工程呢？对于概念工程而言，我们可以不断地改良概念 x，不断给出新的改良版本。但对于堪培拉方案来说，如果概念 x 的理论角色发生了很大的变动，我们要么取消概念 x，提出新的概念 y；要么就承认我们实际已经不是在讨论概念 x，而是在讨论概念 y。这就不构成对于同一概念的改良，而是彻底转换了话题。

马吉德的挑战预设了一个界定概念身份（conceptual identity）或概念个例化（conceptual individuation）的标准：概念的身份由它的指称对象和理论角色决定。一个概念的理论角色（即概念分析的结果）决定了它的所指对象（指称）。理论角色和所指构成了概念身份充分必要条件（理论角色决定了指称），它们又分别构成了概念身份的必要条件。我试图指出，这个预设是不合理的。

杰克逊并没有完全回避这个问题，至少他在其理论框架内论述了概念身份与指称的关系："……我们不需要接受如下主张，即拥有相同外延是概念身份标准的必要条件。在一种广为接受的对于'概念'的使用中，**等边三角形**和**等角三角形**是两个不同的概念，尽管其中一个概念的所有可能覆盖的外延也是另一个概念所有可能覆盖的外延。"[1] 如据杰克逊所述，不同的概念可以拥有相同的外延，即外延并不决定概念的同一性。那么反之，在讨论同一个概念时，不同的理论也可以承诺不同的外延。但这也许无法满足马吉德，毕竟概念的外延由概念的理论角色决定，他的问题核心在于：多大程度的理论角色差异会导致语词之争（即实际是在讨论不同的概念）。

首先，我们要区分**概念内容**和**概念身份**。当不同的人在讨论相同的概念 x 时，假设他们都是堪培拉学派的支持者，且都试图给出一个关于概念 x 的概念分析，即关于这个概念的功能假说，也即概念的内容。我们应该许可这些概念内容有差异。因此，我们不能因为不同理论家给出了关于 x 不同的概念分析，就否认他们都在讨论概念 x，堪培拉学派势必也不会支持这样的做法。那么剩下的问题是，多大程度的内容交集才能够确定概念身份。马吉德认为不同"原子"理论的理论角色差异过大，不足以确保概念身份。

想要拯救堪培拉方案，我们可以借鉴布里甘特的工作从而来对堪培拉方案做出一些改进。他认为概念的内容有三个核心要素：（1）指称；（2）推论角色（inferential role）；（3）认知目标（epistemic goal）。[2]

1 Frank Jackson, *From Metaphysics to Ethics: A Defence of Conceptual Analysis*, Oxford: Oxford University Press, 1998, p.34.

2 Ingo Brigandt, "The Epistemic Goal of a Concept: Accounting for the Rationality of Semantic Change and Variation," *Synthese*, Vol.177, No.1, Nov.2010.

何为推论角色？布里甘特认为推论角色就是科学家关于这个概念指称到底是什么的信念，即概念的意义。概念的推论角色类似于推论作用语义学的界定：概念的内容由他的推论和推理作用来决定。他提到："一个概念被用来支持科学推论、说明和发现；而推论作用构成了概念的内容（反映了经验知识），它能说明概念如何能够支持科学理论和实践。"[1] 布里甘特的原创工作在于提出概念拥有"认知目标"。我们可以看一下具体的认知目标：进化生物学的"异体同形"（homology）是为了解释进化系统树（phylogenetic tree）；"自然选择"（natural selection）是为了解释进化适应（evolutionary adaptation），上述这些都是认知目标。他如此定义认知目标：

> 科学共同体经常通过使用一些概念和理论资源来达到某些特定的解释和研究目标，在一些案例中，这些认知目标（或一组认知目标）可以和**个体**科学概念捆绑在一起。如此，我们引入和继续使用一个核心理论概念就是为了追求这个认知目标。[2]

布里甘特的方案提示我们，对于概念而言最重要的不仅仅是指称和推论角色（这正好对应马吉德的概念个例化标准），还需要考虑概念的认知目标（这是马吉德所忽略的）。假设理论家张三和李四分别就概念"t"给出了理论 T 和 T*，而两种理论分别又锁定了不同的指称对象集合。这时，如果张三和李四的"t"拥有相同的认知目标，那么我们会认为他们还是在讨论同一个概念，只是给出了不同

1 Ingo Brigandt, "The Epistemic Goal of a Concept: Accounting for the Rationality of Semantic Change and Variation," *Synthese*, Vol.177, No.1, Nov.2010, p.22.

2 Ibid., p.23.

的理论方案而已。如果采纳这个对概念同一性的宽松界定，就可以免于受到马吉德的挑战。[1] 马吉德可能还会追问，即便采纳这个方案，在发生重大错误的情况下，如何决定哪些概念应该被取消（如“燃素”），哪些应该被保留？对此，我的回应是，什么概念被取消和被保留并不是一种事后的理性评判。我们从现在的视角出发，以现在的标准去评价，可以给出一个理性的答案。但在科学史的发展过程中，概念的取消会被大量的社会文化政治因素所影响。[2]

第三节　堪培拉方案是一种有限的概念工程

上一小节讨论了堪培拉方案与概念变化的张力，即堪培拉方案无法解释我们科学实践中概念变化的现象，也因此无法将堪培拉方案视为一种概念工程，我给出了应对方案。罗杰利奥·维尔奇斯（Rogelio Miranda Vilchis）则直接提出概念工程和堪培拉方案是一致的方法论。维尔奇斯讨论的是卡尔纳普的“精释”与“堪培拉方案”的关系。目前学界公认“精释”是概念工程的一种形式。因此，我们可以从“精释”和“堪培拉方案”的融贯得出“概念工程”和“堪培拉方案”的融贯。

卡尔纳普的“精释”在哲学和科学领域得到了广泛运用，他认为我们可以改造日常概念，如“真”“解释”“硬”“工作”“贫

1　布里甘特自身并不认为这三个条件构成概念个例化的条件。他认为能否给出一个概念个例化条件并不重要，重要的是去理解为何对同一个语词会产生不同的语义属性。如果科学家就某个概念的推论作用产生了分歧，那么我们要去讨论在多大程度，这不会阻碍他们的讨论，在哪些情况下，这又会形成障碍。

2　Cf. Hasok Chang, “We Have Never Been Whiggish(About Phlogiston),” *Centaurus*, Vol.51, No.4, Nov.2009.

困”“种族”等。“精释”总体来说包括两个步骤：澄清“待精释项”（explicandum）和规定“精释项”（explicatum）。如上文所述，堪培拉方案也分为两步：第一步通过对案例直觉的搜集来刻画概念；第二步决定这些刻画是否指涉了科学所能描绘的实体。堪培拉方案有三重概念工作：第一，用日常话语描述概念；第二，将日常话语还原为科学话语（借助科学家的工作）；第三，揭示事物的多种形式如何蕴含于事物的更基本形式。

维尔奇斯认为堪培拉方案与概念工程一样，都是改良方案，都致力于改良我们的前—科学概念。堪培拉方案需要寻找最好的科学理论来调整或改进我们的日常概念。但是概念工程的作用范围更广，不限于科学。堪培拉方案的概念分析不仅是为了分析日常概念，更需要在科学中为之定位，这与“精释”的精神同符合契。两者都在第一步尝试澄清日常概念。维尔奇斯认为两者更大的契合在于都支持哲学是一种改良事业——一种概念工程。卡尔纳普试图给出更有成效、更精确、更简洁的概念。堪培拉方案则试图在科学中定位日常语汇。他们的目标是让日常概念更科学，形而上学更严肃。两者的不同在于，卡尔纳普允许“精释项”也是日常概念——比“待精释项”更富有成效的日常概念；而堪培拉方案则坚持日常语汇要在科学语汇中被定位。比如日常描述会给出“意向状态”的很多话语，那么我们要看这些话语是否能够通过认知科学得到证明。

我试图继续推进维尔奇斯的思路：堪培拉方案是一种**有限**的概念工程。这种概念工程的有限性体现在它的局限的模式：当讨论概念 x 时，我们预设存在一个关于 x 的客观真理，即一个在科学图景中得到解答的方案（科学真理），而哲学家的概念分析实际就是在尝试捕捉这个真理。堪培拉方案预设存在了一种在科学图景中定位 x

的方式。假设最终的定位方式是D。不同的理论家给出了关于X的概念分析：A，B，C等，这些概念分析不断地在接近D，在这个意义上，我们在不断地接近真理，我们的概念在不断地被推进。值得一提的是，杰克逊的框架并不局限于一般意义的自然品类词，他认为这个框架也适用于道德概念。道德概念的根本属性可以在自然世界中得到定位。我们不断接近这个根本属性的过程，就是对道德概念进行的概念工程。鉴于此，堪培拉学派既是一种概念分析，也是一种概念工程。萨拉·索耶也提出过类似的看法，她认为：

> 概念工程和概念分析没有本质差别。概念分析不仅仅是对概念的分析，它一直在试图理解事物的本质（包括：知识、证据、因果、说明、正义、权利、情感、意识、真理），即便过去并不这么界定概念分析。类似的，概念工程也并不是如其字面所说，是对概念进行大刀阔斧的工程——它也是一种试图理解事物本质的尝试（包括：知识、证据、因果、说明、正义、权利、情感、意识、真理），即便这并不是广为接受的界定方式。此外，概念分析和概念工程类似之处在于它们都对于我们已拥有和应该拥有的概念感兴趣——我们既会去改良和取代，也会去分析。[1]

至此，如果上述论证成立，那么堪培拉方案确实可以视为一种广义的概念工程。但我的目标是想指出，它更是一种有限的概念

1 Sarah Sawyer, "Truth and Objectivity in Conceptual Engineering," *Inquiry*, Vol.63, No.9-10, 2020, p.1014.

工程。

严肃的形而上学预设概念要在自然世界中被定位。概念需要在科学图景中得到定位的另一个表述方式是：概念的主要功能是**表征实在**（一种认知功能）。如此的话，萨莉·哈斯兰格对“女性”的定义会产生问题。她的定义中，女性是处于屈从地位的。这个定义会排除掉现实中很多的女性，因此无法准确表征现实。[1]刀的本职功能是通过锋利的刀刃来完成切割任务，而刀的审美功能只是附带功能。一把刀钝了，它的功能就出了问题；而一把刀不美观了，我们却不会认为它的功能出现了问题。那么，准确表征实在是否一切概念的首要功能？如果概念的首要功能是表征性的，它就应该能挑选出所应准确表征的对象。在堪培拉方案中，一个完美的概念分析应该能够帮助这个概念准确表征世界，否则这个分析就是有待改进的。这个理论预设会影响堪培拉方案的适用性。有学者会认为社会类的概念——丈夫、妻子、婚姻、性别、种族的首要功能是塑造世界，而非表征世界，但这并不意味着这些概念不能表征世界。这些概念所指涉的社会角色部分地由我们关于它们的实践来创造和维系的。如果我们以不同的方式使用这些概念，经过很长一段时间，我们的社会角色也可能发生变化。[2]

社会表征就是一种整体图示（schemas），这个图示中编织进了各种信息，服务于我们的社会实践。这个图示从某个角度解释了世界。一旦世界被赋予了解释，我们会产生根据这个解释去行动的倾

1 CF. Mona Simion, “Epistemic Trouble for Engineering ‘Woman’,” *Logos and Episteme*, Vol.9, No.1, Jan.2018; Mona Simion, “The ‘Should’ in Conceptual Engineering,” *Inquiry*, Vol.61, No.8, 2018.

2 Cf. Robin McKenna, “No Epistemic Trouble for Engineering ‘Woman’: Response to Simion,” *Logos and Episteme*, Vol.9, No.3, Jul.2018, pp.335-342.

向，并依此产生与他人的互动。意识形态的图示或概念构成社会结构，并产生真信念——社会类概念切割社会实在的肌理。概念之准确在于他们部分服务于创造社会实在。[1]举例而言，假设“女性更擅长照顾小孩”是一个事实。这个事实之所以为真，并不是因为这是“女性”的本质，而是我们对概念的使用促成这样的事实。但另一方面，“女性”概念又准确表征了事实。

根据堪培拉方案，概念改造就是捕捉到最准确的概念的认知功能，这个功能是和实在完全符合的。如此的话，堪培拉方案无法覆盖到社会类词概念的概念工程。因为，根据堪培拉方案，一旦捕捉到能够切中自然关节的概念，那么概念工程（或概念分析）就到头了。换言之，一旦概念能够在科学语境中被定位，那么任务就完成了。

社会类概念并不是凭空塑造实在的，它也需要通过**因果链条**。而社会类概念的概念工程反而会与堪培拉方案的目标产生冲突，因为改良社会品类概念会让概念与实在产生暂时的不匹配，也就是让原本表征准确的概念暂时表征错位。保罗-米克黑尔·波多斯基（Paul-Mikhail C. Podosky）将这种短暂的错位称为“认知损耗”(epistemic loss)，这就是社会类概念和自然类概念的区别。对于“老虎”这类概念，我们的终极目标是能够在自然世界精确定位它们。即便将老虎定义为两栖动物能够带来更多的**实践收益**，我们也不应该这么做。如果把老虎的定义从“哺乳纲大型猫科动物”改为“大型两栖动物”，那么这个概念永远不会与实在相符合，也

1 Paul-Mikhail Catapang Podosky, “Ideology and Normativity: Constraints on Conceptual Engineering,” *Inquiry*, Dec.2018, https://doi.org/10.1080/0020174X.2018.1562374.

永远无法在自然科学中获得定位。但这不适用于“女性”“西班牙裔”“婚姻”这样的社会类概念，概念工程会推进我们对实在的改造，使实在最终能够与我们的概念相符合。换言之，对于前者，我们是发现实在，然后找到与之匹配的概念；针对后者，我们是去推动实在的改变，从而符合我们的概念，最终仍会达成一种概念与实在的匹配。但是对于社会概念工程而言，规范的标准不在客观事实，而在于我们的实践本身。曼纽尔·艾萨克甚至主张概念工程应该彻底放弃真理导向这个规范。[1]社会类概念有着因果改变世界的潜力。这里值得注意的是，我并不是认为概念和概念实践构成我们的社会类概念，而是它们加上它们的因果效应构成了我们的社会实在。[2]

凯文·夏普（Kevin Scharp）从另一个角度提出了堪培拉方案的局限性。[3]他的讨论对象是“真”，并认为将堪培拉方案作为哲学方法论是一个非常好的起点。根据堪培拉方案的预设，我们应该能够为“真”在自然世界找到一个唯一的对应属性，即为“真”定位。换言之，我们能够首先通过日常话语定位一个关于“真”的功能，随即为之定位。但在第一步搜集日常话语的时候，我们会发现大量不融贯的话语。比如，说话者悖论意味着不存在一个关于真的属性。立足于此，夏普建议我们转向一个更有前景的方法论来处理“真”，即概念工程。

至此，我论证了堪培拉方案是一种概念工程，但是一种有限的

---

1 Cf. Manuel G. Isaac, “Post-truth Conceptual Engineering,” *Inquiry*, Vol.67, No.1, 2024.

2 Cf. Ron Mallon, “Constructing Race: Racialization, Causal Effects, or Both?,” *Philosophical Studies*, Vol.175, No.5, Feb.2018.

3 Cf. Kevin Scharp, “Conceptual Engineering for Truth: Aletheic Properties and New Aletheic Concepts,” *Synthese*, Vol.198, No.Suppl 2, 2021.

概念工程，它对于社会类概念的解释力不足。

第四节　消解定位问题

如上文所述，杰克逊认为我们应该承认一种“蕴含”关系。我们可以给出一套关于语句的自然化的故事——重力、形状、因果链、行为倾向、语言使用者、进化历史等构成。这个明述的表述蕴含了句子为真、句子所指、句子有意义等。换言之，语义概念本身也可以被自然化定位。

普莱斯（Huw Price）认为，为语词在自然世界或科学语境中定位，我们似乎需要一把梯子帮助我们从语词走向非语词对象。但这个转向（从语词到对象）是一个**实质性**的过渡，那么问题在于帮助我们过渡的**梯子**是什么？这个梯子的作用是帮助我们从语言走到对象，它不仅仅是摆设，而是实质性的存在。在堪培拉方案中，这个梯子就是“语义概念”——它们的属性应该是实质的。鉴于此，堪培拉方案不能持有一种紧缩论的语义观，相反，他们需要提供一个语词使用的科学解释，这个解释立足一个实质的“语词—世界”关系。普莱斯认为堪培拉方案是一种典型的**客观自然主义**（objective naturalism）方案。

普莱斯指出客观自然主义面临着三重问题。首先，客观自然主义在逻辑上排斥了语义紧缩论，但是后者在当代是一个很有竞争力的方案。其次，我们很难找到科学层面针对语义概念的理论。换言之，我们能否给出一个关于指称的科学界说？斯蒂芬·斯蒂奇（Stephen Stich）指出，如果“信念”“欲望”等是无所指涉的，那么我们就应该取消它们。但这似乎要求我们首先有一套关于“指涉”

的科学理论，但我们拥有那么多关于“指称”的理论，却永远无法得到一个共识。那么我们好像只能先解决了指称是什么的问题，才能采纳取消主义。[1]

最为严重的挑战是，客观自然主义预设了语义的实质属性，那么在客观自然主义的框架内，这是否融贯的？普莱斯认为，杰克逊的目标是将所有属性（包括道德属性）都还原为物理属性。在杰克逊的框架中，我们给出一个语词的概念分析，然后找到它在科学中的所指（reference）。现在的问题是，语义概念本身的属性如何定位？实际上，杰克逊必须回应的一个循环解释的问题，即语义概念在他的形而上学框架内是否融贯的？我们知道，杰克逊的形而上学框架分为两步：首先确定一个理论概念，并给出一个概念分析；第二步就是在自然世界中定位这个理论概念，这就需要运用到语义概念——指称。但如果语义概念本身是理论概念的话，这就会形成一个循环。杰克逊试图提出一个形而上学框架。而这个形而上学框架也立足于“同一化标签”，根据堪培拉方案，哲学的任务是，在给出恰当的概念分析后，研究语词和思想的指称对象。问题是，当理论概念是语义概念本身时，我们会陷入一个循环。

事实上，堪培拉方案本身的解释力是极为有限的。上文中提到，一方面它无法对社会类概念有充分的解释力，因此只能是有限的概念工程；另一方面，当涉及语义概念本身时，它又会陷入循环解释的困境。堪培拉方案似乎预设所有的概念问题都最终可以被定位。我们的现实的形而上学实践情况如何？比如，当休谟主义的因果理

1 Cf. Peter Menzies &d Huw Price, “Is Semantics in the Plan?,” in David Braddon-Mitchell & Robert Nola(eds.), *Conceptual Analysis and Philosophical Naturalism*, Cambridge: MIT Press, 2009.

论和非休谟主义的因果理论产生争论时，这似乎并不是一个概念定位的问题。

立足上述种种考虑，我们也许应该采纳一种实践进路的概念工程，从而消解定位问题，或者提出一种能够容纳定位问题，却不会面临它所导致的困境的框架。

菲利普·佩蒂特（Philip Pettit）在这个方向上做出了尝试。他首先还是认同应该如堪培拉方案一样，先获得一个概念分析，然后再为这个概念分析选择指称对象。概念分析会提供承诺信念的集合（set of commitments）。承诺信念也许是对于选择指称而言必要的，那么他们共同构成了一个合取集合，从而规定了指称。又或者，其中部分的承诺信念决定了指称，那么这个部分信念的集合是一个子集，它和其他子集是析取（disjunction）的关系。根据当下的语境，目前的相关集合被用来决定指称。

他区分了两种概念和世界对应的关系：**限制关系**（constraint model）和**许可关系**（license model）。[1]限制关系要求严格的对应关系，即概念分析提供一个模板，我们去世界中找到一个符合该模板的指涉对象，这也就是传统堪培拉方案的框架，同样面临着我们上文提到的各种困境。佩蒂特则提出一种“概念分析”和“指涉对象”的“许可关系”，许可关系允许一个语词指涉不同类型的对象指称（referent）。如何配置对象（allocative）相对而言是更开放的，我们可以在不同语境中拥有不同的指涉。佩蒂特说道：“我们要做出选择，如何为对应的概念配置一个指称，这意味着对于如何选择最佳

1　Cf. Philip Pettit, “Analyzing Concepts and Allocating Referents,” in Alexis Burgess et al(eds.), *Conceptual Engineering and Conceptual Ethics*, Oxford: Oxford University Press, 2020.

的配置指称，我们可以做很多工作：以独立的标准来发展构成因果性或价值或自由意志的最佳观点。”[1]

以“正义”为例，哲学家们会达成如下两个共识：（1）制度正义指人与人之间的基本权利和义务不是随意分配的；（2）建立正义规则能够在各种关于推进社会福祉的竞争性方案中找到一个恰当平衡。那么在这两个基本共识下，哲学家会给出不同的正义概念来处理以下问题：对于决定权利和义务分配时，何种个体差异是相关的；什么样的优势区分是合适的。对这两个问题处理的判断来自独立的道德因素。达成共识后，剩下的问题就是我们应该匹配什么样的指称给这个概念。换言之，在这个基本共识下，哲学家获得许可来具体考虑如何界定“正义”。还有一种许可方式是，我们可以首先选出众多不同的承诺，然后根据具体语境，在这些承诺中进行筛选，并以之为标准来配置指称。类似的，对于“因果性”“自由意志”我们都无法锁定一个固定的指称，而是能够根据不同的需求配置不同的指称。

佩蒂特的许可版本的堪培拉方案已经是一种让步。最终的裁决权不再完全属于世界或指称对象，人类作为实践者也部分地参与其中，如佩蒂特指出，配置指称的标准“取决于概念的使用——本质上就是概念在具体对话中所起的作用——越能服务预期目标的指称是越合适的指称”[2]。有时候，我们并不全然在切割自然的关节，而是“在对我们相互诠释者、交互者而言重要的地方切割自然”[3]。

---

1 Cf. Philip Pettit, “Analyzing Concepts and Allocating Referents,” in Alexis Burgess et al(eds.), *Conceptual Engineering and Conceptual Ethics*, Oxford: Oxford University Press, 2020, p.341.

2 Ibid., p.347.

3 Ibid., p.348.

普莱斯则走向了一种更为实践的进路。在他看来，堪培拉方案实际预设了一个拼图游戏：右边是各种空缺位置，而左边是各种贴纸，游戏的任务就是为贴纸找到对应位置。我们可以将语词或概念视为贴纸，将世界视为空缺位置。但和贴纸游戏的一一对应不同，我们的语词似乎远远多于世界的实在。我们的很多陈述或概念无法和科学事实一一匹配。换个说法，在配对的时候，真似乎多于“使真者”(truth maker)。对此，在逻辑上有三种解法。第一种认为事实上两边是对等的（堪培拉方案）；第二种解法承认我们数错了，实际右边有着更多的使真者，它们可能是未被发现的自然事实也可能是超自然事实。第三种解法是，承认我们数多了左边，实际没那么多需要使真者的概念和话语。第一种解法是一种还原论解法，代表即堪培拉学派。第二种解法，主张世界有更多的事实，甚至可以包括超自然事实。第三种解法则主张左边多于右边是合理的（取消主义、虚构主义和表达主义都属于这种解法）。

普莱斯采纳的是表达主义方案，或者说是一种彻底的表达主义方案。布莱克本（Simon Blackburn）也持有一种“准实在论”(quasi-realism）的表达主义方案，但普莱斯认为布莱克本的方案仍旧预设了描述陈述（descriptive statements）和非描述陈述的二元对立。描述语词揭示了更本质的实在对象的属性，而非描述语词只能反映一些准实在对象的属性。普莱斯将之命名为局部表达主义（local expressivism)。根据局部表达主义，我们要去确定哪些是描述功能的表述，哪些不是，且只有描述功能的表述才有资格参加配对游戏。普莱斯认为布兰顿的表达主义是一种更彻底的表达主义，他将之称为全局表达主义（global expressivism)。在全局表达主义的框架内，在给予和索要理由的社会实践中，所有断言的权重都是一样的，不存在哪些更基础，另一些则没那么基础的问题。立足全局表达主义，配对游戏并不是对我们的语言和世界关系的恰当刻画。我们应该聚焦于人类作为自然生灵的语言使用——所有人类语言实践中的断言（即我们表达的命题）都是给予和索要理由推论中的重要元素。不同的表达是为了回应人类不同的诉求。

而这种表达主义和自然主义是融合的。我们的表达诉求产生于人类与自然环境以及社会环境的复杂交互中。普莱斯的方案立足于一种**主观自然主义**：“哲学的起点是科学能够告诉我们的**关于我们自己的事实**。科学告诉我们，人类是自然生灵，如果任何主张和这一基本主张相违背，那么我们应该放弃那个主张。”[1] 主观自然主义不会面临类似的问题，它的起点是语词的使用——人类在自然环境中如何使用语词。至关重要的是，它还可以规避诸多客观自然主义需要面对的问题。对于主观自然主义而言，我们只要解释自然生活为何会在自然环境中产生这么多的话语模式，我们为何会使用“真”“价值”“意义”“因果”就可以了。如普莱斯所言：“去除关于话语的表征主义观之后，我们面临的问题会非常不同。困惑仍旧存在于语言领域，但这种困惑是关于**谈论方式**多样性的困惑，是关于人类语言行为的困惑。那么我们的挑战就在于如何用自然化的语词去解释我们这样的生灵可以拥有如此多样的话语方式。这是为了解释不同的语言游戏在我们生活中扮演着怎样不同的角色——比如，‘价值’概念和‘电子’概念，它们的功能有何差异？”[2] 全局表达主义还是要回应我们应该如何解释真实人物（特朗普）和虚构人物（蝙

1 Huw Price, *Expressivism, Pragmatism and Representationalism*, New York: Cambridge University Press, 2013, p.5.

2 Ibid., p.20.

蝠侠）的本体论差异。对此，普莱斯区分了两种表征，**环境表征**（e-Representation）和**内在表征**（i-Representation）。环境表征取决于协变和指示关系，它追踪我们的自然世界。比如，油箱里的指针指示着油的余量。表征的主要功能是根据外部环境产生相应变化。内在表征是指表征的内部功能作用，它在某种认知或推论系统中发挥的作用——可以是因果、推论、计算功能。普莱斯认为我们面对着两种外部限制：一种是游戏内限制（in-game externality），这类规范是游戏本身实践所构成的；第二种限制是外部环境和表征所构成的。这两种限制对应了两种表征。据此，虚构人物"蝙蝠侠"对应的是内在表征，而真实人物"特朗普"对应的是环境表征。

第八章

概念创发能否还原为概念分析

第一节　概念工程的两难

概念工程是当代炙手可热的元哲学话题。概念工程师主张需要全面评估我们当下使用的概念，并给出改良方案：我们可以彻底淘汰旧概念，或者修正旧概念的缺陷，又或者创造全新的概念来服务理论或实践目标。当产生几种竞争方案时，概念工程师需要挑选最适合的概念选项。围绕概念工程话题，当代学术界展开了富有成效的讨论。除了坚决捍卫者外，也有学者认为概念工程并不值得大费周章地讨论。这类学者可以称为概念工程的祛魅者，马克斯·多伊奇就是其中一员。本章将聚焦多伊奇对概念工程的诘难，并给出回应。

多伊奇认为概念工程面临着一个两难，我将这个它的两个"角"(horn) 分别称为"掌控难题"论证和"太阳底下无新事"论证(nothing new under the sun)。概念工程大致上有两类，一类是对已有概念的修正或改良，我们称为"概念改良"[1]。另一类是纯粹的新概念拟订，我们称为"概念创发"[2]。多伊奇两难的第一个号角针对的是概念改良，第二个号角针对的是"概念创发"。而他的每一个号角又各自会产生一个新的二阶两难。

我们先来看两难中第一端，也就是第一重困境。该困境立足于语词义 (semantic meaning) 和言者义 (speaker-meaning) 的区分。语词义指语词本身的意义，对于语义外在论而言，语义由指称和外部环境决定，它不随言说者意图改变。"狗"的语义不会因为我为它

1　多伊奇称为拟订 (stipulation)；科赫称为概念再工程化 (conceptual re-engineering)。

2　多伊奇称为拟订引入 (stipulative introductions)；科赫称为概念建构 (conceptual construction)。

赋予猫的意义而改变。我打算怎么使用“狗”并不会真正改变它的语义，即便有一群人愿意跟随我的用法，这也无法撼动“狗”的语义。言者义则是说话者试图赋予语词的意义。立足于这个区分，我们会面临第一个号角下的二阶的两难。试图改良言者义会使得概念工程变得不足挂齿，因为概念改良会变得过于轻巧。为既有的语词设定新意义可以是轻而易举的。哲学家张三可以任意为“真理”“意识”“自由”设定意义，但这种设定如果只有他自己认可，就会变得毫无意义。你可以说他成功改变了言者义，但这种改变无法掀起任何波澜，从而沦为一种私人游戏。即便张三和他的部分读者能够接受张三的拟订方案，这也只能说是碧波微澜，无法匹配概念工程师试图掀起惊涛骇浪的雄心。我们再来看第一个号角下二阶两难的第二端。概念工程师的雄心一般被认为是试图去改变语词义，但这在多伊奇看来是万难的。以萨莉·哈斯兰格为例，她改良后的“女性”概念为：“x 是女性，当且仅当某人由于其可观测的生理特征而被视为低人一等。”[1] 如果“女性”的外延包括诸多并非由于可观测生理特征而被视为低人一等的人，那么哈斯兰格的改良分析似乎并不能改变这个事实。真正的张力不是语义外在论和概念改良的张力，而是概念工程所面临的更深层的执行力问题（implementation）。我们无法真正找到触发改良语义的说明书。即便一个群体的人都约定将爱因斯坦描述为发明原子弹的人，这并不能真正改变“爱因斯坦”的语义。

综上，对于概念工程两难的第一个号角而言，我们会面临一个

1 Cf. Sally Haslanger, *Resisting Reality: Social Construction and Social Critique*, New York, US: Oxford University Press, 2012.

二阶两难。二阶两难的第一端是，概念工程如果只是为了改良言者义，将会变得微不足道、不值一提。二阶两难的另一端在于，概念工程旨在改良语词义，我们却无法知道如何触发改良的复杂条件。诸多讨论都会聚焦在两难的这一端，尤其对于第一端两难的掌控难题，学界产生了诸多回应。比如，斯特芬·科赫通过区分“个人的短程掌控”与“集体的长程掌控”来回应可行性难题。[1] 多伊奇会进一步认为，如果大卫·查尔莫斯说服了大多数人“信念”不仅内在于人类主体心智，也可以包括外部电子设备（external devices），那么他最多是改变了大多数人的言者义，而非改变“信念”的语词义。这个主张令人费解，我们知道专家知识、大众的语言使用模式都构成决定概念语义的外在环境的一部分，当全世界的人都认为外部设备也可以作为人类的信念时，我们很难想象此时“信念”语义的外延不包含外部设备。多伊奇还是会继续强调，即便这种集体的长程掌控是可能的（possible），但这不意味着这是实践上可行的（practically feasible）。[2]

针对随意拟订会造成过于微不足道的诘难，科赫也给出了回应。他指出，对于哲学讨论而言，对话者之间共享同样的意义是重要的。对于哲学共同体中的对话者而言，仅使用具有相同语词义的概念是不充分的，他们还需要共享彼此的言者义，并了解彼此的交流意图（communicative intentions）。因此，改良一个共同体语词的言者义是很有必要的。哲学家试图改良的言者义不是个人的，而是共同体层

---

1 Steffen Koch, “The Externalist Challenge to Conceptual Engineering,” *Synthese*, Vol.198, No.1, 2021, pp.327-348.

2 Max Deutsch, “Still the Same Dilemma for Conceptual Engineers: Reply to Koch,” *Philosophical Studies*, Vol.178, No.11, 2021, pp.3659-3670.

面的，这种改良不仅是可行的，也是有意义的。多伊奇仍旧不买账，他认为，如果仅是为了从理论角度捕捉新现象，那么引入新的语词即可，而不必再用旧的语词外壳，或者也可以说服共同体以新方式使用旧语词。但这在多伊奇看来都不是什么新鲜事，这也导向了两难的第二个号角。

多伊奇两难的第二端针对的是概念创发——从有到无创造新概念。他将概念创发称为“拟定引入”——我们为全新的现象制定新概念。两难的第二个号角也有二阶两难。这个二阶两难的第一端是：概念创发如果是随意的，就太过微不足道，制定全新的概念可能没有任何技术含量。比如，我可以随意发明一个新概念“潘图瑟”表示铅笔用了三分之二的状态。但这是任何人都能轻易，甚至随意完成的工作。二阶两难的第二端是：如果概念创发是针对某个特定现象而给出新概念，那么这“不是什么可以补充或替代概念分析的新的、特别丰硕的哲学方法论”。[1] 换言之，概念工程并不是什么新的方法，我将之称为“太阳底下无新事”论证。借助新的术语捕捉新现象是理论工作经常用到的方法，比如经济学制定了“国内生产总值”（GDP）来描述一种经济学现象。哲学也会制定很多新的技术概念，比如随附性（supervenience）、信誉（credence）、底定（grounding）、第二性的质（secondary quality）等。哲学家通过拟订全新的术语来推进理论工作。当哲学家发现的现象已经溢出现有概念所能覆盖的范畴，他们就需要引入新的术语或概念。但重要的事情不是引入新的概念，而是哲学家“辨识到以及识别出一些尚未被辨识与识别，

1 Max Deutsch, “Speaker’s Reference, Stipulation, and a Dilemma for Conceptual Engineers,” *Philosophical Studies*, Vol.177, No.12, Dec.2020, p.3945.

但对于成熟哲学理论活动而言极为重要的现象”[1]，比如“随附性”是用来解释身心关系的重要概念。但如果仅是如此的话，概念工程并不比“概念分析”多了些什么：

> 如果概念工程是，或者包含对术语的引入性拟定，那么概念分析师（其他各类哲学家）早就介入到了这样的活动。所以呼吁概念工程师去替代或补充概念分析是缺乏依据的，坦率地说，这有点令人困惑。[2]

因此，如果概念工程只是为新现象赋予新概念，那么这无异于概念分析。多伊奇甚至认为概念工程的初衷就是错的。概念工程的理论动机是认为我们的概念存在缺陷，从而需要得到修正。但多伊奇认为，如果我们能够用“知识”表征知识，能够用“女性”指涉女性，能够用“红色”为红色分类，那么这些概念并没有任何缺陷。即便像“秃头”“谷堆”这样的模糊（vague）概念，我们也能在日常生活中正常使用它们，而这就足够了。换言之，多伊奇许可概念存在缺陷，但只要这些缺陷不妨碍我们用它们交流、思考、做理论，就不足以构成去修正它们的充分理由。[3] 鉴于此，没有什么需要修正的，哲学的工作只是去挖掘和揭示一些本质。多伊奇认为哲学工作的本质是揭示性的（revelatory）：“它揭示了一些重要的，以及可能令人

---

1 Max Deutsch, “Speaker’s Reference, Stipulation, and a Dilemma for Conceptual Engineers,” *Philosophical Studies*, Vol.177, No.12, Dec.2020, p.3945.

2 Ibid., p.3947.

3 Max Deutsch, “Still the Same Dilemma for Conceptual Engineers: Reply to Koch,” *Philosophical Studies*, Vol.178, No.11, Nov.2021.

吃惊的和反直觉的哲学现象，这些构成了哲学主题。”[1]立足于这个目标，无论是引入新的术语，还是为旧语词引入新语义，都是服务于揭示事物本质这个目标，任何“概念工程”若不能服务于这个目标，便都是无意义的。

大多讨论目前都聚焦于多伊奇两难的第一个号角（本书第二章也讨论了这个话题），甚至很多人认为两难的第二个号角的论证是成立的。科赫如是说：“我部分认同多伊奇的观点，即比起对概念重新进行概念工程而言，概念建构没那么新鲜，也没那么激动人心。如果只是建议哲学应该在必要时候引入新的术语，概念工程就会变得味同嚼蜡。”[2]与主流文献不同，我尝试攻破两难的第二个号角，即论证概念创发无法还原为概念分析。

第二节　两种典型的概念分析

一般而言，概念工程与概念分析是对立的。比如珍妮弗·纳多认为：“概念工程的目标是改进或替代而非分析；是为了创造而非发现。概念分析感兴趣的是我们**确实**拥有的概念。概念工程则对于我们**应该**拥有的概念感兴趣。”[3]如果多伊奇的论证成立，那么概念工程和概念分析的区分就成为一种语词之争（verbal disputes）。“太阳底下无新事”论证可以简述为：概念创发原则上可以还原为概念分析。

1　Max Deutsch, “Speaker’s Reference, Stipulation, and a Dilemma for Conceptual Engineers,” *Philosophical Studies*, Vol.177, No.12, Dec.2020, p.3950.

2　Steffen Koch, “There Is No Dilemma for Conceptual Engineering. Reply to Max Deutsch,” *Philosophical Studies*, Vol.178, No.7, Jul.2020, p.2282.

3　Jennifer Nado, “Conceptual Engineering, Truth, and Efficacy,” *Synthese*, Vol.198, No.Suppl 7, Jan.2019.

在讨论这个问题之前，我们有必要澄清一下什么是概念分析。在当前学术界概念分析有两种典型的形式，即**苏格拉底式定义法**和**堪培拉式分析**。

苏格拉底式定义法是哲学共同体常用的一种方法。这种方法试图通过分析寻找概念真理。罗伯特·汉纳（Robert Hanna）如此定义这类概念分析：

> 概念分析理论主张：概念（语言述谓的一般意义）是哲学探究的根本对象，对于概念内容的洞见通过必然的“概念真理”（分析命题）来表达。[1]

汉纳的上述界定道明了这类概念分析的目标是达到概念真理（或分析真理）。克里斯托弗·戴利（Chris Daly）在讨论乔治·爱德华·摩尔（G. E. Moore）对概念分析界定的时候如是说：

> 意义分析通常是通过为一个词的复杂意义给出简单的意义构成。词的意义通常被称为概念。因此，摩尔谈论的是将复杂概念分析为简单概念。这种分析提供一种明述的定义。[2]

戴利的论述强调了概念分析的过程——通过对复杂概念的分解来找到定义。泽伦·奥弗加德等（Overgaard et al.）又进一步陈述了概念

---

1 Edward Craig, *Routledge Encyclopedia of Philosophy*, New York: Routledge, 1996, p.1660.

2 Christopher Daly, *An Introduction to Philosophical Methods*, CA: Broadview Press, 2010, pp.42-43.

分析的另一个面相：

> 最显著的过程是为概念 C 所覆盖的案例设想一个普遍的刻画，然后我们再去通过寻找或想象一些特定的情境来测试这个普遍刻画。这个特定的情境能够符合所提出的普遍刻画，但却又**不**构成 C 能够真正覆盖的案例。[1]

奥弗加德等的刻画又进一步补充了如何对概念分析的结果进行推敲和试错——通过设想可能的反例。至此，我们大致已经覆盖了第一类概念分析的基本要素：概念分析的结果是一个**概念真理**；概念分析的过程是**分解**出概念的所有必要条件，它们的合取（conjunction）构成概念的**充分必要条件**，即概念真理（定义）；我们需要借助**案例方法**来测试我们的定义的有效性，如果能够设想出符合定义而不属于这个概念的案例，那么这个定义就不成立。测试过程中会动用**直觉**——用来判定这个案例是否属于这个特定概念。

科林·麦金（Colin McGinn）在一本著作中系统捍卫了概念分析，他给出的概念分析的定义基本覆盖到上述所有维度：

> 一个分析（至少一种核心的分析）由如下方式构成：我们将概念拆解为各种概念的构成成分，这些成分单独构成原概念的必要条件，共同构成原概念的充分条件。待分析项是一个复杂概念，它由一簇亚概念构成，分析项是对待分析概念的概念

1 Søren Overgaard, Paul Gilbert, and Stephen Burwood, *An Introduction to Metaphilosophy*, Cambridge: Cambridge University Press, 2013, p.85.

成分的解释，这个解释为待分析概念提供一个充分必要条件。分析既是先天的，也是必然真理。要完成分析，我们需要：考虑各种可能案例，我们要考虑原概念能否运用于这些概念——这个过程要诉诸直觉。[1]

在我们的哲学实践中，这种概念分析常被使用。比如针对“知识”的定义是否是“得到辩护的真信念”，知识论共同体展开了经久不衰地辩驳；又比如，哲学家们围绕“智慧”的定义争论不休，莎伦·雷恩（Sharon Ryan）认为智慧的必要条件包括大量得到辩护的认知和实践信念、致力于进一步获得合理信念、致力于理性的生活。再如游戏哲学共同体就伯纳德·舒兹（Bernard Suits）的游戏定义“主动尝试克服不必要的障碍”展开了持续的争论。这样的案例不胜枚举。

我们再来看第二种概念分析——堪培拉式分析[2]。这种概念分析也被称为“拉姆齐-卡尔纳普-刘易斯”进路，由堪培拉学派提出，其支持者大多来自澳大利亚国立大学[3]，我在第七章已详细讨论了这个进路。堪培拉式分析的主旨在于通过考察大众话语（platitudes），从而锁定概念的功能。以大众心理概念为例，堪培拉式分析旨在说明“信念”“欲望”是如何引起感觉和导致身体行动的，也即说明它们扮演了何种因果作用（causal role），这就是堪培拉学派版本的概念分析。在这个维度上，概念分析就是立足于日常话语，提供一个关

1 Colin McGinn, *Truth by Analysis: Games, Names, and Philosophy*, New York: Oxford University Press, 2012, p.5.

2 这种方法一般被称为“堪培拉方案”。

3 Cf. Daniel Nolan, “Canberra Plan,” in Oppy, Graham, and Nick N. Trakakis, *A Companion to Philosophy in Australia and New Zealand*, Clayton: Monash University Publishing, 2014.

于概念所扮演的功能的假说。这种日常话语不一定是显而易见或缺乏理论旨趣的，它们可能隐含于我们的日常会话中。在给出关于概念的功能假说后，我们要在自然世界中找到它的最佳匹配者（best deservers）。这类似于科学家会给出科学理论假说，哲学家可以形成大众理论假说。以科学为例，我们先提出一个关于“温度”的功能假说：温度即在气体中扮演了某种功能的东西。然后，我们在自然界找到扮演这种功能的东西——平均分子动能，那么气体温度就是平均分子动能。对于心理概念亦是如此，我们给出一个关于心理状态 M 的因果功能的概念分析，然后找到能够实现这个功能的大脑状态 B，如此，M 就等同于 B。换言之，堪培拉式分析会对心理概念给出一个因果功能分析，然后基于物理主义，为这个功能找到一个物理对应物。与苏格拉底式分析不同，堪培拉式分析并不通过覆盖现象给出一个概念的定义，而是试图找到概念的描述属性。

杰克逊是堪培拉式分析的代表。他认为概念分析和严肃形而上学是互为勾连的。概念分析的作用是适度的——它并不能直接给出关于世界根本性质的答案。杰克逊认为，堪培拉式分析给出后，我们还需要完成一个“定位”（locating）工作——为那些看起来神秘的概念在物理层面定位。这些特质包括：知识、意义、强制约束（binding force）等。如果这些概念在这个世界中有自身的一席之地，那么我们最为基础的物理话语就应该能够蕴含（entail）它们。以道德概念为例，堪培拉式分析需要将道德概念的“道德属性”还原为“描述属性”。杰克逊提出，如果两个世界 w 和 w* 在描述层面是一模一样的，那么它们在道德层面也应该是一致的。这是杰克逊的“随附性命题”（supervenience thesis）。

至此，我们刻画了两种最典型的概念分析。苏格拉底式分析旨在给出概念的充分必要条件，即概念的定义。堪培拉式分析通过搜集日常会话，给出概念的功能假说。

除了多伊奇，索耶认为有一部分的概念工程和概念分析本质上是一致的。概念分析和概念工程都关注我们应该拥有的最好的概念。因此，改良、取代、分析朝向的目标是一样的。[1]有一部分概念分析和概念工程一致，不意味着所有的概念工程都可以还原为概念分析。我们不排除部分概念工程可以还原为概念分析。但这不意味着所有的概念工程都能还原为概念分析。

第三节　德勒兹对概念创发的界定

立足于上文对两种概念分析的刻画，我们承认确实有一部分概念创发可以被视为概念分析，但这还不足以支持多伊奇的“太阳底下无新事”论证。因为多伊奇还需要进一步论证所有的概念创发都可以还原为概念分析。德勒兹对概念创发的论述在哲学史上独树一帜，本节将简要刻画德勒兹版本的概念创发，并在下一节中考察这种概念创发能否还原为概念分析。[2]

德勒兹对概念创发有过详细的论述，他认为哲学史就是一个概念创发的历史。柏拉图发明了“理念”(eidos)、海德格尔发明了“存在”(dasein)、福柯发明了“陈述”(discourse)，这样的案例不胜枚举。德勒兹的概念创发要通过三项内容来理解，它们分别是：概

1　Sarah Sawyer, “Truth and Objectivity in Conceptual Engineering,” *Inquiry* Vol.63, No.9-10, 2020, p.14.

2　在不少文本中，对概念创发的阐述来自德勒兹和迦塔利（Félix Guattari）两人，为行文之便，下文都以德勒兹代替。

念、内在性平面（the plain of immanence）、概念性人物（conceptual personae）。

我们先来看德勒兹的概念观。就概念的构成而言，一个概念A的内部可以由其他概念B、C、D组成，它们本身可以独立于A。概念的内部构成之间是互相融贯的，这是一种内部融贯（consistency）。这些内部构成形成了概念的内涵特征或内涵纵坐标（intensive ordinate）。概念A同时和其他概念E、F、G构成一种外部融贯。如果A、E、F、G在同一个内在性平面上，即使它们目前彼此独立，但仍旧保留着彼此影响的可能性，且未来可能会成为彼此的构成内容。

德勒兹的见地是，概念的意义依赖于它所要回答的问题以及它所处的内在性平面。事实上，德勒兹的“概念”特指**哲学概念**。哲学家在发明哲学概念的时候就是在建构它的内涵特征，但并不存在一个外在标准告诉我们，怎样进行概念创发才是正确的。这是哲学概念和科学概念最大的差异，后者有着可靠的外在参照系。鉴于此，德勒兹指出，科学概念的构成成分是变量或常量，而哲学概念的构成成分是变式（variations）。

以笛卡尔的“我思”为例。在德勒兹看来，笛卡尔提出“我思”不是一种概念分析，而是一种概念创发，它诞生于特定的内在性平面，在这个平面上创造“我思”不用预设任何其他的哲学概念，而只需要一些基本的日常理解，比如“思考”“存在”“我”。没有一个客观的标准决定笛卡尔所发明概念的对错，他的概念只有在这一内在性平面和他的问题框架内才有效。哲学史上也许出现过接近“我思”的概念，但最终没有成为“我思”，原因在于那些哲学概念与笛卡尔的“我思”不在一个内在性平面上。每个哲学家都只能立足于自身的内在性平面来创建概念，柏拉图、笛卡尔、康德都各自有着自己的内在性平面，在柏拉图的内在性平面上无法创造“我思”，在笛卡尔的内在性平面上也无法创造“理念”。因此，立足于各自内在性平面的概念间的沟通很可能造成交流错位。

德勒兹刻画的“概念创发”指的是“哲学概念创发”，这是一种**哲学特殊论**，即哲学活动是与科学、艺术不同的活动。[1]因此，它和科学概念所指也不同。如德勒兹所言：

> 对于科学来说，命题和函数已经足够了。……哲学概念并不为了弥补什么而拿体验当参照系，而是通过自身的创造活动建立起一个事件，这个事件对任何体验都作出巡视，恰如它巡视所有事态那样。每一个概念都按照自己方式对事件加以剪裁和重新剪裁。[2]

上述引文中，德勒兹透露了一个重要的信息，与概念创发的概念直接相关的不是“知识”“事实”“指称”“真理”，而是“事件”。关于事件，德勒兹如此论述：

> 概念显然是知识，但却是关于它本身的知识；它只认得纯粹的事件，而事件不等于事件从中得到体现的事态。在创造概念和实体的同时，哲学的人物是从事物和生存物的新事件，不断地赋予它们一个新的事件：空间，时间，质料，思维，作为

---

1 哲学特殊论在当代有着相关争论，限于篇幅，我不做进一步跟进。

2 ［法］德勒兹、迦塔利：《什么是哲学》，张祖建译，湖南文艺出版社 2007 年版，第 245 页。

事件的可能世界……[1]

与传统概念观不同，德勒兹认为概念的主要功能不是描述对象或表征事物，而是表达**事件**。下一小节我会详述这点。综上，德勒兹的概念观是一种概念创造观，哲学家的概念在特定的内在性平面上得到孕育，带有该哲学家独特的印记，而且与概念关联的是事件，而非描述性对象。

德勒兹的概念创发的第二个重要元素是“内在性平面”，它是概念生长的环境和土壤。内在性平面是一种**思想图示**（image of thought），它能够促成概念的诞生，但它本身不是概念。内在性平面是一种无限的运动，概念则在这个无限运动中捕捉内涵。德勒兹如此描述概念和内在性平面的关系：

> 平面是绝对视域，绝对视域不依赖任何观察者，它把事件变成独立于它从中实施的可见事态的概念。概念一点一点地为平面铺好路石，占据平面或在平面上繁衍，平面本身则是一个不容瓜分的环境，概念在此分布，但不破坏它的整体性和连续性。……平面利用不断增加的概念之间的衔接点，保障概念之间的协调，概念反过来保障了平面上的移居活动依照不断翻新和变化的曲率进行。[2]

虽然概念和内在性平面是逻辑上互为独立的，但哲学家在创造概念

1 ［法］德勒兹、迦塔利：《什么是哲学》，张祖建译，湖南文艺出版社 2007 年版，第 244 页。

2 同上书，第 249—250 页。

时却无法摆脱内在性平面。内在性平面是一种经验主义的产物，且并不内在于任何个别的主体。内在性平面上存在各种“事件”，这些事件是概念所关心的、并聚焦于如何将其表达出来的可能世界。因此，内在性平面是前哲学的，哲学就是在它们上面创造概念。

哲学史上存在着各种不同的，互相竞争的内在性平面：柏拉图的平面、笛卡尔的平面、康德的平面、胡塞尔的平面、海德格尔的平面等。每一位载入史册的哲学家都矗立于他们自身的内在性平面上，他们并不共享内在性平面，甚至同一个哲学家在不同时期会处于不同的平面。鉴于此，德勒兹的概念创发不需要去遵守连续性条件——与前人或日常概念保持连续。他认为哲学家之间的对话在很多时候是无效的。当哲学家张三批评哲学家李四的概念 A 时，张三永远只能站在自己的问题意识的内在性平面上来批评李四，而这种批评往往是错位的。

德勒兹概念创发的最后一个要素是“概念性人物”。概念性人物就是哲学家用来创造概念的人物，比如柏拉图的苏格拉底、笛卡尔的傻子、尼采的酒神。假设一个哲学家运用了一个口吃的概念性人物，那么他并不是关注某个具体人物的口吃现象，而是试图讨论口吃作为语言或思维的一种内在属性。

至此，我们简要刻画了德勒兹概念创发的三大要素，用德勒兹自己的话总结：

> 哲学有三个要素，虽然其中每一个都对另外两个有所呼应，然而它们必须单独对待。它们是：必须拟订的前哲学平面（内在性）；必须发明和培育的一个或者数个泛哲学概念性人物（强调）；必须予以创造的哲学的概念（坚实度）。拟订、发明和创

造是哲学的三位一体。分别表现为图解、人物和内涵三方面的特征。[1]

第四节　概念创发的不可还原性

回到我们要论证的事情。德勒兹版本的概念创发显然也是一种概念工程，我主张这种概念创发无法还原为概念分析。因此，多伊奇的“太阳底下无新事”论证不成立。要论证概念创发无法还原为概念分析，需要分别完成两个论证，首先论证两者在逻辑上是独立的；其次论证概念创发并非微不足道的。

我们先来考察为何（德勒兹式）概念创发和概念分析是不能互相还原的，它们有着如下互为对立的特征：(1)“改变现实”与“符合现实”；(2)“悬置绝对真理”(奇点）和“拥抱绝对真理”(普遍)；(3)“事件”和“对象”；(4)“类似艺术”和“类似科学”。

第一点，德勒兹认为哲学家使用概念创发来改变现实，而非符合现实。他以“巴洛克”概念来说明哲学概念创发的特殊性——巴洛克不存在和独角兽不存在不是一回事，“巴洛克”这个概念创造了它所对应的存在对象。“巴洛克”和“不规则珍珠”也不是一回事，后者是描述现实，而非创造现实。[2]前文提到过，德勒兹的概念创发并不是一种普遍方法论，而只适用于哲学——并不是科学家的工作，也不是日常语言的工作。德勒兹的这个观点预设了一种哲学特殊论，即概念创发独属于哲学。这个提法颇受争议，因为，我们会觉得科

1　[法] 德勒兹、迦塔利:《什么是哲学》，张祖建译，湖南文艺出版社 2007 年版，第 307 页。

2　Daniel Smith, “On the Nature of Concepts,” *Parallax*, Vol.18, No.1, Jan.2012.

学家、文学家、艺术史家等都可以创造概念。我认为可以将这种哲学方法特殊论理解为一种**哲学概念特殊论**，即概念创发中的概念特指哲学概念。

在当代英美学界，索耶对三种概念类的区分可以看作对德勒兹的哲学概念特殊论的一种呼应[1]。索耶区分了三类概念：哲学类、自然类、社会类。[2]其中哲学类包括“法则”“因果”“认知保障”“真”“知识”“命名”“必然性”“正义”“道德善”“同一性”等概念。索耶认为，哲学工作关心的是一种“必然性特质”(necessary features)。哲学类概念不是现实中的概念，而是所有可能世界中为真的概念——因此是一种“跨世界概念”(cross-world)，它并不需要动用经验方法去探究，而是一种概念层面的探究。因此，哲学类概念不同于自然类概念和社会类概念，后两者关注现实世界中概念应有的样子，以及如何解释和预测现实世界。“现实中水是H_2O”是对自然类的探究，而“水在所有可能世界必然是H_2O”则是一个哲学主张。虽然哲学类和自然类概念存有差异（概念探究和经验探究），但索耶更强调的是社会类概念与它们两者的差异。社会类概念有着决定它们意义的奠基性（grounding）关系。以“罪犯”为例。“卡彭是罪犯”是一个事实，这个事实由一些其他事实奠基——卡彭命令手下谋杀他人；卡彭非法持有武器；卡彭逃税漏税。这些事实奠基了，而非因果导致了“卡彭是罪犯”。我们还能进一步回答是什么锁定了这种奠基关系——是什么使得诸如“卡彭逃税漏税”这些事实奠基了他

1 Sarah Sawyer, “Kinds of Kinds: Normativity, Scope and Implementation in Conceptual Engineering,” in Manuel Gustavo Isaac, Steffen Koch & Kevin Scharp(eds.), *New Perspectives on Conceptual Engineering*, Synthese Library, forthcoming.

2 Cf. Ibid.

是罪犯？显然是国会议员合法程序通过的议案，这是一种锚定关系(anchoring relation)。奠基事实和锚定事实构成卡彭是罪犯的基础。尤为重要的是，社会事实的奠基事实和锚定事实都是可以改变的。举例而言，如今同性恋并不是“罪犯”的事实基础，但它在过去曾经是构成罪犯的事实基础。当然，哲学类和自然类也都有奠基事实，比如氢原子的奠基事实是：它的原子核由一个质子构成。但哲学类和自然类概念的基础事实是无法被改变的。哲学类概念的基础是“跨世界”固定的，而自然类概念的基础是在现实世界中固定的。

与多伊奇类似，索耶区分了两类概念工程：一种是引入或取消概念；另一种是改良已有概念。这两类概念工程的规范性标准不同。第一类概念工程是描述性方法，主要包括概念分析和科学探究。科学理论的优胜者是那些能够更好地描述和预测实在的理，故此，我们应该拥有那些最接近实在的概念。索耶认为哲学类和部分社会类概念也是这种模式；而改良已有概念的规范性要求有所不同。概念工程师的目标不是去符合外在世界设定的标准，而是可以通过改变概念预设的奠基事实，从而改变概念本身。如此一来，是否符合客观实在不再是决定概念好坏的唯一标准，我们可以通过改变实在来改变概念，但索耶认为这种规范模式仅限于社会类概念——我们可以通过改变社会类概念的奠基事实来改变这些概念。

索耶和德勒兹的相似之处在于，他们都承认有一些概念创发工作并不是为了去符合实在。不同的是，索耶认为哲学类和科学类概念的目标是尽可能去适配我们的实在，而只有针对社会类概念，我们可以采纳不同的规范。在德勒兹那里，他虽然强调的是哲学类概念的创发，但他的哲学类概念实际上也包含了社会类。因此，德勒兹主张哲学类和社会类概念都是可以通过改变实在而得到创发的。

更进一步，在德勒兹那里，这不仅仅是一个改良过程，而是一种纯粹的创发。在这个过程中，概念创发和改变现实是互相交织、互为作用的，我们对概念的创发影响了实在，实在再反作用于概念，并最终让我们去接受这个概念。如果我们接受概念创发这个特质，那么苏格拉底式分析和堪培拉式分析都无法还原为概念创发。苏格拉底式分析试图找到跨世界的概念真理，并致力于去符合一种跨世界的必然性；而堪培拉式分析的终极目标是要在世界中得到定位。两者的目标都是为了符合实在，而非改造实在。

我们再来看概念创发与概念分析的第二个张力，这个张力实际是第一个张力的逻辑延展。即，概念创发不预设我们拥有绝对真理作为评判标准，而概念分析预设了绝对真理。在德勒兹那里，追求普遍性不是哲学的目标，而是科学的目标，因此科学的终极目标是为混沌提供一个参照系，而它并不被哲学所需要。哲学的概念创发仅发生于内在性平面之上。德勒兹认为创造和真理之间有一种张力："思维跟真理之间的关系从来就不是一件好办的事情……用这种关系给哲学下定义是白费力气。也许，思维的现代图景的头一个特点就是彻底摒弃这种关系，转而将真理视为仅仅是思维所创造之物……思维是创造，不是真理的意志。"[1]德勒兹进一步建议，拥有普适价值的概念是无趣的，它如同骷髅架子一般空洞无物，满足于寻找这样的概念会让我们失去创造的动力。但概念创发如果不预设一个普遍的概念真理，也就意味着它缺乏一个客观标准，那么概念创发的规范何在？德勒兹认为，这种规范在概念创造、平面拟订、人物发明

1 ［澳］保罗·帕顿：《德勒兹概念：哲学、殖民与政治》，尹晶译，河南大学出版社2018年版，第275页。

的协调活动中产生。换言之，不存在一种绝对的外在客观标准，其中一项的标准取决于另外两项，这是一种内部互相协调而产生的规范。德勒兹如此论述：

> 没有任何规则，特别是没有任何讨论能够预言一个平面、一个人物或一个概念的优劣，因为三者之一决定着另外两者是否成功，但是，应当分别地独立建构其中每一个：一个被创造，一个被发明，一个被拟订。我们在建构一些问题及其解决办法的时候，可以评说“这个失败了……那个成功了……”，然而只能根据它们的同步调整的情况逐步进行。[1]

因此，德勒兹主张哲学概念的任务不是揭示普遍性（universals），而是揭示奇点（singularities）。比如“直线”这样的概念总是为了揭示普遍性，所有的直线都趋向于符合这个概念，但德勒兹自己创造的哲学概念“褶皱”（fold）则不去揭示普遍性，所有的褶皱都是有差异的。我们找不到普遍的规律告诉我们相同的东西总会以相同的方式产生褶皱，这个概念始终在生成（becoming），我们并不是为了找到这个概念的同一性（identity）标准。同样的，这个张力也能够帮助我们区分概念分析和概念创发，无论是苏格拉底式分析还是堪培拉式分析，它们都预设了存在真理。

概念创发和概念分析的第三个区分是：概念创发的任务不是表征实在，而是干预世界。更具体而言，概念创发试图关联的不是

1 ［法］德勒兹、迦塔利：《什么是哲学》，张祖建译，湖南文艺出版社 2007 年版，第 235 页。

“对象”，而是“事件”。德勒兹所关注的事件不是现实领域的事件，而是纯粹事件（pure events），一般历史关注前者，而哲学则关注后者，纯粹事件一种生成，而非现实呈现。因此，哲学的功能不是**表征现实**，而是通过概念**表达事件**，从而达成批判功能。[1] 比如，“上帝之死”是一个尼采注意到的重要事件。这个事件已经发生了——基督教的衰落；同时也是即将发生的事件——后形而上学时代的来临。[2] 我们可以借助彼得·库克（Peter Cook）对德勒兹的诠释来进一步澄清这个对立。库克比较了德勒兹的概念观与传统概念观的区分。传统概念观关注的是对于对象的普遍化描述或者对象的分类，而不关注概念的变动。德勒兹关注的不是永恒的对象，而是为了用概念“表达事件”。库克认为对德勒兹“事件”的阐发在德里达那里已经有了线索，德里达区分了复制（repetition）和重复（iterability）。以“承诺”这个概念为例，对这个概念的重复并不保证每一次的承诺都满足一个普遍的条件。“重复”是为了表明概念“承诺”的变动性（alterability），这种变动性通过真实发生的承诺的奇点实现。当概念被运用于新的案例时，有时这个案例会和概念所预设的标准发生冲突，此时这个概念也同时开始变化，从而改变了其自身预设的规则。我们的概念总会在一些时候无法覆盖具体的案例或现象，没有概念可以万无一失地覆盖所有案例或现象。

库克进一步指出，德勒兹认为概念的功能不是重新揭示永恒和不朽，而是发现新事物诞生的条件。德勒兹采纳了斯多葛学派对身体和事件的区分，这对应着能够切割的刀和切割这个事件。对象是

1 ［澳］保罗·帕顿：《德勒兹概念：哲学、殖民与政治》，尹晶译，河南大学出版社 2018 年版，第 142 页。

2 同上书，第 163 页。

现实呈现的，而事件是非物质的和未呈现的。身体或对象是被用来描述的，而事件是可诉说的（sayables）。我们也许可以去描述“变绿”这个事件，比如描述树叶的颜色的变化，或者叶绿素程度的改变，但这不足以覆盖事件。事件可以在无限的环境中通过无限的方式发生。

柏拉图的“理念”也是在表达事件。理念有三个元素构成：理念、对象、所具备的属性。当苏格拉底询问是否有一个泥土的理念时，他在询问泥土是否具体化于一个事件，这个事件分享了一个属性，理想情况下，它能够完美分享这个属性。事件附着在事态上（states of affairs），但我们关注的是事态体现的事件，而非事态本身。德勒兹的目的是表达事件，事件不是对象中的永恒真理，而是事物所嵌入的变化。

那么概念和事件之间究竟是什么关系？与事件相关的概念不能还原为一种概念变化，事件不仅仅是概念事件，因此，事件并不是通过概念建构的。事件也不是当下呈现的，它们不能被呈现，而只能被表达。举例而言，当一个新的承诺出现，且之前的“承诺”定义无法再覆盖这个现象时，我们的“承诺”概念却仍可以与之保持着某种关系——概念不是描述这个新的现象，而是表达它，这使得我们能够理解这新现象也是一种承诺。这种变异曾经出现过，并且会持续出现。传统概念分析试图给出一个概念定义，以覆盖所有关于“承诺”的案例；德勒兹则试图给出一个事件，这个事件表达了所有不同变化中的事件案例。对于传统哲学而言，我们回答的问题是：是否存在一个普遍的“承诺”，答案是“是或否”；而对于德勒兹而言，问题是：是否存在一个事件覆盖所有的发生之事，答案是“尚未”。

无论是苏格拉底式分析还是堪培拉式分析，他们分析的概念指涉的都是**对象**，而非**事件**。因此，概念创发无法还原为概念分析。

最后，在德勒兹那里，哲学的概念创发活动本身更类似艺术，而非科学。丹尼尔·史密斯（Daniel Smith）对此有所总结，他认为哲学家创造概念就像艺术家创造艺术作品一样；艺术家的艺术表达本身也可以是一种哲学表达；艺术和哲学之间没有高低、优劣。[1]

综上，我们可以说概念创发（德勒兹版本的）和概念分析是无法互为还原的。

我们再来看第二个问题，即仍有人可能认为德勒兹式的概念创发不是微不足道的。对此，我们可以借助格莱斯和斯特劳森（H. P. Grice and P. F. Strawson）的论证来回应这种可能的批评。[2] 蒯因主张“分析”和“综合”的区分不成立。格莱斯和斯特劳森回应指出，如果支持这对区分的推定（presumption）是确凿的，那么蒯因的批判便是有问题的。格莱斯和斯特劳森认为这个区分的广泛使用便可为该区分的存在辩护。分析与综合的分疏在哲学史上已被普遍承认，时至今日，这对概念的区异在学界仍被频繁地使用。既然这对概念的区分在哲学使用中已被普遍接受，那么断言这个区分不存在便是荒谬的。

格莱斯和斯特劳森的这个论证线索也可以用来辩护概念创发——这是一项广泛使用的技术，这已经证明这是有意义的方法论了。德勒兹举了很多历史上概念创发的案例：伊壁鸠鲁的“原子”、柏拉图的“理念”、笛卡尔的“我思”、圣伊莱尔的“有机物”、康

1 Cf. Daniel Smith, “On the Nature of Concepts,” *Parallax*, Vol.18, No.1, Jan.2012.

2 Cf. H. P. Grice & P. F. Strawson, P. F, “In Defense of a Dogma,” *Philosophical Review*, Vol.65, No.2, 1956, pp.141-158.

德对“我思”的改造、柏格森的“绵延”、马克思的“社会”。[1]法国哲学家德里达尤以概念创发著称：一般的写作、延异、踪迹、增补、普遍的比喻性等。德勒兹本人发明的大量概念得到了广泛的运用，比如“无身体的器官”得到很多精神分析学者的接受，甚至有学者用它来讨论“太极拳”运动。[2]克莱尔·科勒布鲁克（Claire Colebrook）指出，德勒兹创发的概念影响了众多领域，最为典型的是电影理论、政治理论和女性主义理论[3]。他给出了诸多案例，比如史蒂文·沙维罗（Steven Shaviro）的《电影身体》(*Cinematic Body*)借助了德勒兹发明的“时间—影像”概念；保罗·帕顿（Paul Patton）受德勒兹启发，提出以“少数主义”概念来构建政治理论；罗西·布拉伊多蒂（Rosi Braidotti）利用德勒兹的“游牧主体”介入了女性主义哲学的探讨；伊恩·布坎南（Ian Buchana）则主张德勒兹的“潜在”概念可以充分被开发用来讨论文学作品。

上述案例足以证明概念创发是一项已经被广泛接受和运用的哲学方法论。就如同分析和综合的区分可以通过它在实践层面的广泛运用而得到支持，那么这个论证进路也适用于概念创发。

---

1 ［澳］雷克斯·巴特勒：《导读德勒兹与加塔利〈什么是哲学〉》，郑旭东译，重庆大学出版社 2019 年版。

2 Tien-Deng Yu, & Jesús Ilundáin-Agurruza, “Taijiquan and the Body without Organs: a Holistic Framework for Sport Philosophy,” *Journal of the Philosophy of Sport*, Vol.43, No.3, Oct.2016.

3 ［英］克莱尔·科勒布鲁克：《导读德勒兹》，廖鸿飞译，重庆大学出版社 2014 年版，第 183 页。

第九章

罗蒂式概念改造

第一节　罗蒂式概念变革：从字面义到隐喻

“概念分析”一度是分析哲学的主要方法论之一，这一方法的拥护者试图挖掘出一个概念普遍有效的运用条件，即它的定义；但近来盛行的“概念工程”则试图给出一个哲学方法论的新图景——哲学的主要任务是修正、改良、删汰旧概念，或提出新概念。[1] 我试图论证，理查德·罗蒂的元哲学观是与激进版本的概念工程一气贯通的。罗蒂式概念工程可以概括如下：

> **“罗蒂概念革新第一准则”**：概念革新是对旧话语的彻底抛弃。

罗蒂非常关注“元哲学”问题：“元哲学问题（即倘若哲学有价值，那么价值何在？最好的探求方式何在？）与知识、真理和意义的本性的问题无法分离。”[2] 更进一步地，他聚焦于这样一个元哲学问题：

> 概念只是语词的使用，抑或概念能够被更好地理解——一旦获得了明晰性则“概念的混淆”就会被清除，而不是只能被粗疏地把握的东西？[3]

概念是否有一个明晰性标准？对于这个问题的两种回答预设了对两种不同方法论的认可。如果认为有，那么我们可以通过概念分

1　Cf. Herman Cappelen, *Fixing Language: An Essay on Conceptual Engineering*, Oxford: Oxford University Press, 2018.

2　［美］理查德·罗蒂：《分析的哲学与对话的哲学》，韩东晖译，《世界哲学》2003年第3期，第26页。

3　同上书，第27页。

析来获得这个精确答案；如果认为无，那么哲学的任务应该是“通过对语词用法的变化提出建议，使新的语词进入流通和传播过程，而不是通过创造一些分析，为语词的适当用法提供标准”[1]。在这个意义上，哲学家即“诗人”——“新字词的创制者，新语言的构成者”。[2]罗蒂选择的答案为：无。因此，罗蒂的元哲学是与概念工程的主旨若合符节的。

概念工程中有保守派和激进派之分。保守的概念工程认为概念改良不能改变原来的话题，应该尊重大多数人对于语词或概念的看法，更具体而言，我们应该尊重概念原有的目标、功能、用途，否则概念改良就是离题的。激进的概念工程则提出，哲学的概念革新不应该受制于话题的连续性，哲学的本职就是创造新的话语（具体参见第三章讨论）。在这样一个概念工程光谱中，我们应该如何安置罗蒂的观点？我认为，罗蒂的元哲学是一种激进的概念工程。我们可以从两个角度来论证。首先，罗蒂不要求哲学符合大众直觉。他提出：“主张一个‘恰当的’哲学理论必须考量我们的直觉，乃是一个反动标语，也犯了循环论证的大忌。……我们应该把‘直觉’斥为陈腔滥调，只是使用一特定词库的习惯，只是还没有被取代的旧工具。”[3]其次，罗蒂指出：“哲学的进步不是由于对问题的解决，而是以新问题取代了旧问题——语词的某种用法所产生的问题被另一种用法所产生的问题所取代。”[4]罗蒂的概念工程并不试图去保留原先

---

1 ［美］理查德·罗蒂：《分析的哲学与对话的哲学》，韩东晖译，《世界哲学》2003年第3期，第27页。

2 ［美］理查德·罗蒂：《偶然、反讽与团结》，徐文瑞译，商务印书馆2003年版，第33页。

3 同上书，第35页。

4 同上书，第29页。

的话题："不假装拥有更好的点子，去做和我们用旧方式说话时所做的同样的旧事情。"[1] 显然，聚焦旧问题的解决方案是一种保守派的做法。比如葛梯尔提出了知识传统定义（得到辩护的真信念）的反例，为了解决这个问题，我们可以提供各种新的"知识"概念。对于罗蒂而言，更好的哲学工作是抛弃那些不再有意义的问题。换言之，哲学的任务在于消解而非解决问题。比如，"真理"在罗蒂看来就是一个可以取消的概念："在我看来，以辩证法取代证明来作为哲学方法论，或抛弃真理的符应理论，都不是对先前已经存在的元目——称为'哲学'或'真理'——的本性有所'发现'，而是在改变我们谈论的方式，因而也改变了我们想要做的是什么，我们认为我们是什么。"[2]

立足于反直觉和反话题连续性，罗蒂必然走向一种历史主义进路：

> 历史主义并不适用如下思想：存在着反复出现的哲学问题，哲学家们使用着各种不同的方法去解决它们。我认为对哲学史的这种描述应该为另一种说明所代替，根据这种说明，哲学家与其他知识分子一样为重新描述人的处境提供了富有想象力的建议，他们提供了一种新的方法，用以谈论我们的希望和畏惧，我们的抱负和前景。因此，哲学的进步并不以所解决的问题为标志，而在于这种描述的日益完善。[3]

1 ［美］理查德·罗蒂：《偶然、反讽与团结》，徐文瑞译，商务印书馆 2003 年版，第 23 页。

2 同上书，第 32 页。

3 ［美］理查德·罗蒂：《当代分析哲学中的一种实用主义观点》，李红译，《世界哲学》2003 年第 3 期，第 15 页。

至此，我们已经论证了罗蒂的元哲学可以构成一种激进概念工程。罗蒂式概念工程有着自己独特的形式：概念工程是一个字面义（literal meaning）与隐喻之间往复的过程。罗蒂认为哲学家的工作就是提供新的隐喻，更确切地说，这是一个从字面义到隐喻的往复转化过程："旧的隐喻不断死去，而变成本义，成为新隐喻得以形成的基座和托衬。"[1]

罗蒂提出："信念的大量变化与一个人语词的大量变化是不可区分的。"[2]由此可推断，罗蒂预设概念的意义由不同的命题构成，而这些命题就是我们的信念。[3]换言之，概念的具体内容实际就是我们持有的关于概念的各类信念。因此，改良概念也就是改变我们关于概念的信念。获得新的信念有三种途径：知觉、推论和隐喻。通过知觉的介入，我们可以更正原来的信念。比如，当我亲眼见证了有口皆碑的好人张三恃强凌弱，那么我会改变我原来对他品行的信念。同样，推论也可以产生类似的作用。比如，当我借助一系列的推论得出张三欺负了李四，那么我会改变原来关于张三品行的信念。但问题是：这两种获得新信念的方式只是改变了原来信念的真假值，即"张三是好人"的真假值发生了变化。这两种方式都是在逻辑空间内发生的，因而并未真正打开语言的可能性空间——逃脱逻辑空间。然而，由隐喻带来的新信念则可以不受逻辑空间约束。如罗蒂所言：

隐喻乃是来自逻辑空间外面的声音，而不是填补这个空间

1 ［美］理查德·罗蒂：《偶然、反讽与团结》，徐文瑞译，商务印书馆2003年版，第28页。

2 ［美］理查德·罗蒂：《后哲学文化》，黄勇译，上海译文出版社2009年版，第30页。

3 为了便于行为，在这个语境中，我们暂时不区分"语词"与"概念"。

的某一个部分的经验活动，也不是对这个空间结构的一种逻辑哲学的澄清。它是一个要求改变一个人的语言和生活的号召，而不是一个有关如何把它们系统化的纲领。[1]

换言之，“字面义”和“隐喻”不是关于两种不同种类意义的区分，而是我们对概念的惯常用法（逻辑空间内的使用）与非惯常用法（超越逻辑空间的使用）的区分。居于逻辑空间内，我们达成对语言使用的共识，也因此只有在逻辑空间内，我们才有可能表达真的宣言和断言。隐喻在语言游戏中则缺乏固定的位置，但它不会长久保持在不稳定状态，隐喻一旦被大规模接受，就成了常规话语，也就变成死的隐喻。此外，罗蒂区分了两种提供新隐喻的哲学进路：一种是海德格尔式的，另一种是杜威式的。两者都认可“伟大的思想家是最怪僻的。他们是像黑格尔和维特根斯坦这样的人，其隐喻没有出处，但其光芒却照亮了新的道路”[2]。两者的区别在于，海德格尔式进路认为“探索这样的人们新近建议的道路是纯粹机械的，是平庸之辈的事情”，而杜威式进路则认为“这样的探索乃是哲学家的工作”。[3] 罗蒂更倾向于杜威式进路。根据杜威式进路，哲学家旨在服务我们的共同体。新的隐喻如果不能被编织进共同体的信念网络，也就丧失了价值：“新的、生动活泼的隐喻所能有的最确当的荣誉就是尽快使之成为死的隐喻，就是迅速地使它们成为社会进步的工具。”[4]

---

1 ［美］理查德 · 罗蒂：《后哲学文化》，黄勇译，上海译文出版社 2009 年版，第 28 页。
2 同上书，第 35 页。
3 同上书，第 35 页。
4 同上书，第 35 页。

第二节　两种概念工程：真理导向和效用导向

上文中，我们刻画了罗蒂式概念工程的一个重要维度——概念革新应该与旧话语彻底决裂。本节将着力刻画罗蒂式概念工程的另一个面向，我将之称为：

“罗蒂概念革新第二准则”：不存在决定概念标准的基础性真理。

罗蒂认为存在着两种截然对立的元哲学观，他曾在不同的场合使用不同的表述来表达这组对立的元哲学立场：分析的哲学与变革的哲学，分析哲学与对话哲学，体系哲学与教化哲学，认识论和诠释学。为了方便行文，我们把他反对的元哲学观统一称为“终极哲学”，而把他支持的元哲学称为“变革哲学”。“变革哲学”倡导哲学的目标就是将对话持续下去；而“终极哲学”提出哲学的目标是为万事万物找到一个永恒的衡量标准。

罗蒂借助“拼图”类比来刻画“终极哲学”。“终极哲学”预设了一个关于真理的终极拼图，哲学家的工作就是完成这个拼图，即找到普遍必然的真理。他们试图令当下已有的语词所表达内容的直觉能够互相融贯，从而拼凑出一个融贯的概念结构。这就类似于努力将每一个小的拼图块安置在正确的位置，从而拼凑出完整的图案。“变革哲学”则试图用新语词讲述一个新故事，而这需要超凡的哲学想象力。[1] 用罗蒂自己的话来说：

1　Richard Rorty, *Philosophy as Poetry*, Charlottesville: University of Virginia Press, 2016, p.47.

> 这种创造不是把拼图的片块成功地拼放一起的结果，不是发现到现象背后的实在，不是发现未被扭曲的整体图像观点，以取代对其各部分的一曲之见。对于这种创造，一个恰当的类比是发明新的工具，来代替旧的工具。学会使用这样的语汇就像弃置杠杆和楔子，因为人家已经想到了滑轮；或像丢弃石膏底和蛋彩，因为已经知道如何在画布上恰当地上胶。[1]

归根到底，罗蒂反对基础主义，即不认为存在终极真理作为衡量标准。无论是科学主义者，还是理念论者，都没有逃出“终极哲学”的窠臼。前者将科学真理作为终极标准，后者则将真理的权威赋予心灵、精神。罗蒂在《哲学与自然之镜》(*Philosophy and the Mirror of Nature*) 中，从不同维度检视了哲学史上各种版本的基础主义，认为传统哲学的模式是一种认识论哲学。认识论哲学预设存在一个我们可以依附的基础性真理，它能够保障我们不偏离正轨。我们有一种朝向这个终极基础的欲望，情愿被它束缚（confrontation and constraint)。认识论哲学就是这样一种“终极哲学”。“终极哲学”认为我们可以有一个公度方法（method of commensuration)，即一个评价万事万物的准则。“变革哲学”则给出反讽、讽刺诗、格言警句（satires, parodies, aphorisms)。这派哲学家知道自己的词汇终有失效的一天，因此他们不会致力于构建永恒。“终极哲学”试图将哲学引向科学的道路，而“革新哲学”则试图发现太阳底下的新鲜事——那些不能被现有语汇表征的事物，那些已经在那里，却不能被描述和解释的事物。

---

1 ［美］理查德·罗蒂：《偶然、反讽与团结》，徐文瑞译，商务印书馆 2003 年版，第 23 页。

一般而言，“终极哲学”与“变革哲学”间的张力更接近于“概念分析”与“概念工程”间的张力。但是有意思的是，罗蒂的这一元哲学张力甚至可以在当代概念工程学者中找到对应。概念工程的支持者珍妮弗·纳多指出，对于概念工程而言，哲学的首要任务不是如概念分析一样寻找普遍概念真理，而是“设计有效的概念”。[1] 换言之，概念改良是否成功不由真假决定，而取决于它是否有效。纳多可以视为“变革哲学”的代表。概念工程中“终极哲学”的代表是索耶。萨拉·索耶认为概念工程是一种改良分析（revisionary analysis）：

> 这个分析规定了一个对象、过程或事件需要满足的条件从而构成一个词项的外延。而这种规定不同于对于满足这个词项条件的传统或标准规定。这些构成事物、过程或事件满足这个词项外延的条件可以被视为这个词项的意义或内涵。因此，改良分析就是对语词赋予新的意义。[2]

索耶是如何在概念工程框架内实现一种“终极哲学”图景的呢？她的蓝图立足一个重要的区分：“概念”（concept）与“观念”（conception）。前者对应人类思想（thought），后者对应人类话语（talk）。索耶指出，概念是组成思想的心理表征；而观念是一组信念。具体而言，一个主体将一系列信念关联到一个概念时，这组信

---

1 Jennifer Nado, “Conceptual Engineering, Truth, and Efficacy,” *Synthese*, Vol.198, No.Suppl 7, Jan.2019, p.1523.

2 Sarah Sawyer, “Truth and Objectivity in Conceptual Engineering,” *Inquiry*, Vol.63, No.9-10, 2020, p.3.

念就是这个主体的概念表征的话题。两个人可以拥有一个概念，但却持有不同的观念。比如，病人和医生都拥有关于“关节炎”的概念，但他们分别拥有不同的关于“关节炎”的观念。因此，我们对概念的掌握可能是不完善的。[1]

概念对应思想；观念对应语言。索耶认为决定语言和决定思想的事实是不同的。传统语义外在论认为，我们的语义主要由两项因素决定：一个是社会因素，另一个是实在世界（real world）。根据社会因素的约束，我们将语义委托给专家，比如，普通人不知道山毛榉和榆木的意义，但植物学专家知道；根据实在世界的约束，我们的语义受到世界的因果关系的制约，比如，“水”的本质应该是由真实世界的水的本质决定的。传统语义外在论认为，上述两者都是决定语义的因素——语义要么由真实世界决定，要么由专家决定，而专家的语义也是由真实世界决定的。索耶对传统语义外在论提出了修正，她认为专家决定的是语言，而实在决定的是思想。即便是专家也会犯错，因此专家的信念未必构成知识，他们也并不能确保我们的语义完全符合真实世界。鉴于此，索耶指出，社会因素（专家信念）对表征的贡献实际是它们对“语言”的贡献，而实在世界对表征的贡献是它们对“思想”的贡献。因此，社会因素决定的是语言意义（linguistic meaning），而实在世界决定的是语词表达的概念（concept）。

索耶指出，我们要区分只属于思想，而不属于语言的属性。其中一个属性是“真”。因此，一个句子的真值取决于它所表达思想的

---

1 Sarah Sawyer, “Truth and Objectivity in Conceptual Engineering,” *Inquiry*, Vol.63, No.9-10, 2020, p.7.

真值，而非它的语义内容。概念规范是关于真假的规范；语言规范则是关于某个时段语言用法的规范。“强奸可以发生在婚内”在1800年和2000年表达了同一个**思想**的不同**语言意义**。相对地，我们也要去区分属于语言而非思想的属性，即分析性。“强奸发生在婚外”在1800年是分析的，但在2000年则不是。鉴于此，我们可以区分分析陈述（analytic statements）和概念真理（conceptual truth）。分析陈述属于某个特定时段的语言使用，因此是相对的；而概念真理则是永恒真理。我们以为的分析陈述，实际上是我们觉得可以表达概念真理的命题，而提出改良分析的动机就是认为现在的分析陈述不符合概念真理。

根据上述图景，索耶的概念工程预设了一个客观真理，即**概念**。而概念工程改变的实际不是概念，而是我们的**观念**。不同的概念工程可以提供不同的观念，越接近概念真理的那个观念就是越好的。如索耶所言，关于概念的争议就是关于哪个观念能够反映这个概念本质属性的争议。[1]这个区分下，概念工程就是给出一个关于这个概念所表征更为精准的刻画。[2]索耶的图景符合罗蒂对“终极哲学”的刻画。本质上来说，索耶的概念工程和概念分析别无二致，索耶自己也承认这一点。[3]概念分析不仅仅是对概念的分析，更是对事物本质的追索。概念工程和概念分析都关注我们所拥有的概念和我们应该拥有的概念。因此，改良、取代、分析是一体的。

---

1 Sarah Sawyer, “Truth and Objectivity in Conceptual Engineering,” *Inquiry*, Vol.63, No.9-10, 2020, p.1014.

2 Ibid., p.9.

3 Ibid., p.16.

第三节 判准难题

本节试图论证索耶方案的主要问题在于：（1）预设了不必要的理论概念，形成冗余的解释项（概念和观念的区分）；（2）无法回应判准难题。

索耶在 2020 年的三篇论文中都坚持了“概念”和“观念”的区分。她的主要论证思路是认为这个区分能够帮助我们解决话题连续性的难题。即，我们的观念虽然各异，但我们始终在讨论一个概念。但问题是：首先，越来越多的概念工程学者认为话题连续性并不是一个重要的事情，就如同罗蒂认为的那样，我们可以毫无顾忌地抛弃旧话题。其次，索耶的方案是一个形而上学方案，即借助一个“客观实体”来保障我们对语词使用的连续性。但在大多数情形中，保障话题的连续性是一个实践事务。比如亚里士多德在《尼各马可伦理学》中讨论了“勇气”的本质，勇气是一种知识？或是与灵魂的组成有某种关联？或者是以某种方式去感受、选择、行动的倾向？几千年后，科学家张三也谈论勇气，张三说“勇气”是由大脑中杏仁核（amygdala）决定的。根据索耶的方案，亚里士多德和张三都在谈论一个概念“勇气”，也即一个话题。但在实践中，我们不太会认为两人在讨论同一个话题。鉴于此，通过概念和观念的区分来处理话题连续性未必能获得积极的理论收益。

在 2021 年的论文中，索耶用新的方式进一步捍卫了她关于概念（思想）与观念（话语）的区分。她提出了概念多元论，即概念有不同的种类，而概念和观念的区分能够解释概念多元论现象。索耶提出，我们可以借助世界和心理匹配方向来区分不同种类的概念：一种是从世界到心灵方向匹配的概念（world to mind，下文简写为

WTM）；另一种是从心灵到世界方向匹配的概念（mind to world，下文简称写为 MTW）。根据索耶的界定，WTM 概念不是由观念（个体或共同体）决定的。因此，它指向一个客观属性，我们共同体中每个成员对这个属性的非索引性信念都可能是错的或不完整的。MTW 概念是完全由我们的观念（个体或共同体）决定的。因此，它指向一个属性，我们共同体中至少部分人关于这个属性的部分非索引性信念肯定是真的。

现在的问题是，我们是否需要“概念—观念”这个区分来解释这两类概念？我们先来看 MTW 概念。索耶对 MTW 概念的描述和她 2020 年三篇论文中对“概念”的描述是矛盾的。在 2020 年的三篇论文中，索耶贯彻了概念的一个重要属性是客观真理。然而在 2021 年的论文中，她又认为：MTW 概念是实践相关规范概念（practice-relative）。个体的规范标准来自共同体的实践，但除此之外，不再有高于实践规范的终极规范。因此，我们也没有终极标准来裁断两个共同体之间的争议。[1] 由此，“概念—观念”这个区分对于 MTW 概念而言是冗余的，因为“概念”与“观念”是重叠的。我们再来看 WTM 概念，这类概念大多是自然品类词。即便我们认为有一个客观实在决定了这些概念的语义，我们也无需再特设“概念—观念”区分。比如，概念“水”的语义由客观事实 H_2O 决定。假设张三认为水的语义是 O_3 或李四只知道“水”的构成成分里有氧原子，此时我们只需要解释张三对“水”的理解是错的，以及李四对“水”的理解尚不完整。换言之，他们并不正确拥有“水”这一概念

---

1 Cf. Sarah Sawyer, “Concept Pluralism in Conceptual Engineering,” *Inquiry*, Oct.2021, https://doi.org/10.1080/0020174X.2021.1986424.

的完整语义。在我看来，索耶的“概念”就是“客观事实”。但无论是在日常语言还是学术语言中，我们一般不会用“概念”来表达客观标准。

因此，特设一个“概念”作为客观标准是毫无必要的，我们应该用奥卡姆剃刀将之剔除。但索耶还面临着一个更棘手的问题，即判准难题：我们如何评判是否要采纳一个概念工程所提供的新概念？立足索耶的框架，一个好的概念工程必定提供了一个符合客观概念的观念。如果目前的概念工程提供的观念都无法精确符合概念，那么越接近概念的观念就是越好的。但是，即便存在这样的客观真理，人类也永远只能认知到自身的实践，而无法触及这些客观真理，或无法知道自己是否已经完全触及了客观真理。如罗蒂所指出的，不存在脱离人类语言实践的客观真理：“‘真理不存在那里’，只是说如果没有语句，就没有真理；语句是人类语言的元素；而人类语言是人类所创造的东西。”[1] 罗蒂说道：

> 真理不能存在那里，不能独立于人类心灵而存在，因为语句不能独立于人类心灵而存在，不能存在那里。世界存在那里，但对世界的描述则否。只有对世界的描述才可能有真或假，世界独自来看——不助以人类的描述活动——不可能有真或假。[2]

我们通常认为罗蒂是一个彻底拒斥客观真理的反基础主义者。但对于上述引文，我们可以做一个更弱的诠释：罗蒂只是告诉我

1 ［美］理查德·罗蒂：《偶然、反讽与团结》，徐文瑞译，商务印书馆 2003 年版，第 13 页。

2 同上书，第 13—14 页。

们即便客观真理在那里，它对我们也是无用的，我们能触及的东西，就是心灵和语言所触及的东西，因此我们也只能在我们实践范畴内来看待真假。鉴于此，完全脱离人类实践的客观真理未必不存在，只是它的存在无关紧要。罗蒂的这一看法也形成了对“终极哲学”的一种挑战。“终极哲学”需要一种柏拉图模式的先验语词（transcendental terms）。也就是说，我们所有的语汇，真理、实在、善，都指向了一个对应物（true referents）。但这个观点会使我们面临一个难题：一方面，哲学家应该拥有标识这些独特对应物的标准；另一方面，所有哲学家只能在目前的实践语境中去寻找这个对应物。

罗蒂还提供了另一个论证来挑战“终极哲学”。如果存在客观真理，那么任何理性程度类似的哲学家在面临着类似的证据时，应该能够得出类似的观点，但是，事实却并非如此。亚里士多德和伽利略可以观察到类似的证据，如斜面和弹道轨迹，但他们却提供了完全不同的物理学。康德认为所有时代的人都会遵循相似的道德法则，根据这些法则，奴隶制是不道德的，但亚里士多德却支持奴隶制。[1]

“终极哲学”面临的判准难题也是索耶方案面临的问题。索耶的“概念—观念”区分也无法解决判准难题。那么罗蒂式概念工程能否解决这个问题呢？

根据罗蒂第一准则，我们应该完全抛弃旧话语；根据罗蒂第二准则，我们无需依附一个作为基础的真理作为判准。如果结合这两个准则，罗蒂也会面临判准难题：一方面，我们宣称要彻底告别旧的话语，另一方面，我们又拒绝接受有一个对话语的好坏衡量的终

---

1 Richard Rorty, *Philosophy as Poetry*, Charlottesville: University of Virginia Press, 2016, p.47.

极标准。既然舍弃了客观的标准，我们又该如何评价一个概念工程的好坏呢？马修·希尔德（Matthew Shield）认为罗蒂（甚至整个实用主义传统）都面临这个问题。[1]一方面，实用主义认为我们对世界的认识必然要诉诸概念框架，即我们只能在实践中触及世界，而无法达到所谓的客观真理。另一方面，实用主义拒斥一种绝对标准。如此，他们如何对不同的概念框架作出取舍呢？对于非实用主义者，更符合世界实在的改变就是更好的改变。实用主义则认为，我们需要评价这些不同概念框架的“效果”(efficacy)，而非它们与世界的符合（correspondence to reality）。罗蒂一方面认为，有一些因果原因构成我们的概念转换（概念转换不是理性带动的，是一些纯粹的概念革新事件）；但作为实用主义者，他又不得不承认理由空间的有效性。于是，罗蒂面临的问题是：一方面实用主义坚持认为没有独立于语言的实在，另一方面，我们又需要一种独立于语言的标准来评价概念转化的合理性。

第四节　概念变革的判准：理性的或激情的

在大多数语境中，罗蒂似乎都持有一种彻底的反理性主义态度。这种反理性主义态度可以从两个角度来阐释。第一个角度即“罗蒂式概念工程原则一”所蕴含的：没有一个公度或衡量所有东西的普遍准则。第二个角度是罗蒂认为“论证”对于判定不同话语的优劣徒劳无益。

从第一个角度出发，罗蒂反对的是有一种可公度的标准

1　Matthew Shields, “Conceptual Change and Future Paths for Pragmatism,” *Southern Journal of Philosophy*, Vol.59, No.3, Sept.2021.

(commensuration)。“终极哲学”预设了一种公度方法，不能被公度的东西就会被视为主观的。在库恩那里，能否被公度被视为区分常规科学和非常规科学（革命科学）的方式。常规科学在一个标准化框架内来处理问题，以统一的标准来衡量好坏。革命科学则试图引入新的范式、新的问题。因此，我们无法用一个标准公度常规科学和非常规科学。罗蒂认同库恩，他认为无法通过算法或固定程序在概念的范式和范式之间进行抉择，并希望人类不要将自己的命运托付给一个与人无关的权威。他如此解释预设基础标准的实在论："对实在论的顶礼膜拜可以看作是宗教怂恿人们拜倒在非属人（non-human）的权力面前的一种启蒙主义翻版。"[1] 罗蒂反对存在一个非属人的权威可以为我们负责，而主张人类应该为彼此负责。

我们再来看第二个角度。罗蒂在很多地方的表述都会让我们认为在他的框架内，论证或理由是无力的。他说道："文化变迁的主要媒介，乃是以不同方式说话的才能，而不是良好的论证才能。"[2] 更进一步，他认为论证是徒劳无益的，我们无法用论证解决不同哲学概念框架间的分歧："无论是实在论者还是对手反表象主义者，都永远不能提供一种一劳永逸击败对方的论证，就像启蒙的世俗主义也拿不出这样的论证来反对有神论者一样。"[3] 跟随罗蒂，我们可以假设三个不同概念框架都各自面临着反驳：有神论面临着宇宙论证明的驳斥——上帝概念中蕴含着矛盾；实在论遭到了反实在论的挑战——

1 ［美］理查德·罗蒂：《当代分析哲学中的一种实用主义观点》，李红译，《世界哲学》2003 年第 3 期，第 16 页。

2 ［美］理查德·罗蒂：《偶然、反讽与团结》，徐文瑞译，商务印书馆 2003 年版，第 17 页。

3 ［美］理查德·罗蒂：《当代分析哲学中的一种实用主义观点》，李红译，《世界哲学》2003 年第 3 期，第 17 页。

“实在的内在本质”和“符合”概念中都蕴含着不融贯；实用主义受到塞尔的诘难——混淆了认识和存在。但罗蒂认为，我们可以确信：无论是一个坚定的有神论者，还是一个坚定的实在论者，抑或一个坚定的实用主义者，当他们面对上述论证时是不会动摇自己的信念的。如罗蒂所述：“一个概念毕竟只是对一个语词的使用。使用频繁和受人欢迎的语词和语句并不会仅仅由于其使用者被逼入严重的话语困境（tight dialectical corners）而被抛弃。”[1] 哪怕针对罗蒂自己不认同的真理符合论，他也不认为应该动用论证。当我们试图用论证反对某种当下流行的语言游戏时，我们无法避免自己的论证中没有包含这个语言游戏的词汇。为了表明论证的无力，罗蒂说道：“为了遵守我自己的戒条，我将不提出论证来反驳我想取代的语汇。相反地，我将试着说明我所赞同的语汇如何可以用来描述一些课题，使其看起来更具吸引力。”[2] 类似地，我们将“终极哲学”和“变革哲学”看作两种对于“哲学”的概念工程，这时我们该如何抉择？双方的辩护方案都只能来自各自的概念框架，因此是乞题的。

在放弃了理性主义判准方案之后，我们用什么来评价一个概念工程的提议呢？罗蒂认为概念革新更需要的是“吸引力”以及“天才人物”。宗教话语之所以衰微，不是因为后来者给出了反驳论证，而是因为人本主义哲学比宗教话语更有吸引力。罗蒂借助威廉·詹姆斯经典论文《信念的意愿》（“The Will To Believe”）来说明这点。如威廉·詹姆斯所言，论证失效之时，正是内心意愿开启之时。我

1 ［美］理查德·罗蒂：《当代分析哲学中的一种实用主义观点》，李红译，《世界哲学》2003 年第 3 期，第 17 页。

2 ［美］理查德·罗蒂：《偶然、反讽与团结》，徐文瑞译，商务印书馆 2003 年版，第 19 页。

们愿意接受新的话语，是因为这些话语是无法逃避、至关重要、活泼灵动的。对于选择表征主义或非表征主义而言，这不是方法层面的竞赛，也不是海德格尔或形式逻辑哪个才更哲学的问题。实际上，这两个立场都是有趣的。罗蒂认为我们没有一套方法来决定哪个框架是更好的，对于如何选择，只能遵从自己的内心。[1]罗蒂在不少语境中强调引领概念革命需要借助哲学家的个人魅力。比如，他认为我们应该将“哲学的不断发展视为由天才的个体而不是共同写作的群体所施展的富有想象力的跳跃”[2]。罗蒂说道：“真理乃是某个特异的天才才能赋予我们的东西。这样一种真理概念把听觉隐喻，即一个来自远方的声音，一个发自良心的呼喊，一个发自黑暗的语词，合理化了。”[3]对于罗蒂而言，哲学的概念工程需要等待一位超凡的领袖（如黑格尔、维特根斯坦一样）：“等待领袖就是等待人类的想象力再次燃放激情，等待提出一种我们以前没有想到的言说方式。”[4]

判准是否变成一个非此即彼的选择？如果不是理性判定，那就只能是情感意愿？我们是否可以完全摆脱逻辑空间的约束？首先，对于逻辑空间内的判定问题，就是以逻辑空间的原有标准作为衡量标准。比如，我们如何在当代知识论框架内比较“知识”的概念？如果张三的“知识”能够覆盖葛梯尔反例，而李四的“知识”不能，那么张三的“知识”显然是更好的版本。但这类概念工程没有跳脱

1 ［美］理查德·罗蒂：《当代分析哲学中的一种实用主义观点》，李红译，《世界哲学》2003 年第 3 期，第 22 页。
2 ［美］理查德·罗蒂：《分析的哲学与对话的哲学》，韩东晖译，《世界哲学》2003 年第 3 期，第 30 页。
3 ［美］理查德·罗蒂：《后哲学文化》，黄勇译，上海译文出版社 2009 年版，第 30 页。
4 ［美］理查德·罗蒂：《当代分析哲学中的一种实用主义观点》，李红译，《世界哲学》2003 年第 3 期，第 23 页。

"终极哲学"的框架，也因此不是罗蒂式概念工程。我们的问题实际是：罗蒂式概念工程能否完全摆脱理由空间的裁定？对于哪个概念或概念框架更好这个问题，罗蒂多次强调我们应该选更富有成效，更行之有效的那个方案。选择更富有成效的方案是否是理由空间之外的判定方式？我认为答案是否定的。我们可以考察一个罗蒂式概念革新的案例。[1]托尔斯泰认为"艺术"是个体有意识地通过一些外在符号，将自身的体验传递给他人，并试图影响他人。托尔斯泰的艺术观是对传统为艺术而艺术的艺术观的挑战，他认为艺术不仅仅是艺术本身，更是一种平等主义精神的传递，也应该是关注人类福祉的。托尔斯泰并不认为他给出的"艺术"概念是符合实在的，因此他并不接受一种基础主义的判准原则。托尔斯泰认为采纳他的"艺术"概念可以促进人类繁荣。他的概念工程不是一种强制性的命令，也不是一种言说权威（speaker authority）。他的断言不是一种绝对的真假断言，而是一种实践断言（supposition, metalinguistic proposal）。在这个意义上，托尔斯泰改良"艺术"所提供的理由是一种**实践理由**，这类理由不同于一种普遍化的准则，但也是理由空间常被使用的理由。因此，我们通过"有效"来为自己的概念工程辩护时，并未脱离理由空间的约束，我们仍旧在进行要求和给出理由的实践。

值得注意的是，罗蒂很多时候关注的不是单个概念或围绕单个概念的概念簇的改良，更多是一种概念框架间的改良。如罗蒂所言："比较古代雅典政治的语汇和美国开过元勋杰弗逊的语汇，比较圣保罗的道德语汇和弗洛伊德的道德语汇，比较牛顿的术语和亚里士

1　这个案例来自 Matthew Shields, "Conceptual Change and Future Paths for Pragmatism," *Southern Journal of Philosophy*, Vol.59, No.3, Sept.2021。

多德的术语，比较诗人布莱克的惯用语和诗人德莱登的惯用语，我们就比较不会认为世界使它们之间的一个优于另一个，或认为世界在它们之间做了一个选择。”[1] 立足整体概念框架间的判准问题，罗伯特·皮尔西（Robert Piercey）试图给出一个方案来解决罗蒂式概念工程的判准难题。[2]13 世纪之际，托马斯主义（Thomistic）道德框架如何能够取代奥古斯丁框架？显然，这不是通过论证能够彻底解决的问题。皮尔西认为，唯一的方法是其中一个概念框架要向另一个概念框架表明自身是富有成效的，而且对方能够理解和接受。托马斯方案可以解决诸多奥古斯丁方案无法解决的问题。奥古斯丁主义和托马斯主义具有本质上的连续性，因此奥古斯丁框架也能理解托马斯方案的优势。鉴于此，概念框架间抉择时，更好的那个概念框架要做到如下三点：（1）表明自己的概念框架在实践层面是更为成功的。（2）揭示自己的概念框架可以处理对方概念框架无法处理的难题。（3）能够用对方理解的方式表达自己的优势。在这个意义上，皮尔西认为一个概念框架的支持者需要用一个故事来述说自己方案的优势，叙事和论证的界限因此可以被抹平。类似于托尔斯泰案例，皮尔西所说的这些方式也可以被纳入理由空间来处理。

有人可能会反驳：罗蒂式概念工程关注的概念框架变迁并不具备托马斯框架和奥古斯丁框架的深度连续性。换言之，概念框架 A 和概念框架 B 甚至不共享任何问题意识。因此，两个完全无法公度的概念框架之间是无法做到彼此理解的，也因此无法利用理由

1 ［美］理查德·罗蒂：《偶然、反讽与团结》，徐文瑞译，商务印书馆 2003 年版，第 14—15 页。

2 Robert Piercey, “Metaphilosophy as First Philosophy,” *International Philosophical Quarterly*, Vol.50, No.3, Sept.2010.

空间的资源进行评判。我们将这类情况称为全盘概念框架的抉择问题。对此，我们不得不承认在全盘概念框架的转换中，我们可能无法诉诸逻辑或理由空间进行抉择。但是，全盘概念框架转换仍旧可以区分两种情况。在第一种情况中，正如俗话说“罗马不是一天建成的”，在正常的实践活动中，从一个概念框架完全转化到另一个概念框架是一个长期的推进过程。这是凝聚各方努力，日积月累方能促成的。从最后的结果看，我们看到的是一个全盘的概念范式变迁。但从具体的过程看，每一个局部的努力都是不可或缺的。这些局部努力应该无法完全超越理由空间，至少是给出理由活动和改良者个人魅力的结合所促成的。在第二种情况中，我们可以在逻辑上设想一极端情况，假设外星生命突然降临地球，并宣布它们的语言框架是远优于人类任何语言框架的。此时，我们无法动用自己框架内的资源去评价外星人的框架。在这种情况下，理由空间也许是毫无作用的。

综上，我针对判准难题给出的方案是分而治之。对于非罗蒂式概念工程而言，我们只需借助共同体内达成的统一共识作为评价标准即可。对于彻底转换话题的概念工程而言，我们仍旧可以在理由空间内诉诸实践理由作为评判资源。而对于全盘概念转化而言，大多情况下，这是一个长期的推动过程，这个过程无法彻底弃用我们的理由空间模式；只有在少数极端可设想情况下，理由空间才是彻底失效的。

第十章

理论智慧是一种概念能力

第一节　理论智慧与实践智慧

众所周知，“哲学”的希腊词义即“爱智慧”。但在当代语境，“智慧”作为哲学话题一度式微，此外，我们也不会将“智慧”作为一个对哲学工作的评价词。近年来，不少英美哲学学者又重拾对“智慧”的讨论热情，论者纷纭。虽然近年来对智慧的哲学研究在持续推进，但大多数研究针对的是“实践智慧”（practical wisdom），而关于“理论智慧”（theoretical wisdom）的专门研究则并不多见。我尝试给出一个对“理论智慧”的详细刻画，这个刻画立足于对“概念能力”的阐释。

此外，哲学是智慧之学，追求智慧的目的也应与哲学的目的是一气贯通的。金岳霖主张哲学以“求通”为目的：

> 哲学底目标可以说是通，我们不盼望学哲学的人发现历史上的事实，也不盼望他们发现科学上的道理。他们虽然不愿意说些违背历史或科学的话，然而他们底宗旨并不是在这两方面增加我们底知识。当然学哲学的人也许同时是学历史的人，他在历史底立场上，也许求发现历史上的事实；也许是学科学的人，在所习科学底立场上，也许求发现科学上的道理；然而在哲学底立场上他仍只是求通。[1]

在当代哲学关于智慧的讨论中，对实践智慧的关注占据了主导地位，可谓一时隆盛。实践智慧和大多实践导向的论题休戚相关。

1　金岳霖：《知识论》，商务印书馆 2000 年版，第 6 页。

甚至，有学者主张，事实上只有一种智慧，即实践智慧，持这一观点的学者不在少数。比如，罗伯特·诺齐克就主张："智慧是实践的；它应该是能帮助到我们的。**智慧是理解良好生活的基础，拥有智慧才能去处理重要的问题，拥有智慧才能避免陷入危险的困局。**"[1] 理查德·加勒特（Richard Garrett）也提出类似想法，他指出智慧必然与"生活得好"（living well）有必然关系[2]。再有斯蒂芬·格里姆（Stephen Grimm）认为："并不存在理论智慧这样一种独立的智慧种类，不存在一种可以脱离如何良好生活的智慧。"[3] 我们将这类观点称作"单一智慧观"，而将那些主张具有两类智慧的观点称为"双重智慧观"。

诸多学者将莎伦·雷恩视为"单一智慧观"的代表，但这种解读有失公允。雷恩早期的观点可以被粗略解读为"单一智慧观"[4]。但我们发现，雷恩后来的论述已经在试图覆盖理论智慧了[5]。早期雷恩主要试图揭示"智慧"和"生活得好"之间的必然关系。丹尼斯·维特康姆（Dennis Whitcomb）则认为"生活得好"不构成"智慧"的必要条件，换言之，这个关联是可以切断的。他构想了两个反例：邪恶圣人与抑郁圣人。我们可以假想一个受人敬仰的有智慧的人，突然有一天罹患了抑郁症，他不再能够生活得好。维特康姆认为，

---

1 Robert Nozick, *The Examined Life: Philosophical Meditations*, New York: Simon and Schuster, 1989. p.267.

2 Richard Garrett, "Three Definitions of Wisdom," in Keith Lehrer et al.(eds.), *Knowledge, Teaching and Wisdom*, Dordrecht: Springer, 1996.

3 Stephen Grimm, "Wisdom," *Australasian Journal of Philosophy*, Vol.93, No.1, Mar.2015, p.140.

4 Sharon Ryan, "Wisdom," in Keith Lehrer et al.(eds.), *Knowledge, Teaching and Wisdom*, Dordrecht: Springer, 1996.

5 Sharon Ryan, "Wisdom, Knowledge and Rationality," *Acta Analytica*, Vol.27, No.2, Jun.2012.

即便如此，我们直觉上还会觉得抑郁圣人仍旧是个有智慧的人，还是会愿意向他探询建议。我们还可以假想一个全知全能的诸如梅菲斯特这样的魔鬼，他一方面是全知全能的，他知道所有一切关于如何良好生活的知识，但他却仍旧选择邪恶的生活方式。维特康姆认为，即便如此，我们也无法否认一个全知全能的人是智慧的。

维特康姆试图用这两个案例来表明“生活得好”并不构成“智慧”的必要条件，他的用意在于表明所有的智慧都不需要“生活得好”这个必要条件。这个直觉要求是诡异的。一方面，我们很难认为一个自己都无法生活得好的人具备“实践智慧”，这是有违我们朴素直觉的。另一方面，我们却又会在某个层面感到抑郁圣人或邪恶圣人还是有智慧的。事实上，我们之所以会产生这种直觉冲突，恰恰是因为我们的智慧是有不同种类的。当我们觉得抑郁圣人或邪恶圣人不再具备智慧，此处的智慧指涉“实践智慧”；而当我们觉得抑郁圣人或邪恶圣人仍具备智慧，此处的智慧指涉“理论智慧”。因此，我认为维特康姆的两个案例并不能完全服务于他本身的目的——论证智慧可以完全脱离“生活得好”。但却可以服务于我们目前的目的：我们直觉的不稳定反映了“智慧”不是单一的，而至少是双重的。也就是说，为了化解直觉张力，更好的提问方式是：抑郁圣人或邪恶圣人是否具有理论 / 实践智慧？

维特康姆让我们设想如下情况：假设张三和李四具有同样程度的实践知识，但张三比李四具备更多的非实践知识——比如形而上学和认识论知识。此时，我们是否会认为张三比李四更有智慧？我们又是否会认为李四比张三更愚蠢？我们一般会觉得张三比李四更有智慧的直觉是合理的，同时，李四比张三更愚蠢的直觉又不太合理。我们之所以觉得张三比李四更有智慧，是因为我们觉得张三比李四更具有理论智慧；我们之所以觉得李四不比张三愚蠢，是因为我们觉得在实践层面张三并不比李四更愚蠢。如果这个直觉成立，就证明我们至少可以预设存在两种智慧。也许有人反驳：所有的理论智慧终究服务于实践智慧，那么如果张三和李四拥有了同等的实践智慧，谁拥有额外的非实践知识就不那么相关了[1]。这种观点的问题在于预设了理论智慧只有工具价值，而无内在价值。这个预设本身就极富争议。因此，这类反驳的立足点就是存疑的。

另外，本书在之前的讨论中指出了概念功能维度的重要性，据此，一个好的"智慧"界定应该是能够满足它的功能的。我可以想到的功能包括：标识出一些值得人们褒奖和钦佩的杰出人物；标识出能够解决理论或实践疑难的人。如果我们仅仅用智慧去标识那些诸如甘地、孔子、马丁·路德·金这类具有实践智慧的人，那么对于那些伟大的理论家会显得不公平——哥白尼、牛顿、爱因斯坦、霍金、纳什、罗尔斯、阿尔都塞这些人都为人类理论认知作出了巨大贡献。直觉上来说，他们似乎也能够得上"智慧"的称号。因此，我们区分"理论智慧"和"实践智慧"的一个优势是，我们既能够标识出实践层面的杰出人士，也能标识出理论层面的杰出人士。

此外，理论智慧与实践智慧之间的价值关系是一个问题，理论智慧在概念上可否独立于实践智慧是另一个问题。即便格里姆的理论智慧工具价值论成立，也不必然推出我们无法在概念层面独立刻画理论智慧。真正的难题在于，能否在概念层面对理论智慧给出独立的刻画。柏尔（Jason Baehr）认为我们无法做到这种刻画，他考

1　Shane Ryan, "Wisdom: Understanding and the Good Life," *Acta Analytica*, Vol.31, No.3, Sept.2016, pp.235-251.

察诸多种可能的区分方式：关于实在的必然特征与偶然性事务；先天事务与后天知识；瞄准真理的推论与瞄准善的推论；正确的信念与正确的行动，等等。但他认为上述区分方式都无法成功。我并不打算为上述某个区分辩护，而是试图提出一种对理论智慧的新理解方式。在此之前，我将先考察几种主要刻画进路：亚里士多德进路、命题性知识进路、能力之知进路。

第二节　基于命题性知识的理论智慧观

在讨论基于命题性知识的理论智慧观之前，我们简要回顾一下亚里士多德对理论智慧的论述。据郁振华分析，在亚里士多德那里，我们可以发展出三种智慧类型：理论智慧、实践智慧、制作智慧。[1]我仅聚焦亚里士多德对理论智慧（sophia）的论述。

亚里士多德将“理论智慧”界定为“知识”(episteme）与“努斯”(nous）的结合。在他的语境中，知识是必然的，永恒的：“这是绝对意义上的必然的事物；永恒的事物也是非生产的、不朽的。”[2]因此，知识是来自第一原则的推论。然而，亚里士多德认为：“智慧的人不仅仅知道如何通过第一原则来推论，还需要拥有关于第一原则的真理。”[3]那我们又当如何获得第一原则，也即如何把握原因(aitia)？此时，亚里士多德主张我们要借助“努斯”——理性的直观能力。在亚氏那里，理论智慧具有神圣的品格，因而其他理智德

1　参见郁振华：《论三种智慧》，《华东师范大学学报》(哲学社会科学版）2020年第5期。

2　Aristotle, Nicomachean Ethics, W. D. Ross(trans.), in R. Mckeon(ed.), *The Basic Works of Aristotle*, Random House, 1941. 1139b20-24, p.1024.

3　Ibid., 1141a, p.1027.

性的级别都低于理论智慧。他认为生活的终极目的是抽象的理论活动，也就是沉思活动，而沉思生活就是通过动用和发挥理论智慧而实现的。亚里士多德如此描述沉思生活：

> 这种生活是人类生活的最高等级。如果有人能过上这样的生活，那也不是他人性维度促成的，而是神性维度所成就的。这个充盈神性要素的活动要比遵照其他德性的活动更为高级，因为神性要素比其他要素的混合还来得更高级。[1]

据此，实践智慧就低于理论智慧。道德德性的目的是社会的繁荣，而道德德性的统一就是实践智慧。理智德性的目的是沉思生活，理智德性的统一形式就是理论智慧。沉思的目的指向宇宙的终极真理，因此，具有神性的沉思活动在逻辑上可以独立于道德实践。亚里士多德指出，泰勒斯和阿那克萨戈拉是理论智慧的典范，因为他们致力于“那些卓越的、令人钦羡的、困难的、神圣的、却又无用的事物”。[2] 他进一步指出，将政治艺术或实践智慧作为最好的知识是很奇怪的，毕竟人不是最完美的存在，因此，实践智慧只对理论智慧具有工具价值。亚里士多德作了如下类比：实践智慧对于理论智慧的作用，就如同医生的医术对于健康的作用，前者无法决定或掌控后者，因为前者只对后者具有工具价值。

亚里士多德的“理论智慧”对后世影响深远。但总的来说，亚里士多德的理论智慧是一种带有神性维度的理论智慧。首先，亚里

---

1 Aristotle, Nicomachean Ethics, W. D. Ross(trans.), in R. Mckeon(ed.), *The Basic Works of Aristotle*, Random House, 1941. 1177b27-1178a2, p.1105.

2 Ibid., 1141b, p.1028.

士多德理论智慧预设了过多的论证负担。他的理论智慧对象由终极实在和科学知识构成。他对终极实在有不同的表述方式：必然原则、终极因、第一原则、始因，等等。在当代，多数学者都不再执着地认为理论智慧的对象是具有必然属性的终极因。比如，雷恩就认为："亚里士多德认为科学知识是必然真理以及必然真理的逻辑后承，然而这已然不再是一个被广为接受的观点。"[1] 但雷恩没有道出亚里士多德界定困境的关隘。事实上，亚里士多德的"理论智慧"是立足于两个世界形而上学基础上的，这种形而上学认为有一个远在彼端的理念世界，这个是关于终极实在的世界，另一个是我们的日常世界。或者用哈贝马斯的话来说，这预设了本质和表象的区分，这个预设会形成过多的形而上学负担。尤其在后形而上学时代，这种区分被广为拒斥。[2]

其次，亚里士多德的努斯概念很难在科学语境中得到定位。亚里士多德对理论智慧的界定诉诸一种特殊能力：努斯。在后形而上学语境或科学时代的语境中，我们似乎很难在自然界锁定这种认知官能。维特康姆指出："对亚里士多德而言，所有具有理论智慧的人都能够理性直观到第一原则。但这看起来是错的。一个拥有深层物理经验知识的人可以被认为具有理论智慧。但是这种知识的获得不需要理性直观。"[3]

第三，在亚里士多德那里，理论智慧只有内在价值，而无工具价值。理论智慧是最高的理智成就，其他理智德性可以服务于它，

---

1 Sharon Ryan, "Wisdom," *The Stanford Encyclopedia of Philosophy*(Spring 2020 Edition), http://plato.stanford.edu/archives/spr2020/entries/wisdom/, p.5.

2 参见郁振华：《论理论智慧》，《学术月刊》2020 年第 10 期。

3 Dennis Whitcomb, "Wisdom," in S. Bernecker and D. Prichard(eds.), *Routledge Companion to Epistemology*, Routledge, 2010, p.100.

反之则不成立。换言之，实践智慧等理智德性可以贡献于沉思生活，颠倒过来则是不可能的。这个论断也不符合后形而上学时代对理论智慧的理解。我们一般还是会认为，理论智慧是可以服务于其他理智德性的。

不少当代知识论学者尝试在一种后形而上学的意义上重新界定理论智慧。我也试图给出一个后形而上学意义上的“理论智慧”。

当代知识论学者对理论智慧的界定有一个共同点——诉诸命题性知识。换言之，他们认为理论智慧的核心是可以被表达的命题性知识。赖尔最早区分了命题性知识和能力之知，顾名思义，命题性知识就是以命题形式表达的知识，而命题可以是各类形式的：陈述性的（indicative）、描述性的（descriptive）、假言性的（hypothetical）、范导性的（regulative）、命令性的（imperative）。命题知识包括“伦敦是英国首都”“玄武门之变发生于626年7月2日”等。能力之知则是原则上无法完全还原为命题性知识的，这类知识主要通过智力、能力、行动来界定。能力之知包括弹钢琴、维修汽车、花样滑冰等。赖尔如此解释：

> 哲学家并没有公允地对待一个我们熟悉的区分：知道某事和知道如何做某事。他们的知识理论往往聚焦于对真理和事实的发现。他们要么忽视去探索做事的方式与方法，要么他们直接将这种方式或方法还原为对事实的探索。他们将智力和对命题沉思等同，并认为对命题的沉思可以穷尽智力。[1]

---

1 Cf. Gilbert Ryle, “Knowing How and Knowing That,” *The Presidential Address. Proceedings of the Aristotelian Society*, Vol.46, No.1, 1946, pp.1-16.

立足这个区分，我们发现有一部分学者对理论智慧的理解也是基于命题性知识的，雷恩是其中的典型代表，她的最终定义可以改写如下：

理论智慧 TW（Theoretical Wisdom）：S 在某时刻具有理论智慧，当且仅当在这一时刻 S 拥有大量的关于各种广泛的有价值的学术主题和关于如何理性生活的（认知、道德、实践生活）的认知上得到辩护的信念。并且 S 真挚地致力于去探索学术和实践知识。[1]

在获得这个最终版本前，雷恩对理论智慧的界定几经变动。

她在 1999 年的论文中提出了一种领域导向的理论智慧：

TW_1：S 具有针对 x 的（理论）智慧，当且仅当 S 知道很多关于 x 的内容。[2]

雷恩的这个早期界定尚显粗略。首先，她只关注了领域导向的理论智慧，而忽略了作为一般形式的理论智慧。一方面，雷恩将领域性理论智慧纳入理论智慧的范畴是可取的，这符合我们的一般直觉。另一方面，雷恩自己又有所动摇，她认为简单地将理论智慧等同于专家知识有欠妥当。她指出："智慧更多是一种博学多才的体

1 Cf. Sharon Ryan, "Wisdom, Knowledge and Rationality," *Acta Analytica*, Vol.27, No.2, Jun.2012.

2 Sharon Ryan, "What is Wisdom?" *Philosophical Studies*, Vol.93, No.2, Feb.1999, p.120.

现，而非仅仅对于专门知识的精通。”[1] 可见，TW_1 面临着一多之辩的问题。其次，TW_1 也无法回应理论智慧不应是零星琐屑的这一挑战。而根据 TW_1，如果张三对 1 号仓库所有细节了如指掌，我们可以称张三是有理论智慧的人，但这是很荒谬的。鉴于此，她提出了一个改良的版本：

TW_2：S 具有（理论）智慧，当且仅当他拥有广博的具有内在价值的知识。[2]

根据这个界定，一个拥有理论智慧的人，拥有的知识不仅是数量可观的，也不能是琐碎的，而应具有极高的内在价值。至少，这个定义能避免将那些拥有大量琐碎知识的人奉为智慧者。但这个界定仍旧是偏颇的，它忽视了理论智慧的工具价值维度。

雷恩也意识到之前界定的纰漏，并在 2012 年的论文中给出一个新的刻画：

TW_3：S 具有（理论）智慧，当且仅当他拥有广博的事实知识和理论知识（学术知识）。[3]

TW_3 和 TW_2 不同。TW_2 强调了理论智慧的内在价值，却忽视了其工具价值。而在 TW_3 中，事实知识加上理论知识，可以同时覆盖

1　Sharon Ryan, “What is Wisdom?” *Philosophical Studies*, Vol.93, No.2, Feb.1999, p.121.

2　Ibid., p.122.

3　Sharon Ryan, “Wisdom, Knowledge and Rationality,” *Acta Analytica*, Vol.27, No.2, Jun.2012, p.104.

内在价值和工具价值。在后形而上学语境中，我们应该承认理论智慧具有工具价值。并且，这个界定可以覆盖一般理论智慧和领域性理论智慧。因此，TW_3 是对 TW_2 的改良和推进。

我们发现，从 TW_1 到 TW_3，雷恩一直在尝试修正对理论智慧的刻画。从最初的领域性知识，到关注内在价值的知识，再到同时覆盖内在价值和工具价值的知识。但这种推进似乎仍旧是停留于同一个层次的精雕细琢。雷恩始终将理论智慧理解为对命题性知识的拥有：从“领域性命题”到“具有内在价值的命题”再到“事实命题和学术命题”。但 TW_1 到 TW_3 都有一个强的知识性要求，即智慧预设了拥有智慧者所拥有的命题为真命题。但我们无法保障历史上的诸多被视为拥有智慧的人，所拥有的命题都必然为真，苏格拉底、柏拉图、亚里士多德都有可能持有假命题。鉴于此，雷恩又作出了修正，她将强的知识概念替换为得到辩护的信念。

> **TW_4：** S 在某时刻具有理论智慧，当且仅当 S 在这一时刻拥有大量在认知上得到辩护的信念，且这些信念应当是关于各种广泛的、有价值的学术主题和关于如何理性生活的（认知、道德、实践生活）。[1]

TW_4 允许智慧者可以持有假的命题，但雷恩仍发现了问题。假设张三持有很多关于学术以及良好生活的得到辩护的信念，但他就此止步不前，不再有动力去进一步探究新的可能性，我们还会

1 Sharon Ryan, “Wisdom, Knowledge and Rationality,” *Acta Analytica*, Vol.27, No.2, Jun.2012, p.108.

认为张三是一个智慧的人吗？可能不会。因此她又增添了一个条件：一个拥有理论智慧的人应该真挚地致力于去探索学术和实践知识。

经过上述反复修正，雷恩达到了上文提到的最终定义。对雷恩定义的上述解读也许会产生争议：我把那些得到辩护的，关于如何理性生活的信念也纳入了“理论智慧”的范畴。之所以如此区分，因为雷恩的智慧定义中还有一项“理性地生活”。在我看来，这一项是划分雷恩版本理论智慧和实践智慧的关键，只有当一个人在具备了理论智慧，并且能够依据理论智慧来生活，他才能算得上拥有实践智慧。照此理解，一个人即便拥有了关于如何良好生活的得到辩护的信念，却不能凭此为依据来生活，他至多只拥有理论智慧，而不具备实践智慧。

立足命题性知识解释理论智慧到底有何问题？我的观点是，命题性知识对于构成理论智慧而言是必要的，但却不充分。

首先是来自无穷倒退论证的挑战。即便张三获得了大量关于哲学理论的命题，但他仍旧有可能不具备对这些命题的深度理解，而这种深度理解才是智慧的核心要素。我们假设张三被灌输了大量关于哲学的命题层面的知识、理论、策略、先验真理。并且，张三过目不忘，记住了所有这些命题内容。这是否构成他成为哲学家的充分条件？显然不行。即便张三背出了大卫·刘易斯的形而上学理论的所有细节，但他仍有可能不知道如何回应其他人对刘易斯理论的挑战。即便张三熟记哲学史上所有版本的观念论，但他未必能够真正为观念论作出理论辩护。此时，命题性知识版本的理论智慧捍卫者可以说，张三之所以不拥有理论智慧是因为他知道的仍旧不够多。如果掌握了关于形而上学命题的集合 C，仍旧不足以使得张三具有形而上学的理论智慧，那么他还应该掌握另一组集合 C_1——这组命题集合可以是对 C 的解释性命题。但理论上，即便获得了 C_1，张三仍旧有可能不具备形而上学智慧，哪怕补充了命题集合 C_2，也还是会遇到同样的问题，此时需要再引入 C_3，如此下去就会导致无穷倒退。无穷倒退论证源自赖尔，他指出，对某个命题的理解既可以是聪慧的，也可以是愚笨的。如果要聪慧地理解，根据理智主义（intellectualism）教条，我们还要再诉诸进一步的命题，对这个进一步命题的理解又要面临同样问题，那么就会形成无穷倒退。赖尔提出："我们需要智力，不仅为了发现真理，更在于运用它们……对律令的运用等行为不是对它们的沉思。"[1] 如此，对命题的理解实际是一种能力的发挥。

除了无穷倒退论证，立足于命题性知识还会面临传递性难题。命题性知识是可以通过证言传递的。比如，张三知道"李四有一辆奔驰轿车"，那么王五可以通过张三的证言获得同样的命题"李四有一辆奔驰轿车"。假设命题性假说成立，理论智慧是命题性的，那么理论智慧也应该可以通过证言传递。我们假设张三是一个具有理论智慧的人，那么王五通过和张三的交流，也应该获得理论智慧。但我们发现，即便王五和张三进行了深度交流，也不能保证张三的智慧可以毫无保留地传递给王五。因此，这也构成了对命题导向智慧观的挑战。

其次，基于命题性知识的理论智慧无法解释理论智慧者为何能够改良我们的知识体系或提出原创性理论。假设张三提出了一种全

---

1 Gilbert Ryle, "Knowing How and Knowing That: The Presidential Address," *Proceedings of the Aristotelian Society*, Vol.46, No.1, 1945, p.6.

新的形而上学理论，这种理论得到了广泛的关注，无论是支持者或批评者都认为这是一种极为重要的原创性理论。一般来说，我们会觉得张三是具有理论智慧的。但是一个满足了命题性知识理论智慧的人，不一定就具有创发能力，他可以获得世界上所有的哲学命题，却无法提出新的创见性哲学命题。

第三节　基于能力之知的理论智慧观

通过上文考察，我们发现虽然一个具有理论智慧的人势必具有命题性知识，但这对于理论智慧是不充分的。有不少对理论智慧的界定已经跳出了这个范式，本节我们考察一些以“能力之知”为基础的理论智慧框架。

柏尔认为可以通过三种观念来理解理论智慧[1]：（1）认知状态（epistemic state）；（2）认知能力（cognitive faculty/ability）；（3）理智品质（intellectual trait）。认知状态强调的是对理论智慧的把握，即达到一种对事物深刻认知或理解的状态；认知能力指理论智慧实际是一种能力的展现；理智品质试图表明，理论智慧应该体现一种追求深度理解状态的动力。至少从第二点来看，柏尔采纳的是反理智主义的理论智慧观——拒斥将智慧还原为命题。目前的讨论范式中，有两种进路具有立足能力之知来界定理论智慧的潜质。

第一种范式肯认了理论智慧的非简单命题化，但却只强调它的工具价值。沃什（Sean Drysdale Walsh）的观点可以视为这种范式

1　Cf. Jason Baehr, “Sophia: Theoretical Wisdom and Contemporary Epistemology,” in K. Timpe & C. Boyd(eds.), *Virtues and their Vices*, Oxford: Oxford University Press, 2014, pp.303-325.

的代表。沃什认为，我们从儒家传统那里也可以发展出理论智慧概念。[1]他借助“实践智慧”和“理论智慧”的区分，发展了“儒家实践智慧”（Confucian phronesis）和“儒家理论智慧”（Confucian sophia），并将“知天命”解读为儒家对理论智慧的追求。沃什指出，知天命以“学”和“思”为基础。《论语》（17.8）论述了“学”的重要性：“好仁不好学，其蔽也愚；好直不好学，其蔽也荡；好信不好学，其蔽也贼；好直不好学，其蔽也绞；好勇不好学，其蔽也乱；好刚不好学，其蔽也狂。”[2]在《论语》（2.15）中，孔子强调了“思”的必要性：“学而不思则罔，思而不学则殆。”[3]根据沃什的解读，要达到知天命的状态，需要一个艰苦卓绝的长期修行过程。显然知天命不可能仅仅是对命题的持有，而应该是一种深度的理解能力。在这个意义上，这是一种非命题导向的理论智慧观。沃什借用孔子的“玉喻”（9.13）[4]来进一步解释：孔子提问，如果有一块美玉，我们是应该将其束之高阁，还是卖给商贾呢？他的答案是应该将其卖掉。沃什认为，孔子实际是在用玉类比自己多年的德性积累。对于亚里士多德而言，沉思生活是自足和无用的，而孔子则愿意卖玉，这意味着他试图将理论智慧贡献于实践生活。沃什认为，对儒家而言，我们需要沉思智慧来完满地实现道德德性，这与亚里士多德的思路正相反。他指出，对孔子而言，对待这种实践导向的儒家理论活动（theoria）的最佳方式是通过发挥道德德性，将它置入人类共同体的实践中。与亚里士多德不同，儒家的理论智慧不是最高

1 S. D. Walsh, “Contemplation and the Moral Life in Confucius and Aristotle,” *Dao*, Vol.14, No.1, Mar.2015.

2 杨伯峻：《论语译注》，中华书局 1980 年版，第 184 页。

3 同上书，第 18 页。

4 同上书，第 91 页。

的理智德性，而是服务于我们道德实践的。我们首先必须承认，在后形而上学时代，理论智慧应该可以具有工具价值。但这一进路的缺陷在于抹煞了理论智慧的内在价值维度，也没有顾及领域性理论智慧。

第二种立足能力之知的可能范式有如下特征：它一方面覆盖了理论智慧的内在价值，关注智慧的一般形式，另一方面却忽视理论智慧的工具价值，也未对领域性理论智慧给予足够的重视。金岳霖和怀特海（Alfred North Whitehead）可视为代表。我们可以将金岳霖的“求通”说解读为他的理论智慧观。[1] 这又可以分为知识的“求通”和形上的“求通”。金岳霖强调，知识的求通关注的不是具体学科中的理论的真假，因此，“它底目标不是真而是通”[2]。具体而言，就是道理或逻辑层面的“一致”，而非“真假”。此外，还有形上层面的“求通”。金岳霖认为，关于“有无在任何事物之前的事物或在任何事物之后的事物”[3] 的问题，就是求通的问题。他强调这类问题是要穷，才能通。郁振华如此综括金岳霖的形上求通说：“求穷通的兴趣把我们从分别彼此的知识经验的领域引向形上本体，去把握宇宙的总体或大全，即那超形脱相无彼无我的世界。”[4] 怀特海也表达了类似的观点。他认为智慧是一种过程性能力之知，而非陈述性或事实性知识。智慧体现于对原则性命题的良好理解。他这样表述命题性知识和智慧的区分：“知识减损之时，恰是智慧增益之时：细节被原则

1　参见郁振华：《具体的形而上学：金—冯学脉的新开展》，《哲学动态》2013 年第 5 期。

2　金岳霖：《知识论》，商务印书馆 2000 年版，第 13 页。

3　同上书，第 545 页。

4　郁振华：《具体的形而上学：金—冯学脉的新开展》，《哲学动态》2013 年第 5 期，第 43 页。

所收摄。”[1] 在怀特海看来，理论智慧就是对这种统摄性原则的理解和把握。虽然金岳霖和怀特海没有明述出来，但他们刻画的理论智慧，无论是穷通还是把握形上原则，都不仅仅是命题性知识，而是一种能力之知，并且这种智慧是有自持的内在价值的。但是，他们都聚焦作为一般形式的理论智慧，而没有覆盖领域性理论智慧，也未论及理论智慧的工具价值维度。

第四节　基于概念能力之知的理论智慧

上文考察了两种立足能力之知的理论智慧观。一方面它们跳出了命题性知识观的窠臼，另一方面，它们都存在着各自的问题。我试图给出一个全新的关于理论智慧的界定。

如果我们能够意识到理论智慧是一种能力之知，而非对命题性知识的持有，那么我们已经是走在了正确的方向上。但我主张，为了在概念层面和实践智慧区分开来，理论智慧体现出的是一种概念能力之知（conceptual knowing-how）。下文试图具体对“概念能力之知”给出一个刻画。

赖尔虽然没有明确提到概念能力之知，但我们会发现，这个概念在他那里只是隐而未发。赖尔如此论述：“知道一个规则实际是能力之知。”[2] 这个说法意味着对命题的把握是一种能力。假设张三知道规则“行星是天体”和规则“火星是行星”，却不知道“火星是一个天体”。这种情况下，我们不能说张三真正掌握了知识，因为他并不

1　A. N. Whitehead, *The Aims of Education*. New York: Free Press, 1967, p.37.

2　Gilbert Ryle, “Knowing How and Knowing That: The Presidential Address,” *Proceedings of the Aristotelian Society*, Vol.46, No.1, 1945, p.7.

真正理解“行星”。在我看来，张三缺乏一种概念能力之知。

班森和墨菲特（J. Bengson & M. A. Moffett，下文简写为B&M）对“概念能力之知”作过一个界定。我们首先来考察他们的界定。B&M认为“理解”和“能力之知”的赋予（attribution）有着必然关系——理解是一种概念掌握能力。他们主张，对于x的能力之知需要理解x-ing，而这又需要我们对一套概念具有合理的掌握。张三知道如何做加法，那么他必然掌握概念“加”，并以此来解决数学题。此处，所涉及的概念（加）是“能力基底概念”(ability-based concept)：“一个概念C是一个能力基底概念，当且仅当对这个概念的合理掌握蕴含了拥有以简明方式来正确运用概念C的能力。”[1]B&M将这个模式拓展到所有实践中的能力之知。换言之，他们认为任何体现能力之知的活动都要预设拥有一定的理解力（概念能力之知）——无论是关于数学的能力之知，还是关于花样滑雪的能力之知。

综上，B&M认为所有的一般“能力之知”都蕴含“概念能力之知”。一方面我肯定B&M对概念能力之知独特性的揭示，另一方面却不认同所有的能力之知都预设概念能力之知。概念能力之知具有程度的差异，数学和逻辑的能力之知是强的概念能力之知，而举重或游泳时是否运用到概念能力之知则是存疑的。我们当然可以说，掌握扣篮能力往往需要理解“篮球”“篮筐”“篮网”这些概念，但这些概念对于扣篮能力而言似乎又是极其边缘、微末琐碎的，充其量只是背景性知识。鉴于此，我们会发现很多能力之知中，概念能力

1 J. Bengson & M.A. Moffett, “Know-how and Concept Possession,” *Philosophical Studies*, Vol.136, No.1, Sept.2007, p.44.

之知的作用几乎是可忽略的，比如举重、游泳、人脸识别等。但在另一些能力之知中，概念能力之知几乎就是全部，比如逻辑和数学运算能力。也许有人会反驳，确实有不少能力之知蕴含概念能力之知。比如，一个人如果具有政治实践的能力之知，那么我们可以预设他对相关政治概念应该有深刻的理解；一个具有下象棋能力之知的人，也应该具有相关的概念能力之知。鉴于这些情况，根据概念能力所扮演的作用程度，我们可以形成一个光谱：

强概念能力之知——→蕴含概念能力之知的一般能力之知——→一般能力之知

强概念能力之知位于光谱的最左端，这类知识主要诉诸心智和语言活动，原则上不用诉诸身体活动，比如数学能力之知和形而上学能力之知。位于光谱中间的是一种综合性能力之知，它由概念能力之知和一般能力之知混杂而成。在这种混合能力中，概念能力是必要而不充分的，比如玩即时战略游戏的能力。光谱的最右端是原则上不用诉诸概念能力的一般能力之知，比如举起重物。B&M 忽视了光谱的最右端。即便如此，仅就混合能力（蕴含概念能力的一般能力）这一界定，我们就足够用来支撑概念能力之知的独立性，我们可以设想张三具有概念 x 的概念能力之知，却发挥不出关于 x 的能力之知。换言之，在概念上，我们可以区分概念能力之知和非概念能力之知。因此，我们可以借助“概念能力之知”来界定“理论智慧”。

我试图推进 B&M 的工作，对概念能力之知给出更进一步的刻画，而非仅仅通过理解力来界定。在这个方面可将罗伯特·布兰顿的概念理论引为同道。布兰顿将“概念能力之知”视为智识者（sapients）的独有品质。一只鹦鹉能够对黑色物体作出反应“这是黑色!”；温度计的指针可以正确指示温度；铁在潮湿环境下会生锈。但这不意味着鹦鹉懂得如何运用概念“黑”，温度计理解概念“冷暖”，铁理解概念“湿度”。对概念的掌握能力应该被放置在概念的推论关系网络中考察。理解“黑”意味着能够从“这是乌纱帽”推论“这是黑色的物体”再推论“这是有色彩的物体”。在这个意义上，对于概念 x 的能力之知的关键在于能够使用 x 进行推论——在什么条件下可以运用这个概念以及运用这个概念能得出哪些后果。布兰顿如此表述:“掌握或理解一个概念就是掌握它所卷入的推论——在实践的意义上去区分（一种**能力之知**）概念的应用所跟随的结果，以及运用这个概念又是什么其他条件得到的结果。”[1] 布兰顿对概念能力之知的界定又是进一步坐落在社会实践框架内的。在他看来，社会实践是一种要求和给出理由的实践。概念所卷入的推论都可以作为我们社会实践中的“理由”。因此，概念理解和我们的说理活动是密不可分的。

我主张，首先，概念能力之知和能力之知是可以逻辑独立的。其次，概念能力是一种运用概念推论的能力。回到我们关心的问题：仅仅掌握基本的概念所卷入的推论就能构成理论智慧了吗？这个门槛显然太低。能够掌握“红”“南”“香”这些概念的推论规则似乎和理论智慧关系不大。一个可能的答案是，具有理论智慧的人掌握的不仅仅是普通日常概念，更需要掌握诸如“真”“因果”“无限”“自

1 Robert Brandom, *Articulating Reasons: An Introduction to Inferentialism*, Cambridge, MA: Harvard University Press, 2009, p.48.

我”“宇宙”“无限”“意识”等更重要概念的广泛且深刻的推论规则。

对概念能力的掌握不是非有即无的一锤子买卖，而是有程度差异的。就“基因”而言，普通人和生物学家所掌握的广度和深度是不同的。比如一个普通人可能可以通过基因推出“基因和遗传相关”，而生物学家则可以在复杂的科学推论关系中顺畅地运用它。这也适用于诸如“引力波”“磁场”“行星”“黑洞”等专门科学概念。哪怕是针对日常概念“红”，普通人和光学专家或画家的推论能力都是有差异的。

我试图在理论智慧的框架内给领域性理论智慧留出余地。那么，对这些专门概念的牢靠掌握实际就是对特定领域的理论智慧的把握。人类的概念网络是纷繁复杂的，有些概念在我们的说理推论网络中占据核心位置，还有一些处于边缘位置。那么掌握理论智慧就是掌握那些核心概念的推论能力。

我们如何处理对于一般理论智慧的界定？在概念网络的核心收摄处，有着辐射性的基础概念（形而上学概念）：“形而上学”“知识”“第一原则”“真理”“经验”“规律”“存在”“因果”“自由意志”“自我”“智慧”，等等。对这些具有普遍性特质概念的掌握构成了一般理论智慧。至此，我们似乎已经可以通过概念的推论能力之知来界定理论智慧了：

> **核心理论智慧**：S具有理论智慧，当且仅当他对认识世界和认识自我具有充分（广泛且深刻）的概念能力之知。并且S真挚地致力于不断地去获得和改进这种概念能力之知。

> **领域理论智慧**：S具有理论智慧，当且仅当他对特定领域（数

学、物理、化学、政治学等）的概念具有充分（广泛且深刻）的概念能力之知。并且S真挚地致力于不断地去获得和改进这种概念能力之知。

到目前为止，我们仍旧可能面临反驳：直觉上我们会认为一个具有理论智慧的人也应该是一个很好的建议提供者。换言之，当我们遇到理论层面的疑难困惑时，我们往往会求助于那些具有理论智慧的人。那么，具有理论智慧的人也应该是善于给出建议的人。但一个具有很强概念推论能力的人，未必能够将自己的概念推论清晰地表达出来。一个好的花样滑冰运动员未必是好的教练，而一个好的教练未必是好的花样滑冰运动员。也即，一个自身理论水平高超的人，未必能成为一个好的指导老师。反之，一个好的指导老师，也未必需要登峰造极的理论水平。那么，我们的“概念能力之知”能否回应这个问题？

实际上，布兰顿对概念能力的界定不限于此。在布兰顿的框架里，能够自如运用概念的人是理性人，但更高一层次的应该是逻辑人。我们运用概念的时候，概念的推论原则是隐含在我们的概念运用活动中的。布兰顿认为，借助特定的广义逻辑语汇，这些隐含内容都可以得到明晰表达——以命题的形式呈现。这种概念表达能力就是第二层的概念能力之知。布兰顿界定的广义逻辑语汇包括：“条件句”“规范语汇”“表征语汇”“承诺”“资格”等。通过这些逻辑表达式，我们能够将具体的推论摆到台面上，这是一种对概念的明述能力。一旦我们能够明述概念的推论规则，我们就可以明确地将之作为理由来表达，在这个意义上，逻辑人是具有自我知识的。他对自己为何如此使用概念是自知的，并且他可以将自己的使用规则表达为命题。鉴于此，逻辑人也理所当然可以向他人讲明自己的推论规则——他能成为一个有益的建议提供者。假设张三不仅会运用“知道”，也能够明述出它的具体用法，那么他就能表达出诸如下述的推论：“如果张三见证了李四买了本《存在与时间》，那么张三知道李四拥有一本《存在与时间》。”作为一个逻辑存在者，他不仅能够运用诸如“勇敢”“性侵”“违体犯规”“游戏沉浸感”这些概念，他还能将这些概念隐藏的使用规则明述出来。因此，除了第一层次的使用概念推论的能力之外，概念能力还包括第二层次的明述概念内容的能力。

要注意的是，建议给出者和信息提供者是不同的，前者针对的是“智慧”的功能，而后者针对的是“知识”的功能。当我们有理论困惑时，我们会寻求有益的理论建议者；当我们信息不足时，我们会寻找可靠的信息提供者。我们也不应该对理论智慧者提供建议的能力有过高的修辞要求，而只需要他能解释清楚概念所蕴含的推论规则，具有修辞技巧则是锦上添花，而非必要的。

另外，莎伦·雷恩指出，智慧不需要强的知识条件。换言之，我们应该允许智慧者由于受时空语境限定，持有非必然为真的命题。我们目前的概念能力之知可否覆盖这个维度？在布兰顿看来，表达事业和批判事业是连续的。当我们发挥概念表达能力，将藏伏于概念使用中的推论内容用命题表达出来后，这些命题都是可以接受批评的。在布兰顿的推论语义学框架内，概念的内容（意义）不是一个由充分必要条件构成的定义，而是概念的推论规则。如果概念的内容（意义）是由充分必要条件构成的话，就会涉及是否为真的问题。比如，对于概念分析而言，它的目标是找到一个颠扑不破的分析性真理。然而，一旦采纳推论语义观，是否为真的问题就被取消了。对于布兰顿而言，推论规则是可错的，因此也是可更正的。比如，“Boche”背后的推论规则是“如果张三是德国人，那么张三是Boche”，“如果张三是Boche，那么张三是残暴的”。这个概念的使用规则蕴含歧视态度，因此我们可以直接拒斥这些规则——也即拒斥使用这个概念。鉴于此，概念能力还应该有第三层次——改造概念的能力。理论智慧者不仅能运用概念、表达概念，还应该能改造概念，这也是本书讨论的一个核心话题。我试图将概念改造的能力也纳入理论智慧的内容中。

至此，我们已经从三个层次刻画构成理论智慧的概念能力：

> **概念能力之知**：S具有关于x（核心或领域理论智慧）的概念能力之知当且仅当（1）他能运用x进行推论；（2）他能将这些概念推论实践背后所隐藏的推论规则表达出来；（3）他能够修正和改良这些概念所涉及的推论规则，或者给出新的概念，或者淘汰旧的概念。

概言之，概念能力之知包括：(1) 概念运用能力；(2) 概念表达能力；(3) 概念修正能力。一个具有理论智慧的生物学家对“病毒”“变异”“传染”等概念能够运用自如，他也应该能够将蕴藏在这些概念使用背后的推论清晰表达出来，因此他能够为他人解惑，进行教学，与同行交流。再者，他也应具备敏锐的纠察力，能够洞察现有的推论中的问题，并提出修正方案。概念运用能力和表达能力基本可以对应柏尔所说的理论智慧的能力维度。柏尔认为这些能力主要是理性能力（直观理性、演绎理性、归纳理性、说明性理性），而我则将之解读为概念运用和表达能力。概念的修正和改良能力则可以覆盖柏尔刻画的理论智慧的理智品性。根据郁振华的解读，这种理智品质实际是一种追求理论智慧状态的动力[1]。一方面，一个具有概念能力之知的人能够认识到自己的有限性，即认识到他对概念的掌握是可错的，因此他担负着去察觉和修正错误的概念实践的责任。在这个意义上，我们的概念能力之知亦能解释理论智慧的动力维度。另一方面，一个具有概念能力之知的人也是具有概念创发能力的——提出新概念就是创发性的体现。也许会有人进一步质疑，一个对“德性”“幸福”“应该”“义务”等概念具有充分概念能力之知的人，不应该是具有实践智慧，而非理论智慧吗？事实上，我们可以设想一个伦理学教授，他有极高的学术造诣，对伦理学理论有创发性贡献，但他同时在现实生活中又是一个行为不端的小人。那么他一方面具有理论智慧，但另一方面又不具有实践智慧，有可能是出于他的意志薄弱。因此，我主张理论智慧应当是价值中立的，它只应强调对概念本身的理解，而这种理解又不必然导向相关的行动。

至此，我给出了一个的“理论智慧”刻画方案。一个具有理论智慧的人也是一个具有广泛和深入概念能力之知的人。值得一提的是，这个界定也能呼应金岳霖对于智慧“求通”的论述——我们对概念所卷入的推论的掌握必须是一致和融贯的，并且我们可以将这种推论关系一层一层穷尽下去。

1　参见郁振华：《论理论智慧》，《学术月刊》2020 年第 10 期。

附录

卡尔纳普的“概念精确性准绳”

第一节　卡尔纳普的方法论："精释"

哲学史上，以鲁道夫·卡尔纳普为代表的逻辑实证主义可谓腹背受敌。一方面不消说是来自不同哲学范式的挑战，其中典型代表包括现象学传统的海德格尔，以及中国哲学传统的冯友兰；另一方面，在分析哲学阵营中，蒯因的"经验主义的两个教条"也是对他整体方法论预设的挑战。近年来，国际分析哲学界又重新开启了对卡尔纳普方法论研究的兴趣，具体体现在对"精释"方法的讨论。

对"精释"的重新发掘受到了"概念工程"议题兴起的影响。"概念工程"主张哲学家的工作是：通过改良概念或设计新概念来服务特定的理论或实践目的。[1]传统的概念分析方法试图寻求颠扑不破的概念/分析真理，因此须覆盖所有的经验案例。然而，哲学家测试案例时候往往会诉诸"直觉"，对于哲学家的"直觉"是否可靠则论说纷纭。"概念工程"不再执着于寻找一个普遍性的概念之真(conceptual truth)，而是聚焦能够服务于具体理论和实践目的的概念。我们的概念可能会产生各种缺陷：有时它不够精准，无法切中自然的肌理；有时它有消极的道德效应；有时它解释力不足。哲学家的任务就是去改良这些概念工具或设计新的概念工具。诸多学者将"概念工程"的源头追溯到卡尔纳普的"精释"。[2]"精释"是一种用新概念取代旧概念的哲学方法论主张。

卡尔纳普在1945年的论文《关于或然性的两种概念》中首次讨论了"精释"。他提到这个概念的学理渊源可以追溯到康德和胡塞

1　Cf. Herman Cappelen, *Fixing Language: An Essay on Conceptual Engineering*, Oxford: Oxford University Press, 2018, pp.9-27.

2　Cf. Ibid., p.11.

尔。[1]在1947年的专著《意义和必然性》中，他如此刻画“精释”：

逻辑分析和逻辑建构的任务在于将日常生活中、科学或逻辑发展中起步阶段所用到的模糊的或不那么精确的概念变得更为精确，或者直接用更精确的、新建构的概念取代原来的概念。我们把这个方法称为“精释”（或对原概念进行精确阐释）；原概念（或用来表达它的语词）被称为“待精释项”（explicandum）；新概念（或用来表达它的语词）被称为原概念的“精释项”（explicatum）。[2]

卡尔纳普在《或然性的逻辑基础》的第一章中集中讨论了作为方法论的“精释”。他给出了更简明的界定：

将不精确的前科学概念，即“待精释项”转化为新的精确概念，即“精释项”。[3]

“精释”的第一步是要确定如何恰当地表达“待精释项”。在哲学探究时，哲学家们会提问：“什么是因果性”“什么是生命”“什么是心智”“什么是正义”，等等。这些问题的一般形式即：“什么是x。”通常而言，这些问题中的语词x（待精释项）在语言实践层面是

---

1 Cf. Rudolf Carnap, “The Two Concepts of Probability,” *Philosophy and Phenomenological Research*, Vol.5, No.4, 1945.

2 Rudolf Carnap, *Meaning and Necessity*, Chicago: University of Chicago Press, 1947, pp.7-8.

3 Rudolf Carnap, *Logical Foundations of Probability*, Chicago: University of Chicago Press, 1950, p.3.

清晰的。换言之，我们在日常生活中可以畅通无阻地使用它们。在未经改造前，这些概念缺乏精确性和系统性，但这并不会妨碍我们使用它们进行日常交流。即便是偶遇阻碍，我们也可以通过举例子或非形式化的说明来澄清。这些说明只是在澄清“待精释项”，而非“精释”本身。即是说，“精释”的第一步是在陈述和勾勒问题，而非构建答案。假设“盐”是“待精释项”，我可以用非形式的方式来消除障碍：它是咸的；它可以用来作调料；伤口撒盐会增加疼痛感，等等。但这些澄清不足以构成“精释”。对“盐”的“精释”需要通过“NaCl”这样的精确表达式来达成。

在澄清了“待精释项”后，第二步工作就是给出“精释项”——用精确的（科学）概念替代模糊的（日常）概念。比如，我们可以用量化的温度作为日常冷热概念的“精释项”；我们也可以用“神经纤维活动”作为日常概念“麻”的“精释项”；用“杏仁核作用”作为日常概念“惧怕”的“精释项”。

卡尔纳普指出，日常概念一般是“分类概念”(classificatory concepts)，除此以外我们还有“比较概念”(comparative concepts)和“定量概念”(quantitative concepts)。其中，“分类概念”是最原始的概念工具，后两种概念都可以作为“分类概念”的“精释项”。首先，“分类概念”将事物或案例分为几种互相排斥的类别。我们可以区分金属和非金属物质，哺乳动物和非哺乳动物，等等。其次，我们不仅可以运用诸如“寒冷”“炙热”“温暖”这样的“分类概念”，还可以表达“x 比 y 更温暖”或“y 比 x 密度更大”，因此我们还有诸如“更暖”“更高”“更快”这样的“比较概念”。通过比较，我们可以给出更精确的表述。最后，我们还有“定量概念”。这类概念主要通过量化的数值来刻画事物、事件以及它们的特征，它们在科学实践中被大规模运用。典型的定量概念包括：长度、速度、容量、质量、重力、温度、电荷等。“精释”的过程类似于语言的历史发展过程：最初，我们用最简单原始的“分类概念”来描绘我们观察到的现象。随着时间推移，我们学会用“比较概念”来补充“分类概念”的不足。最终，我们发展出一套精确的“定量概念”作为精确表达的工具。

卡尔纳普的哲学蓝图是以科学为标尺的，而当代学者不再将“精释”局限于处理科学概念，而是扩展为一种普遍有效的哲学方法论——它可以被运用于处理各类哲学概念（形而上学概念、道德概念、自然品类词、社会品类词等）。诸多学者也探讨了它和其他哲学方法论的相容性和延续性。比如：乔万尼·波尼欧罗（Giovanni Boniolo）认为“精释”可以和康德的方法论互相发明[1]；罗格里奥·维尔彻（Rogelio M. Vilchis）比较了“精释”和“堪培拉方案”的相似处[2]；卡塔里娜·诺瓦斯（Catarina D. Novaes）认为当代女性主义的改良分析也是一种“精释”[3]；格奥尔格·布伦（Georg Brun）主张通过借鉴古德曼的反思均衡去进一步完善“精释”[4]；科赫探讨了“精释”与实验哲学合作的可行性[5]，等等。

---

1 Cf. Giovanni Boniolo, “Kant’s Explication and Carnap’s Explication: The Redde Rationem,” *International Philosophical Quarterly*, Vol.43, No.3, Sept.2003.

2 Cf. Rogelio M. Vilchis, “Carnapian Explication and the Canberra Plan’s Conceptual Analysis: A Comparison and Critique,” *History of Philosophy & Logical Analysis*, Vol.22, No.1, 2019.

3 Cf. Catarina D. Novaes, “Carnapian Explication and Ameliorative Analysis: A Systematic Comparison,” *Synthese*, Vol.197, No.3, Mar.2020.

4 Cf. Georg Brun, “Conceptual Re-engineering: From Explication to Reflective Equilibrium,” *Synthese*, Vol.197, No.3, Mar.2020.

5 Cf. Steffen Koch, “Carnapian Explications, Experimental Philosophy, and Fruitful Concepts,” *Inquiry*, Vol.62, No.6, 2019.

第二节 “精释”的四标准之辨

卡尔纳普给出了“精释项”需要满足的四个标准：成效性（fruitfulness）、精确性（exactness）、相似性（similarity）和简明性（simplicity）。

首先，我们通过对“精释项”的使用方法提供精确的规则或定义来满足“精确性”标准。其次，“精释项”应该比“待精释项”更具理论拓展性——它应有助于形成更多的普遍性科学法则或逻辑定理，这体现了“成效性”标准。复次，“待精释项”与“精释项”也不能完全不相干，而要满足一定的“相似性”。最后，在满足以上三个标准的情况下，愈简洁者愈佳，即愈符合“简明性”标准。

卡尔纳普的行文中对这四个标准的优先级有过论述。首先，“成效性”对于“相似性”有优先权。我们知道，“piscis”（定义：水生的冷血脊椎动物，用鳃呼吸）可以作为日常概念“fish”的“精释项”。为了科学目的，“piscis”的定义已排除了诸如鲸鱼、海豚等外延。假设我们再制定一个概念“piscis*”，它比日常概念更精确，却不像“piscis”那样排除了鲸鱼与海豚，那么它在“相似性”层面胜于“piscis”，然而却在“成效性”层面不如“piscis”。卡尔纳普认为，此时一个成熟的科学家应该选择“piscis”，而非“piscis*”。这样的取舍也意味着“成效性”优先于“相似性”。其次，卡尔纳普认为“成效性”也优先于“精确性”。假设有某个关于身心关系的解释概念 x（比如“松果腺”）符合“精确性”标准，但 x 却无法有效地关联或推进其他普遍性法则（不满足“成效性”标准），那么 x 就不是一个可取的“精释项”。因此，卡尔纳普主张为了保障“成效性”，可以适度牺牲“精确性”和“相似性”。

当代学者大多支持“成效性”的首要地位，即在评价“精释项”时，它比其他三项条件占更大的权重。“成效性”体现于对“普遍原则”的促成效力，一个好的“精释”应该有助于生成更多的普遍法则。对于经验科学而言，它应有助于更好地进行科学说明（比如推进理论的预测性和可测试性）；对于逻辑学而言，它应有助于生成更多的逻辑定理。推而广之，如果将“精释”运用于社会品类词（比如性别和种族概念），那么“精释”就是一种社会工程方法论，它应产生更多有社会价值的普遍命题。

卡塔里娜·诺瓦斯和埃里克·雷克（Catarina D. Novaes and Erich Reck）进一步指出，“精释”的“成效性”标准是“精释项”可与其他理论概念形成新的内容关联，而这种新关联是“待精释项”所缺乏的。[1] 通过与其他的概念新建立的关联，“精释项”能够揭示“待精释项”无法揭示的现象。如此，“精释”便是一种“探索”方法，而非仅仅是“测试”和“预测”方法。“成效性”要求“精释项”去揭示新的现象和表达新的内容，而“相似性”又要求“精释项”尽可能地守旧，这就导致“成效性”和“相似性”两者间的紧张关系。[2]

我们可以采纳一种厚实的“成效性”标准。在这个厚实的标准下，其他三项标准可以作为“成效性”标准的子项。我们可以借助马克·平德对“成效性”的界定来达到这个目的：

---

1 Cf. Catarina D. Novaes and Erich Reck, “Carnapian Explication, Formalisms as Cognitive Tools, and The Paradox of Adequate Formalization,” *Synthese*, Vol.194, No.1, Jan.2017.

2 这种紧张关系也与下文中的“转换主题”论证相关。

• 当一个富有成效的“精释项”取代“待精释项”后，我们能够借助常规的探究促进相关理论目标的达成。

• 如果同时有多个富有成效的“精释项”作为候选，那么最佳候选应该是：用它替换“待精释项”后，相比其他选项，我们借助常规探究能够最有效地促进相关理论目标的达成。[1]

如果我们采纳这个界定，只要“精确性”“相似性”“简明性”能够促进相关理论目标的推进，它们也可被纳入“成效性”范畴。

“精确性”是评价“精释”成果的重要标准。“精确性”和精准表达的诉求相关，日常语言无法充分满足这种诉求。“精确性”标准要求我们用精确的使用规则来定义“精释项”，这些规则必须融贯自洽、毫无歧义。另外，“精确性”是一个程度概念。“精释”旨在将模糊的概念改造为精确的概念。这是一种可往复的过程（iteration），“精释项”本身可以成为“待精释项”，从而进行新一轮的“精释”。如果将卡尔纳普放置在维也纳学派的脉络中，“精释”方法是与启蒙精神一脉相承的。[2] 对“精确性”的诉求亦如是。但是这其中也有悖谬处。“精确性”是一种内在价值——服务于其自身（a goal *an sich*）。然而，启蒙运动旨在用科学知识改善我们的生活（improving lives）。作为启蒙精神的继承，“精确性”应该服务于更高一级的目的，比如“成效性”。换言之，卡尔纳普的“科学主义”应该服务于他的“实

1 Mark Pinder, “What Ought a Fruitful Explicatum to be? ,” *Erkenntnis*, Vol.87, No.2, Apr.2022, p.919.

2 Cf. André W. Carus, *Carnap and Twentieth-Century Thought: Explication as Enlightenment*, New York: Cambridge University Press, 2007, pp.1-5.

用主义”。[1]如果我们将“精确性”视为“成效性”的子项，那么这个悖谬便可化解。

“相似性”是卡尔纳普较为轻视的评价标准。诺瓦斯和雷克指出，这种轻视态度实际也是承接启蒙精神的后果。崇尚科学是启蒙运动的核心思想，随着启蒙运动的展开，科学标准弥漫到各个领域，这导致我们对其他传统的实践知识（know-how）缺乏同情心。在语言实践上体现为试图用科学语言统摄日常语言实践。对于如何满足“相似性”，卡尔纳普倾向于诉诸“使用”（use）来解决问题，即主张“精释项”与“待精释项”的使用的语境应该大致相同。卡尔纳普并不要求两者有严丝合缝的“外延”，“精释项”的外延既可以多于，也可以少于“待精释项”。大致而言，当代学者要么诉诸“语义内容”，要么诉诸“实践目的”来确保“相似性”。在这个方向上，“相似性”其实已经是衡量理论目标是否达成的重要因素之一，即可作为“成效性”的子项。

最后，在充分考虑上述各种因素后，两个候选项的“成效性”如果仍在伯仲之间，那么我们应该选择更为精简者，即“简明性”也是“成效性”的子项。

第三节 “精释”的困境

“精释”虽然已经得到广泛的实践运用，但在元哲学层面，他仍旧面临着各种挑战。比如布伦认为卡尔纳普的“精释”有两个局限：

---

1 Cf. Catarina D. Novaes and Erich Reck, “Carnapian Explication, Formalisms as Cognitive Tools, and The Paradox of Adequate Formalization,” *Synthese*, Vol.194, No.1, Jan.2017.

其一是卡尔纳普的“精释”是原子式的，只关注单独的概念；其二是卡尔纳普的“精释”的过程是直线型结构（linear structure）。但是，布伦通过结合古德曼的反思均衡化解了这两个问题。[1] 当代的讨论主要聚焦于斯特劳森对卡尔纳普的批判。[2] 斯特劳森认为卡尔纳普的“精释”有两个困境：首先，它会导致话题转换。其次，这种方法在处理哲学困惑时是不充分的。我分别将之重构为“转换主题”论证和“非充分阐明”论证。

一 “转换主题”论证

斯特劳森认为，卡尔纳普的“精释”实际是用“科学概念”替代“非科学概念”，而这恰恰犯了“转换主题”谬误。根据卡尔纳普的解释，哲学澄清的目标是“促成精确”(rendering exact)。我们可以通过建构形式化系统来达到“精确性”，但在更宽泛的意义上，我们可以诉诸“科学”来达成“精确性”。“精释”即出于科学目的引入那些在科学层面更精确和更富有成效的概念来取代服务于日常生活中各式各样功能的概念。对此，斯特劳森认为这无异于取消了原初的问题：

> 对于那些试图为非科学话语中的关键概念寻求哲学阐明的人而言，向他们提供科学理论中关键词项的形式化解释是不相关的——这是一种彻底的误解，就如同提供一本生理学课本给

1 Cf. Georg Brun, “Conceptual Re-Engineering: From Explication to Reflective Equilibrium” , *Synthese*, Vol.197, No.3, Mar.2020.

2 Cf. Peter F. Strawson, “Carnap’s Views on Constructed Systems Versus Natural Languages in Analytic Philosophy,” in Paul A. Schilpp(ed.), *The Philosophy of Rudolf Carnap*, Lasalle, IL: Open Court, 1963, pp.503-518.

> 一个哀叹自己不懂爱情的人……落实如何精确地、富有成效地使用科学概念的准则并不能解决那些在非科学话语中产生的哲学概念问题。这样的做法，并不是解决哲学问题，而是转换了主题。[1]

上述引文中，斯特劳森强调了用科学概念来解决非科学概念引发的问题是一种彻头彻尾的误解。

斯特劳森指出，无论是形式科学还是经验科学的话语都是极为专门化的。但语言的使用又是丰富多彩的，科学话语不能无条件替代画室、厨房、法庭和小说中的语言。这种盲目取代要么在实践上不可行，要么所得的结果与原先想要实现的目标南辕北辙。同样，哲学概念产生的困惑也应该得到哲学澄清，而非科学说明。典型的哲学问题包括：如何理解"责任"，心物之辨，个人同一性问题，外部世界是否存在，等等。这些问题并不能通过给出精确的科学概念来解决。斯特劳森进一步强调，语词、概念的使用和它们的主题与目的是须臾不离的，我们所用的概念不能独立于我们使用它们的目的。由非科学话语构成的传统哲学问题，无法通过转换为服务于特殊科学目的的概念来解决，这不是"解决问题"，而是"转换主题"。

二 "非充分阐明"论证

斯特劳森认为，卡尔纳普的"精释"的极端形式旨在用"科学概念"替代"日常概念"，而这会导致"转换主题"。但"精释"还有一种非极端形式，即用"形式化概念"替代"日常概念"。斯特劳

---

1 Cf. Peter F. Strawson, "Carnap's Views on Constructed Systems Versus Natural Languages in Analytic Philosophy," in Paul A. Schilpp(ed.), *The Philosophy of Rudolf Carnap*, Lasalle, IL: Open Court, 1963, pp.505-506.

森承认卡尔纳普在建构形式系统时会关注形式化概念与日常概念的“相似性”，因此对于这种非极端形式的“精释”，斯特劳森主要的批评在于：形式化建构对于解决哲学问题是不充分的。

卡尔纳普坚持掌握一套形式系统内的规则才能澄清哲学概念，而斯特劳森认为这套系统语言对于哲学阐明而言至少是不充分的。形式建构主义和日常语言澄清两种方法由此陷入一个僵局。归根到底，这是因为他们对什么是“哲学理解”（philosophical understanding）具有分歧。一方面，卡尔纳普主张有一种关于我们概念的深层的逻辑结构（underlying logical structure），而对深层逻辑结构的澄清就是促进哲学理解。另一方面，斯特劳森则坚持哲学理解只有通过细致地考察日常概念的运作方式才能达成。

卡尔纳普认为哲学问题可以通过研究建构系统内的规则得到解决，因此形式系统是解决哲学问题的不二法门。根据卡尔纳普，首先系统内的核心概念之间具有精确的和确定的关联方式，而这是待澄清的日常概念和它周边的概念所不具备的。其次，系统内的部分核心概念与日常概念非常接近。作为整体的系统呈现出精确和严格的结构，而日常概念缺乏系统性，显得松散和凌乱。鉴于此，我们可以诉诸形式框架来解决一个哲学命题。具体而言，形式框架内的语言使用规则提供了阐明这个命题的方式。除去这些规则，额外的评述在严格意义上是不必要的（strictly unnecessary），至多可以发挥实践作用（practically useful）——帮助初学者熟悉概念的使用，类似于物理学家教学徒时使用的方法。

斯特劳森指出，即便我们承认哲学命题的答案可以通过形式系统内的使用规则来解答，这也不意味着进一步的非系统评述是不必要的。毋庸置疑，一个命题（哲学命题）可以通过另一些命题（系统内其他规则）推论而得，但并非所有人都能洞见这个推论的达成方式，而洞悉者可以通过非系统评述来帮助不明就里者理解推论过程。在很多情况下，我们可以通过展现相关语词隐含的使用规则来解答概念问题。因此，建构主义自己不得不承认非系统评述的必要性——用非系统内的语言来解释系统内的概念有时候是必要的。

即便建构主义承认这种非系统评述的功能，但这种非系统评述对于哲学阐明仍是不充分的。斯特劳森区分了两种非系统评述："解释系统内概念"和"概念解释"（即哲学解释）。前者的主要任务是澄清系统概念，后者的任务则是在日常语境中澄清概念意义。斯特劳森关注的是后者，并且后者是无法被前者取代的。

斯特劳森认为哲学困惑发轫于日常概念的越轨逾闲。即便是建构形式化系统，它的目标也应该是去诊治这种哲学困惑。假设建构形式系统能够廓清非建构概念引发的哲学困惑，那么我们仍旧需要阐明非建构概念和建构概念之间是如何关联，又是如何区分的，要澄清这层关系，我们必须要描述出非建构概念的功能模式，而这恰恰是在描述自然语言的逻辑行为。

总言之，斯特劳森认为形式化的解释对于解决哲学困惑的作用是有限的，至多是辅助作用。日常概念的逻辑模式是复杂广博的，非系统概念引发的难题和困惑辐射面远远超出了形式系统可以处理的范围，并且在建构形式系统过程中引发的问题也并非是形式系统自身可以解决的。

第四节 "精释"的出路

我试图给出化解"精释"与"日常语言考察"之间张力的方案。

初审之下，我们似乎可以通过划定领地来回应斯特劳森的挑战。对于“生态稳定性”“磁场”“基因”“行星”这样的科学概念，卡尔纳普的“精释”更为适用；针对诸如“知识”“自我”“自由”等哲学概念，斯特劳森的日常语言逻辑考察更胜一筹。如此，针对哲学概念我们无须再诉诸“精释”，而只有在面对科学概念我们才会求助它。但在具体操作上，这个方案面临着可行性问题。首先，对于概念的“科学—哲学”区分并非一个穷尽的区分，我们还可以有社会类概念（性别概念、种族概念），那么这类概念应当诉诸“精释”还是日常语言考察？其次，有些概念拥有多重身份，诸如“真”这样的概念，它既是哲学概念又是逻辑概念；还有诸如“意识”这样的概念，似乎坐落于哲学与科学的边界，很难清晰划分。再次，日常语言分析对于“哲学概念”的效力似乎也是有限的。比如，我们很难用日常语言分析来处理胡塞尔的“悬置”概念或海德格尔的“在世”概念，因为它们各自从属于具体的哲学体系。因此，圈定领地的方案可行性堪忧。

要处理两者的张力，我们必须意识到卡尔纳普和斯特劳森的争论是个元哲学争论。但我们仍旧可以区分两个层次：元哲学观层面和具体方法论层面。显然，卡尔纳普和斯特劳森的元哲学观是互相冲突的。作为维也纳学派一员，卡尔纳普的哲学观有着很强的科学底色，他主张数学和经验科学是知识的典范，因此哲学研究也应该以它们为垂范。斯特劳森作为日常语言学派的代表，主张哲学和科学是互为独立的，哲学问题不应该科学化。两者在元哲学观上是不相容的。但是，我们可以在具体操作层面化解双方的张力：“精释”可以将日常语言考察作为手段，而日常语言考察又可以将卡尔纳普的精确化准则作为手段。

在卡尔纳普对斯特劳森的回应中，他强调自己和斯特劳森的分歧并非不可逾越。[1] 卡尔纳普认为，他们双方都能够认可哲学问题与哲学困惑主要来自对概念或语词的不恰当使用。他建议我们考察两种情况，在第一种情况下，概念的不恰当使用是哲学家有意或无意地对日常用法的偏离造成的，即哲学家在不同于日常的意义上使用某个概念。这种偏离可以通过对日常语言的澄清（斯特劳森方法）来解决——通过指出它是如何偏离日常使用的方式来化解我们的困惑。建构主义并不反对这种做法，但却会提出进一步的建议：如果一个哲学家的理论需求无法通过日常概念满足，那么建构主义者会建议他新造一个概念来表达这个意思。

第二种情况中，概念误用产生于日常语言中的混乱使用。这种情况下，卡尔纳普和斯特劳森都会得出日常语言被误用的诊断，他们也可能给出类似的治疗方式：用日常语言中恰当的概念来取代这个不恰当的概念。但建构主义有更多的选择，他可以用不属于日常语言的概念来取代误用的概念。

上述两种情况下，卡尔纳普都明确表示他并不排斥日常语言分析。我认为卡尔纳普还有一层隐含意思可以得到阐明：建构主义除了诊治概念的误用，还会提供新的概念。因此，卡尔纳普可以接受斯特劳森的方法作为其方法的一部分。卡尔纳普的“精释”被认为有两个步骤。第一步是对“待精释项”的澄清。第二步才是给出“精释项”。第一步可以部分地被改造为斯特劳森式的工作——对“待精释项”的日常用法澄清。

---

1 Cf. Rudolf Carnap, “Replies and Systematic Expositions,” in *The Philosophy of Rudolf Carnap*, Paul A. Schilpp(ed.), Lasalle, IL: Open Court, 1963, pp.859-1013.

卡尔纳普的上述想法为日常语言考察如何贡献于他的“精释”提供了线索。我试图进一步指出，我们应该在更广义上考虑，日常语言澄清如何贡献于概念改良和概念创造工作。我认为至少有三种贡献方式。第一种是通过描述概念在日常生活中的运作，发现概念使用中所内蕴的缺陷，从而有助于我们有的放矢地进行概念改良。以“女性”概念为例，萨莉·哈斯兰格发现我们在社会实践中对于“女性”概念的直觉看法和这个概念的实质运作方式都是有问题的。立足这一考察，她提出了对“女性”概念的改良方案。[1]

第二种贡献方式是通过澄清日常概念，来比较改良后概念（精释项）和日常概念（待精释项）的相似程度，从而确保概念改良不至于偏离原先的主题。采取这种策略可以一定程度回应斯特劳森的“转换主题”挑战。如果知识论学者给出了一个对于“知识”的改良方案，我们可以去检验这种改良方案和普罗大众对“知识”概念的直觉是否存在很大偏差。再如，乔纳·舒普巴赫给出了一个关于“解释效力”（explanatory power）的形式化刻画，他进一步提议我们可以测试普通人对于“解释效力”的直觉，来确保他的理论概念与日常理解之间保持充分的连续性。[2]

第三种贡献方式是通过澄清日常用法，来化解一些改良工作中生造出的问题。兹举一例来说明，在当代知识论的讨论中，约翰·霍桑（John Hawthorne）提出了“彩票悖论”（lottery paradox）。他认为，我们日常关于“知道”的陈述方式与我们没法知道自己是

---

1 Cf. Sally Haslanger, “What Are We Talking About? The Semantics and Politics of Social Kinds,” *Hypatia*, Vol.20, No.4, Fall 2005.

2 Cf. Jonah N. Schupbach, “Experimental Explication,” *Philosophy and Phenomenological Research*, Vol.94, No.2, Mar.2017, pp.672-710.

否中了彩票这个事实是矛盾的。比如刚刚失业的张三对李四说："我知道今年假期肯定没有钱去非洲看动物大迁徙了。"张三在与李四对话之前买了一张彩票，在彩票开奖前，他并不知道自己的彩票能否中奖。但张三知道自己假期没有钱去非洲看动物大迁徙蕴含了他知道自己的彩票无法中奖。这就产生了矛盾。日常语言学派学者阿夫纳·巴兹认为这是知识论学者制造出的哲学谜题。如果我们将"知道"放回到熨帖和顺畅的日常对话中，这个哲学问题就化解了。正常情况下，当张三说知道自己去不了非洲，他表达的并非知识论学者关注的命题的真假值，而只是强调倾向于接受自己今年大概率去不了非洲。[1]

上述是以卡尔纳普元哲学观为目标（概念改良为目标），斯特劳森方法为手段的糅合方式。反之，以斯特劳森元哲学观为目标，卡尔纳普的方法亦可作为手段。斯特劳森并不全盘否定系统建构的作用，他指出，在阐明哲学困惑时，建构系统是有用的，但不能取代对哲学问题的澄清："在执行该任务时，一个做比较的建构模型是有用的，但这个模型不能取代原来的任务。"[2] 我们在这里可以弱化卡尔纳普的精确性要求——未必要提供形式化系统，而只提供精确的概念。那么精确概念在什么意义上可以有助于斯特劳森的事业呢？假设斯特劳森试图澄清概念 x 是否具备属性 F，即是否 F(x)。当斯特劳森无法直接回答这个问题的时候，他可以借助比 x 更精确的概念 x′。鉴于 x′比 x 更精确，我们更易于判断 F(x′)。如果 F(x′) 成立，通过

1 Cf. Avner Baz, *The Crisis of Method in Contemporary Analytic Philosophy*, Oxford: Oxford University Press, 2017, pp.17-25.

2 Cf. Peter F. Strawson, "Carnap's Views on Constructed Systems Versus Natural Languages in Analytic Philosophy," in *The Philosophy of Rudolf Carnap*, Paul A. Schilpp(ed.), Lasalle, IL: Open Court, 1963, p.515.

指出 x 和 x′之间的相似性，我们可以经由类比论证得出 F(x)。帕特里克·马厄（Patrick Maher）对此有过论述，他认为当我们考虑一个日常语言中的命题 S 是否为真时，我们可以将 S 中不精确的概念替换成精确概念，从而形成对应的语句 S′。然后，我们再通过判断 S′的真假值来决定 S 的真假值。[1] 在借助精确概念做类比论证的过程中，我们的目标不是用精确概念取代日常概念（卡尔纳普式目标），而仍旧是为了澄清日常概念（斯特劳森式目标）。因此，斯特劳森的元哲学旨趣亦可以糅合弱化的卡尔纳普精确性建构作为手段。

我们试举两例来说明。第一个是日常伦理案例。当我们思考驾车时用微信聊天是否道德时，我们也许无法给出明确的答案。因为“驾车时使用微信”的道德属性并不明晰。鉴于“酒驾”是价值取向更为确定的概念（精确概念），我们可以通过将“驾车时使用微信”与“酒驾”进行类比，从而判断驾车时使用微信是否是道德的。

第二个案例来自艺术哲学的语境。在艺术哲学的讨论中，关于“如何确定一个对象是艺术作品”有着不同的方案，最为典型的是本质主义方案和家族相似方案。本质主义方案主张我们可以通过充分必要条件来判断具体对象是否艺术作品；家族相似方案则认为没有一个属性是所有艺术作品共享的，艺术作品之间只具备家族相似性。内尔·卡罗尔（Noël Carroll）提出，为了更好地澄清“艺术”概念，我们不妨将其与更为精确的“物种”（species）概念进行比照。物种是通过共同的历史来界定的有机体。在进化过程中，物种的所有特性都有可能发生改变，无论这个特性对于该物种的基因型、形态学是多么重要。因此，唯一能决定个体有机体是否属于某个物种的只

1 Cf. Patrick Maher, “Explication Defended,” *Studia Logica*, Vol.86, No.2, Jul.2007.

有“世系”(descent)。如果“艺术”和“物种”的类比成立，那么我们也应该可以通过“世系”来判断一个对象是否属于艺术作品。[1]

综上所述，一方面，我们可以将日常语言澄清用作概念改良的辅助工作——对日常概念的澄清可以揭示概念蕴藏的缺陷；可以保障改良前后概念的连续性；可以消解无端滋生的哲学问题。尤其是通过确保连续性，我们可以一定程度回应斯特劳森的“转换主题”挑战。另一方面，我们也可以借助更精确的概念，通过类比论证来澄清我们关于日常概念的问题。因此，在方法论操作层面，“日常语言考察”和“概念改良”是可以相辅相成的。

---

1 Cf. Noël Carroll, “The Descent of Art,” *Revue Française D'études Américaines*, Vol.86, Oct.2000.

参考文献

中文文献

[美] 罗伯特·布兰顿:《阐明理由: 推论主义导论》, 陈亚军译, 复旦大学出版社 2020 年版。

[法] 德勒兹、迦塔利:《什么是哲学》, 张祖建译, 湖南文艺出版社 2007 年版。

[德] 哈贝马斯:《从康德到黑格尔: 罗伯特·布兰顿的语用学语言哲学》, 韩东晖译,《世界哲学》2005 年第 6 期。

[法] 让-米歇尔·怀尔:《认知实用主义问题》, 黄远帆、胡扬译,《哲学分析》2016 年第 3 期。

[英] 克莱尔·科勒布鲁克:《导读德勒兹》, 廖鸿飞译, 重庆大学出版社 2014 年版。

[德] 马克思、恩格斯:《马克思恩格斯文集: 第 1 卷》, 人民出版社 2012 年版。

[德] S. 马耶恰克:《生活形式与样态——重估后期维特根斯坦的一个基本概念》, 季文娜译,《世界哲学》2016 年第 5 期。

[澳] 雷克斯·巴特勒:《导读德勒兹与加塔利〈什么是哲学〉》, 郑旭东译, 重庆大学出版社 2019 年版。

［澳］保罗·帕顿：《德勒兹概念：哲学、殖民与政治》，尹晶译，河南大学出版社2018年版。

［法］彭塔力斯：《窗》，孟湄译，江苏人民出版社2005年版。

［美］唐·伊德：《技术与生活世界》，韩连庆译，北京大学出版社2012年版。

［英］吉尔伯特·赖尔：《心的概念》，徐大健译，商务印书馆1992年版。

［美］理查德·罗蒂：《分析的哲学与对话的哲学》，韩东晖译，《世界哲学》2003年第3期。

［美］理查德·罗蒂：《偶然、反讽与团结》，徐文瑞译，商务印书馆2003年版。

［美］理查德·罗蒂：《当代分析哲学中的一种实用主义观点》，李红译，《世界哲学》2003年第3期。

［美］理查德·罗蒂：《后哲学文化》，黄勇译，上海译文出版社2009年版。

［奥］维特根斯坦：《哲学研究》，陈嘉映译，上海人民出版社2001年版。

［奥］维特根斯坦：《蓝皮书和褐皮书》，涂纪亮译，北京大学出版社2012年版。

［美］威廉·詹姆士：《实用主义》，李步楼译，商务印书馆2012年版。

［美］约书亚·亚历山大：《实验哲学导论》，楼魏译，上海译文出版社2013年版。

陈寿：《三国志》，裴松之注，中华书局2011年版。

程艾蓝：《中国思想史》，冬一、戎恒颖译，河南大学出版社

2018年版。

丁耘:《论中国哲学的标识性概念》,《开放时代》2023年第1期。

冯契:《认识世界和认识自己》, 上海人民出版社2011年版。

金岳霖:《知识论》, 商务印书馆2000年版。

黎靖德:《朱子语类》, 王星贤注, 中华书局出版社1986年版。

彭孟尧:《知识论》, 台湾三民书局2009年版。

杨伯峻:《论语译注》, 中华书局2009年版。

郁振华:《人类知识的默会维度》, 北京大学出版社2022年版。

郁振华:《具体的形而上学: 金—冯学脉的新开展》,《哲学动态》2013年第5期。

郁振华:《当代英美认识论的困境及出路——基于默会知识维度》,《中国社会科学》2018年第7期。

郁振华:《论理论智慧》,《学术月刊》2020年第10期。

郁振华:《论三种智慧》,《华东师范大学学报》(哲学社会科学版) 2020年第5期。

外文文献

A. N. Whitehead, *The Aims of Education.* New York: Free Press, 1967.

A. Carter, H. C. James and P. Orestis, "Semantic Inferentialism as(a Form of) Active Externalism," *Phenomenology and the Cognitive Sciences*, Vol.16, No.3, Jul.2017.

Alexis Burgess & David Plunkett, "On the Relation Between Conceptual Engineering and Conceptual Ethics," *Ratio*, Vol.33, No.4, Dec.2020.

Alice Crary & Rupert Read(eds.), *The New Wittgenstein*, New York: Routledge, 2002.

Alvin Goldman, "The Internalist Conception of Justification," *Midwest Studies in Philosophy*, Vol 5, No.1, Sept.1980.

André W. Carus, *Carnap and Twentieth-Century Thought: Explication as Enlightenment*, New York: Cambridge University Press, 2007.

Reshef Agam-Segal, "Avner Baz on Aspects and Concepts: A Critique," *Inquiry*, Vol.66. No.3, 2023.

Aristotle, *Nicomachean Ethics*, W. D. Ross(trans.), in R. Mckeon(ed.), *The Basic Works of Aristotle*, Random House, 1941.

Avner Baz, *When Words Are Called For*, Cambridge, MA: Harvard University Press, 2012.

Avner Baz, *The Crisis of Method in Contemporary Analytic Philosophy*, Oxford: Oxford University Press, 2017.

Avner Baz, *Wittgenstein on Aspect Perception*, Cambridge:

Cambridge University Press, 2020.

Avner Baz, *The Significance of Aspect Perception*, Switzerland: Springer International Publishing, 2020, p.95.

Bernard Williams, "Deciding to Believe," in *Problems of the Self*, Cambridge: Cambridge University Press, 1973.

Catarina D. Novaes & Erich Reck, "Carnapian Explication, Formalisms as Cognitive Tools, and The Paradox of Adequate Formalization," *Synthese*, Vol.194, No.1, Jan.2017.

Catarina D. Novaes, "Carnapian Explication and Ameliorative Analysis: A Systematic Comparison," *Synthese*, Vol.197, No.3, Mar.2020.

Catherin Z. Elgin, "The Mark of a Good Informant," *Acta Analytica*, Vol.35, No.3, Sept.2020.

Colin McGinn, *Truth by Analysis: Games, Names, and Philosophy*, New York: Oxford University Press, 2012.

Colin Radford, "Knowledge: By Examples," *Analysis*, Vol. 27, No.1, 1966, pp.1-11.

Clotilde Torregrossa, "Experimental Aesthetics and Conceptual Engineering," *Erkenntnis*, May.2022, https://doi.org/10.1007/s10670-022-00568-0.

Charles Taylor, *Interpretation and the Sciences of Man, Philosophy and the Human Sciences: Philosophical Papers 2*, Cambridge: Cambridge University Press, 1971.

Charles Travis, *The Uses of Sense*. Oxford: Oxford University Press, 1989.

Christopher Daly, *An Introduction to Philosophical Methods*, CA: Broadview Press, 2010.

Daniel Nolan, "Canberra Plan," in Oppy, Graham, and Nick N. Trakakis, *A Companion to Philosophy in Australia and New Zealand*, Clayton: Monash University Publishing, 2014.

Daniel Nolan, "Platitudes and Metaphysics," in David Braddon-Mitchell & Robert Nola(eds.), *Conceptual Analysis and Philosophical Naturalism*, 2008, Cambridge: MIT Press.

Daniel Smith, "On the Nature of Concepts," *Parallax*, Vol.18, No.1, 2012.

Dennis Whitcomb, "Wisdom," in S. Bernecker & D. Prichard(eds.), *Routledge Companion to Epistemology*, Routledge, 2010.

David Braddon-Mitchell & Robert Nola(eds.), *Conceptual Analysis and Philosophical Naturalism*, 2008, Cambridge: MIT Press.

David Braddon-Mitchell & Robert Nola, "Introducing the Canberra Plan," in David Braddon-Mitchell & Robert Nola(eds.), *Conceptual Analysis and Philosophical Naturalism*, 2008, Cambridge: MIT Press.

David Fassio & Robin McKenna, "Revisionary Epistemology," *Inquiry*, Vol.58, No.7-8, Sept.2015.

David Lewis, "How to Define Theoretical Terms," *Journal of Philosophy*, Vol.67, No.13, Jul.1970.

David Lewis, "Scorekeeping in a Language Game," *Journal of Philosophical Logic*, Vol.8, No.1, Jan.1979.

David Lewis, "Elusive Knowledge," *Australasian Journal of Philosophy*, Vol.74, No. 4, Dec.1996.

David Plunkett, "Which Concepts Should We Use?: Metalinguistic Negotiations and The Methodology of Philosophy," *Inquiry*, Vol.58, No.7-8, 2015.

Debra Aidun, "Wittgenstein, Philosophical Method and Aspect-Seeing," *Philosophical Investigations*, Vol.5, No.2, Apr.1982.

Delia Belleri, "Downplaying the Change of Subject Objection to Conceptual Engineering," *Inquiry*, Mar.2021, https://doi.org/10.1080/0020174X.2021.1908161.

Edward Craig, *Routledge Encyclopedia of Philosophy*, New York: Routledge, 1996.

Edward Craig, *Knowledge and the State of Nature: An Essay in Conceptual Synthesis*, Oxford: Clarendon Press, 1990.

Edmund Gettier, "Is Justified True Belief Knowledge?," *Analysis*, Vol.23, No.6, Jun.1963.

Eric Margolis & Stephen Laurence, "Concepts," *The Stanford Encyclopedia of Philosophy*(Fall 2023 Edition), https://plato.stanford.edu/archives/fall2023/entries/concepts/.

Frank Jackson, "What Mary Didn't Know," *The Journal of Philosophy*, Vol.83, No.5, May.1986.

Frank Jackson, *From Metaphysics to Ethics: A Defence of Conceptual Analysis*, Oxford: Oxford University Press, 1998, p.34.

Friedrich Steinle, "Goals and Fates of Concepts: The Case of Magnetic Poles," *Scientific Concepts and Investigative Practice*, U. Feest & F. Steinle(eds.), 2012.

Gary Gutting, *What Philosophers Know: Case Studies in Recent*

Analytic Philosophy, New York: Cambridge University Press, 2009.

Georg Brun, "Conceptual Re-engineering: From Explication to Reflective Equilibrium," *Synthese*, Vol.197, No.3, Mar.2020.

Gilbert Ryle, "Knowing How and Knowing That: The Presidential Address," *Proceedings of the Aristotelian Society*, Vol.46, No.1, 1946.

Giovanni Boniolo, "Kant's Explication and Carnap's Explication: The Redde Rationem," *International Philosophical Quarterly*, Vol.43, No.3, Sept.2003.

Gordon P. Baker, *Wittgenstein's Method: Neglected Aspects*, Oxford: Blackwell, 2004.

Hasok Chang, "We Have Never Been Whiggish(About Phlogiston)," *Centaurus*, Vol.51, No.4, Nov.2009.

Hans-Johann Glock, "Wittgenstein on Concepts," in Arif Ahmed(ed.), *Wittgenstein's Philosophical Investigations: A Critical Guide*, New York: Cambridge University Press, 2010.

Heather Battaly, "Virtue Epistemology," *Philosophy Compass*, Vol.3, No.4, Jul.2008.

H. P. Grice & P. F. Strawson, P. F, "In Defense of a Dogma," *Philosophical Review*, Vol.65, No.2, Apr.1956.

Ingo Brigandt. "The Epistemic Goal of a Concept: Accounting for the Rationality of Semantic Change and Variation," *Synthese*, Vol.177, No.1, Nov.2010.

J. G. Kemeny & Paul Oppenheim, "Degree of Factual Support," *Philosophy of Science*, Vol.19, Oct.1952.

Jonah N. Schupbach, "Experimental Explication," *Philosophy and*

Phenomenological Research, Vol.94, No.3, Mar.2017.

J. Bengson & M.A. Moffett, "Know-how and Concept Possession," *Philosophical Studies*, Vol.136, No.1, Sept.2007.

J. Shepherd and J. Justus, "X-phi and Carnapian Explication," *Erkenntnis*, Vol.80, No.2, Apr.2015.

James Andow, "Fully Experimental Conceptual Engineering," *Inquiry*, Dec.2020, https://doi.org/10.1080/0020174X.2020.1850339.

Janette Dinishak, "Wittgenstein on the Place of the Concept 'Noticing an Aspect'," *Philosophical Investigations*, Vol.36, No.4, Oct.2013.

Jaroslav Peregrin, "What is inferentialism," in L. Gurova(ed.), *Inference, Consequence, and Meaning: Perspectives on Inferentialism*, Cambridge: Cambridge Scholars Publishing, 2012.

Jason Baehr, "Sophia: Theoretical Wisdom and Contemporary Epistemology," in K. Timpe & C. Boyd(ed.), *Virtues and their Vices*, Oxford: Oxford University Press, 2014, pp.303-325.

Jerry Fodor, *LOT 2: The Language of Thought Revisited*, Oxford: Oxford University Press. 2008.

Jennifer Nado, "Conceptual Engineering, Truth, and Efficacy," *Synthese*, Vol.198, Suppl.7, Jan.2019.

Jennifer Nado, "Conceptual Engineering via Experimental Philosophy," *Inquiry*, Vol.64, No.1-2, Jan.2021.

Jennifer Nado, "Re-Engineering Knowledge: A Case Study in Pluralist Conceptual Engineering," *Inquiry*, Mar.2021, https://doi.org/10.1080/0020174X.2021.1903987.

John Hawthorne, *Knowledge and Lotteries*, New York: Oxford University Press, 2004.

John Rawls, *A Theory of Justice*, Cambridge, MA: Harvard University Press, 1971.

Judith Genova, "Wittgenstein: A Way of Seeing," *Metaphilosophy*, Vol.24, No.4, Oct.1993.

Justin C. Fisher, "Pragmatic Experimental Philosophy," *Philosophical Psychology*, Vol.28, No.3, Apr.2015.

Jürgen Habermas, *Truth and Justification*, UK: MIT Press, 2003.

Keith DeRose, "Contextualism and Knowledge Attributions," *Philosophy and Phenomenological Research*, Vol.52, No.4, Dec.1992.

Keith DeRose, "The Ordinary Language Basis for Contextualism, and the New Invariantism," *The Philosophical Quarterly*, Vol.55, No.219, Apr.2005.

Kevin Scharp, "Conceptual Engineering for Truth: Aletheic Properties and New Aletheic Concepts," *Synthese*, Vol.198, No.2, Feb.2021.

K. S. Donnellan, "Putting Humpty Dumpty Together Again," *The Philosophical Review*, Vol.77, No.2,Apr.1968.

K. S. Johannessen, "Rule Following and Tacit Knowledge," *AI & Society*, Vol.2, No.4, Oct.1988.

K. S. Johannessen, "The Concept of Practice in Wittgenstein's Later Philosophy," *Inquiry*, Vol.31, No.3,Aug.1988.

Herman Cappelen, *Fixing language: An Essay on Conceptual Engineering*, Oxford: Oxford University Press, 2018.

Hilary Putnam, "Comment on Wilfrid Sellars," *Synthese*, Vol.23, No.3-4, Jul-Aug.1974.

Huw Price, *Expressivism, Pragmatism and Representationalism*, New York: Cambridge University Press, 2013.

Ludwig Wittgenstein, *On Certainty*, G. E. M. Anscombe & G. H. von Wright(eds.), G. E. M. Anscombe and D. Paul(trans.), Oxford: Blackwell, 1969.

Ludwig Wittgenstein, *Philosophical Grammar*, R. Rhees(ed.), A. Kenny(trans.), Oxford: Blackwell, 1974.

Ludwig Wittgenstein, *Remarks on Colour*, G. E. M. Anscombe(ed.), L. McAlister & M. Schaettle(trans.), Oxford: Blackwell, 1977.

Ludwig Wittgenstein, *Tractatus Logico-Philosophicus*, D. F. Pears & B. F. McGuinness(trans.), New York: Humanities Press, 1961.

Ludwig Wittgenstein, *Remarks on the Foundations of Mathematics*, G. H. von Wright, R. Rhees & G. E. M. Anscombe(eds.), Cambridge, MA: MIT Press, 1978.

Ludwig Wittgenstein, *Wittgenstein's Lectures on Philosophical Psychology 1946-47*, P. T. Geach(ed.), Chicago: University of Chicago Press, 1988.

Mark Addis, *Wittgenstein: A Guide for the Perplexed*, London and New York City: Continuum, 2006.

Martin Stokhof, "Philosophy as Change," in Tine Melzer(ed.), *Atlas of Aspect Change*, Zürich: Rollo Press, 2022.

Matti Eklund, "Intuitions, Conceptual Engineering, and Conceptual Fixed Points," in Chris Daly(ed.), *The Palgrave Handbook of*

Philosophical Methods, London: Palgrave Macmillan, 2015, pp.363-385.

Matti Eklund, "Conceptual Engineering in Philosophy," in Justin Khoo & Rachel Sterken(eds.), *The Routledge Handbook of Social and Political Philosophy of Language*, Routledge, 2021.

Matthew Lindauer, "Experimental Philosophy and the Fruitfulness of Normative Concepts," *Philosophical Studies*, Vol.177, No.8, Aug.2020.

Matthew Shields, "Conceptual Change and Future Paths for Pragmatism," *Southern Journal of Philosophy*, Vol.59, No.3, Sept.2021.

Mark Pinder, "Does Experimental Philosophy have a Role to Play in Carnapian Explication?," *Ratio*, Vol.30, No.4, Dec.2017.

Mark Pinder, "Conceptual Engineering, Metasemantic Externalism and Speaker-Meaning," *Mind*, Vol.130, No.517, Jan.2021.

Mark Pinder, "What Ought a Fruitful Explicatum to be?," *Erkenntnis*, Vol.87, No.2, Apr.2022.

Manuel G. Isaac, "Broad-Spectrum Conceptual Engineering," *Ratio*, Vol.34, No.4, Dec.2021.

Manuel G. Isaac, "Post-truth Conceptual Engineering," *Inquiry*, Vol.67, No.1, 2024.

Max Deutsch, "Speaker's Reference, Stipulation, and a Dilemma for Conceptual Engineers," *Philosophical Studies*, Vol.177, No.12, Dec.2020.

Max Deutsch, "Still the Same Dilemma for Conceptual Engineers: Reply to Koch," *Philosophical Studies*, Vol.178 No.11, Nov.2021.

Mona Simion, "Epistemic Trouble for Engineering 'Woman',"

Logos and Episteme, Vol.9, No.1, Jan.2018.

Mona Simion, "The 'Should' in Conceptual Engineering," *Inquiry*, Vol.61, No.8, 2018, pp.914-928.

Michael Hannon, *What's the Point of Knowledge?: A Function-first Epistemology*, Oxford: Oxford University Press, 2019.

Michael Prinzing, "The Revisionist's Rubric: Conceptual Engineering and the Discontinuity Objection". *Inquiry*, Vol. 61, No.8, 2018.

Miranda Fricke, "Scepticism and the Genealogy of Knowledge: Situating Epistemology in Time," *Philosophical Papers*, Vol.37, No.1, Mar.2008.

Nelson Goodman, "The New Riddle of Induction," in *Fact, Fiction and Forecast*, Cambridge, MA: Harvard University Press, 1955.

Noël Carroll, "The Descent of Art," *Revue Française D'études Américaines*, Vol.86, Oct.2000.

Oswald Hanfling, *Philosophy and Ordinary Language: The Bent and Genius of Our Tongue*, New York: Routledge, 2013.

Patrick Maher, "Explication Defended," *Studia Logica*, Vol.86, No.2, Jul.2007.

Paul-Mikhail Catapang Podosky, "Ideology and Normativity: Constraints on Conceptual Engineering," *Inquiry*, Dec.2018, https://doi.org/10.1080/0020174X.2018.1562374.

Peter Menzies & Huw Price, "Is Semantics in the Plan?," in David Braddon-Mitchell & Robert Nola(eds.), *Conceptual Analysis and Philosophical Naturalism*, Cambridge: MIT Press, 2009, pp.183-200.

Peter F. Strawson, "Carnap's Views on Constructed Systems versus

Natural Languages in Analytic Philosophy," in P. A. Schilpp(ed.), *The Philosophy of Rudolf Carnap*, Lasalle: Open Court, 1963, pp.503-518.

Peter F. Strawson, "Imagination and Perception," in *Kant on Pure Reason*, Ralph Charles Sutherland Walker(ed.). New York: Oxford University Press, 1982, p.93.

Phil Hutchinson & Rupert Read, "Toward a Perspicuous Presentation of 'Perspicuous Presentation' ," *Philosophical Investigations*, Vol.31, No.2, Apr.2008.

Philip Pettit, "Analyzing Concepts and Allocating Referents," in Alexis Burgess et al.(eds.) *Conceptual Engineering and Conceptual Ethics*, Oxford: Oxford University Press, 2020, pp.333-357.

Raamy Majeed, "Why the Canberra Plan Won't Help You Do Serious Metaphysics," *Synthese*, Vol.195, No.11, Nov.2018.

Rachel K. Sterken, "Linguistic Interventions and Transformative Communicative Disruption," in Herman Cappelen, David Plunkett & Alexis Burgess(eds.), *Conceptual Engineering and Conceptual Ethics*, Oxford: Oxford University Press, 2020, pp.422-423.

Reshef Agam-Segal, "Aspect-Perception as a Philosophical Method," *Nordic Wittgenstein Review*, Vol.4, No.1,Jul.2015.

Richard Garrett, "Three Definitions of Wisdom," in Keith Lehrer et al.(eds.), *Knowledge, Teaching and Wisdom*, Dordrecht: Springer, 1996.

Richard Rorty, *Philosophy as Poetry*, Charlottesville: University of Virginia Press, 2016.

Richard Wollheim, *Art and Its Objects*, New York: Cambridge University Press, 1980, pp. 219-220.

Robert Brandom, *Making it Explicit: Reasoning, Representing, and Discursive Commitment*, Cambridge: Harvard University Press, 1994.

Robert Brandom, *Articulating Reasons: An Introduction to Inferentialism*, Cambridge, MA: Harvard University Press, 2001.

Robert Brandom, *Reason in Philosophy: Animating Ideas*, Cambridge: Harvard University Press, 2009.

Robert Brandom, "Some Strands of Wittgenstein's Normative Pragmatism, and Some Strains of his Semantic Nihilism," *Disputatio*, Vol.8, No.9, Jun.2019.

Robert Nozick, *The Examined Life: Philosophical Meditations*, New York: Simon and Schuster, 1989.

Robin McKenna, "No Epistemic Trouble for Engineering 'Woman' : Response to Simion," *Logos and Episteme*, Vol.9, No.3, Jan.2018.

Robert Piercey, "Metaphilosophy as First Philosophy," *International Philosophical Quarterly*, Vol.50, No.3, Sept.2010.

Rogelio Miranda, "Carnapian Explication and the Canberra Plan's Conceptual Analysis: a Comparison and Critique," *History of Philosophy & Logical Analysis*, Vol.22, No.1, Apr.2019.

Ron Mallon, "Constructing Race: Racialization, Causal Effects, or Both?," *Philosophical Studies*, Vol.175, No.5, Feb.2018.

Rudolf Carnap, "The Two Concepts of Probability," *Philosophy and Phenomenological Research*, Vol.5, No.4, 1945.

Rudolf Carnap, *Meaning and Necessity*, Chicago: University of Chicago Press, 1947.

Rudolf Carnap, *Logical Foundations of Probability*, Chicago: University of Chicago Press, 1950.

Rudolf Carnap, "P. F. Strawson on Linguistic Naturalism," in P. Schilpp(ed.), *The Philosophy of Rudolf Carnap*, Lasalle: Open Court, 1963, pp.933-940.

Rudolf Carnap, "Replies and Systematic Expositions," in P. Schilpp(ed.), *The Philosophy of Rudolf Carnap*, Lasalle: Open Court, 1963, pp.859-1013.

S. D. Walsh, "Contemplation and the Moral Life in Confucius and Aristotle," *Dao*, Vol.14, No.1, Mar.2015.

Sally Haslanger, "Gender and Race:(What) Are They?(What) Do We Want Them to Be?," *Nous*, Vol.34, No.1, Mar.2000.

Sally Haslanger, "What Are We Talking About? The Semantics and Politics of Social Kinds," *Hypatia*, Vol.20, No.4, Fall 2005.

Sally Haslanger, *Resisting Reality: Social Construction and Social Critique*, New York: Oxford University Press, 2012.

Samantha Wakil, "Experimental Explications for Conceptual Engineering," *Erkenntnis*, Vol.88, No.4, 2023, pp.1509-1531.

Sarah Sawyer, "The Role of Concepts in Fixing Language," *Canadian Journal of Philosophy*, Vol.50, No.5, Apr.2020.

Sarah Sawyer, "Truth and Objectivity in Conceptual Engineering," *Inquiry*, Vol.63, No.9-10, 2020.

Sarah Sawyer, "Concept Pluralism in Conceptual Engineering," *Inquiry*, Oct.2021, https://doi.org/10.1080/0020174X.2021.1986424.

Sarah Sawyer, "Kinds of Kinds: Normativity, Scope and

Implementation in Conceptual Engineering," in Manuel Gustavo Isaac, Steffen Koch & Kevin Scharp(eds.), *New Perspectives on Conceptual Engineering*, Synthese Library, forthcoming.

Shane Ryan, "Wisdom: Understanding and the Good Life," *Acta Analytica*, Vol.31, No.3, Sept.2016.

Sharon Ryan, "Wisdom," in Keith Lehrer et al.(eds.), *Knowledge, Teaching and Wisdom*, Dordrecht: Springer, 1996.

Sharon Ryan, "What is Wisdom?," *Philosophical Studies*, Vol.93, No.2, Feb.1999.

Sharon Ryan, "Wisdom, Knowledge and Rationality," *Acta Analytica*, Vol.27, No.2, Jun.2012.

Sharon Ryan, "Wisdom," *The Stanford Encyclopedia of Philosophy*(Spring 2020 Edition), http://plato.stanford.edu/archives/spr2020/entries/wisdom/.

Søren Overgaard, Paul Gilbert, and Stephen Burwood, *An Introduction to Metaphilosophy*, Cambridge: Cambridge University Press.

Stephen Grimm, "Wisdom," *Australasian Journal of Philosophy*, Vol.93, No.1, Mar.2015.

Steffen Koch, "Carnapian Explications, Experimental Philosophy, and Fruitful Concepts," *Inquiry*, Vol.62, No.6, 2019.

Steffen Koch, "There Is No Dilemma for Conceptual Engineering. Reply to Max Deutsch," *Philosophical Studies*, Vol.178, No.7, Jul.2020.

Steffen Koch, "The Externalist Challenge to Conceptual Engineering," *Synthese*, Vol.198, No.1, Jan.2021.

Steffen Koch, "Why Conceptual Engineers Should Not Worry

About Topics," *Erkenntnis*, Vol.88, No.5, Sept.2021.

Steffen Koch, "The Anti-Conceptual Engineering Argument and the Problem of Implementation," *American Philosophical Quarterly*, forthcoming.

Steven G. Affeldt, "On the Difficulty of Seeing Aspects and the 'Therapeutic' Reading of Wittgenstein," in William Day & Víctor J. Krebs(eds.), *Seeing Wittgenstein Anew*, Cambridge: Cambridge University Press, 2010, pp.275-277.

Tamara Dobler, "PluralistConceptual Engineering," *Inquiry*, Jun.2022, https://doi.org/10.1080/0020174X.2022.2086171.

Takaaki Matsui, "Inferentialism and Semantic Externalism: A Neglected Debate between Sellars and Putnam," *British Journal for the History of Philosophy*, Vol.29, No.1, Aug.2020.

Tien-Deng Yu, & Jesús Ilundáin-Agurruza, "Taijiquan and the Body without Organs: a Holistic Framework for Sport Philosophy," *Journal of the Philosophy of Sport*, Vol.43, No.3, Oct.2016.

Timothy Sundell, "Changing the Subject," *Canadian Journal of Philosophy*, Vol. 50, No.5, Jun.2020.

Timothy Williamson, *The Philosophy of Philosophy*, Oxford: Blackwell Publishing Ltd, 2008.

Thomas Grundmann, "Conceptual Construction: Why the Content of Our Folk Terms Has Only Limited Significance," in Masaharu Mizumoto & Stephen Stich(eds.), *Ethno-Epistemology*, New York & London: Routledge, 2020.

WilfridSellars, "Reply," *Synthese*, Vol.27, No.3-4, Jul.-Aug.1974.

William Day & Victor J. Krebs(eds.), *Seeing Wittgenstein Anew*, Cambridge, UK: Cambridge University Press, 2010.

William Child, "Wittgenstein, Seeing-As, and Novelty," in Michael Beaney, Dominic Shaw & Brendan Harrington(eds.), *Aspect Perception After Wittgenstein: Seeing—As and Novelty*, Abingdon: Routledge, 2018, pp.29-48.

William Lycan, *On Evidence in Philosophy*, Oxford: Oxford University Press, 2019.

Ulrika Carlsson, "The Folk Metaphysics of Love," *European Journal of Philosophy*, Vol.26, No.4, Sept.2018.

Vasso Kindi, "Concept as Vessel and Concept as Use," in U. Feest & F. Steinle(eds.), *Scientific Concepts and Investigative Practice*, 2012.

Y. H. Gunther(ed.), *Essays on Nonconceptual Content*, Cambridge: MIT Press, 2003.

后　记

大多职业从业者聚焦于手头的工作时，不太会对手头的事情进行高阶反问：我究竟在干什么？哲学家不同，还会多操一份心：哲学究竟是什么？我把这种焦虑称为元哲学焦虑。这种元哲学焦虑始终伴随着我。本书是对此的一个初步回应。要说清道明一个学科为何与何为，并非易事。当本雅明告诉父亲自己将来志业是“批评家”时，他需要花很大力气和父亲去解释作为职业的“批评家”和“批评”之间的概念关联，批评这个事业到底有什么价值？这个事业为何值得去从事？本书也在试图去回应类似的问题：“哲学家”和“做哲学”之间有何概念关联？做哲学到底有什么价值？

在华东师范大学攻读硕士学位时，郁振华教授带我们一起研读了罗蒂的《哲学与自然之镜》。我了解到罗蒂将哲学视为一种重新描述的事业，用新话语取代旧话语。郁老师还带领我们一起阅读了温奇的《社会科学的观念及其与哲学的关系》。温奇站在一种维特根斯坦主义的角度明确将作为概念考察的哲学与作为经验探究的科学对立了起来，拒斥将哲学视为科学的小工。后来又接触到了陈嘉映老师的《说理》，陈老师用地道的汉语阐述了哲学之为穷理达道的学问。这些不同哲学家的元哲学思考总是影响着我对一阶哲学问题的思考。2013 年，我前往法国里昂高等师范大学攻读博士，我的法方导师怀尔教授当时正关注福多、布兰顿的工作。有意思的是，他们两人持有截然不同的方法论态度。福多立足自身的概念表征理论，不赞同概念分析是有效的方法论。匹兹堡学派的布兰顿则认为哲学是一种表达的事业，我们借助特定的逻辑词汇，将潜藏在概念中的义理明述出来。我的博士导师郁振华老师长久以来一直耕耘于形上智慧和默会知识论题。郁老师一方面会强调概念层面穷理的重要性，但他的工作一直提醒我，我们知道的多于我们所能言说的。如何言说不可说的东西是个重要的问题。2015 年，我在法国留意到了当时仍在挪威奥斯陆大学的开普兰组织了一个工作坊讨论当时仍处于手稿阶段的《修正语言》。我当即报名，动身前往挪威参加这个工作坊的讨论。后来这本书成为当代“概念工程”讨论的开启源头。而我似乎也找到了一个场域可以汇聚我散落各处的关于元哲学焦虑的千头万绪。博士毕业工作后，我仍旧持续着这个方向的思考，本书是对这个思考的一个阶段性汇总。

这两年最大喜悦莫过于欣得麟儿，陪伴他成长，充盈了我对“幸福”概念的认知。但这也使得我的研究只能在夹缝中完成，在他午觉入睡后，看几段，写几行。冯契先生的话始终激励着我：“无论处境如何，始终保持心灵自由思考是爱智者的本色。”也感谢爱妻孙思女士对我的支持，我是一个生活中笨拙的人，她的智慧是我重要的支柱。

感谢我的恩师郁振华。郁老师是一个最典型意义上的君子。他的为人和文章都足以垂范。他既威严，又温暖，生活中很难遇到能够如此惬当兼容这两种特质的人。他对我的学术成长给予了莫大的帮助。感谢同在郁振华老师门下的师兄弟姐妹们，本书的不少篇章也都得到了他们的反馈意见，尤其是黄家光和文杰，他们几乎阅读过所有篇章的最初形式，并给出了有益的批评。感谢我的师兄胡扬，在法国读博时，我们互为邻居，一起在天台、草坪、宿舍，任何角落，漫无边际地畅谈哲学，又或者一起喝酒互诉衷肠。感谢我在上海交通大学哲学系的同事们。周理乾为人真诚、直率，他拓宽了我对科学哲学的理解，意识到好的哲学不应该是一种纯粹的扶手椅工作。和赖长生、刘畅等的交流也总能获得诸多理智上的馈赠。感谢本书的责编任健敏女士为本书出版做出的努力。感谢章含舟、张馨月的辛勤校对，帮助我避免了很多文字错误。

黄远帆

2023 年 12 月 2 日

图书在版编目(CIP)数据

概念改造的伦理/黄远帆著.—上海:上海人民出版社,2024
ISBN 978-7-208-18814-3

Ⅰ.①概… Ⅱ.①黄… Ⅲ.①元哲学-研究 Ⅳ.①B089

中国国家版本馆CIP数据核字(2024)第055100号

责任编辑 赵 伟 任健敏
封面设计 夏 芳

概念改造的伦理
黄远帆 著

出 版 上海人民出版社
(201101 上海市闵行区号景路159弄C座)
发 行 上海人民出版社发行中心
印 刷 上海商务联西印刷有限公司
开 本 890×1240 1/32
印 张 10.75
插 页 2
字 数 244,000
版 次 2024年3月第1版
印 次 2024年3月第1次印刷
ISBN 978-7-208-18814-3/B·1742
定 价 78.00元